道端泰代 PROFILE

福井県プリンセス福井を経て、アナウンサーになる。
32 歳でマナー研修会社を設立
12 年間で 1 万人以上の方々にセミナー講演を開催！
2011 年『Facebook でリアル通過を生み出す方法』著書を出版。
2013 年マレーシアと日本を繋ぐアンバサダー大使を受賞。
2017 年「Asia Golden Star Award 」の理事長に就任。
日本の優秀企業を表彰する評価機関として周知させる。
2020 年コロナ禍で新たな発想転換に取り組む女性企業家 50 名のビジネスモデル書「WOMAN Serendipity」を出版。
2021 年女性企業家 100 億プロジェクトを掲げ
「WOMAN ミリオンクラブ」を発足。現在は、女性企業家が年商 1 億を達成する為の「ミリオンアカデミー」を開催中！

ASIA BUSINESS TRUST CEO

道端泰代

ESSIONAL

大黒摩季 PROFILE

地元・北海道から上京し、1992年「STOP MOTION」でデビュー。
「DA・KA・RA」「夏が来る」「あなただけ見つめてる」「ら・ら・ら」
などミリオンヒットを連発し
1995年に発表したベストアルバム「BACK BEATs #1」は
300万枚以上のセールスを記録。
2010年病気治療のため活動休止。
2016年から活動再開。「応援ソング」には定評があり、
さまざまなアスリートや企業を勇気づける楽曲を提供している。

SINGER SONGWRITER

大黒摩季

THE PROF

元々は自分のために書いていた応援歌

道端：大黒さんはこれまでに、心を鼓舞する歌をたくさん発表されていますよね。私は大黒さんの「ら・ら・ら」が大好きで、25年間歌い続けてきたファンの一人。大黒さんの曲を歌うとみんなが笑顔になり、やる気が出ます。そのエネルギーやパワーの源となるものはあるのでしょうか？

大黒：意外かもしれないですが、本当の私は気が小さくて、暗くて、ネガティブなんです（笑）。3歳からピアノを始めて、言葉を話せるようになったのがほかの子より遅かった私にとっては、言葉ではなくて音楽が第一言語でした。私の母は家業の忙しさからいつもヒリヒリしていましたが、鼻歌を歌っているときだけは笑顔になったんです。そこで「ママが笑顔になるように、鼻歌でも歌える良い曲を作ろう！」と思ったのが、作曲するようになったきっかけ。

　私はそうやって、何でも音楽で切り抜けてきました。根暗でもピンクレディーの真似ができるだけで同級生から一目おかれたし、好きな男子にはラブソングを作ってプレゼントした。だから、元々は自分を鼓舞したり、自分のフラストレーションを吐き出したりするために曲を書いていたんです。本当は、応援されたい人なんですよ（苦笑）。

　なのに、いつも女子会では自分が喋るタイミングを失って、みんなの悩みを聞いてあげる側になっている。私の歌はそうした身近な人々を題材にして、勇気づけるために書いていることが多いんです。「あなたたち、私の悲しみを知らないでしょ？　いつも言う隙がないから言えないだけで、私だって悲しいんだよ」と言ったこともあります。

道端：私も経営者として人をまとめる立場なので、自分の弱みを見せられないという苦悩はよく分かります。人間不信に陥って、事業を1年間休んでいたこともありました。大黒さんも今まで生きてきて、逆境に立たされたことがあると思いますが、どうやって乗り越えましたか？

「歌えるだけで有り難い」

逆境を乗り越える秘訣は何にでも感謝すること

大黒：病気で2回目の手術後、呼吸困難により死に目にあった時は、「もう死ぬかもしれない。生き残っても、二度と歌えないかもしれない」とまで思いましたね。6年も活動休止していたことにより、「大黒摩季」は世間からすっかり消えてしまったので、ゾンビみたいに1回死んで生き返ったような感じでした。

　すると、歌えるだけで全てが有り難い。「ヒット曲を出さなければ」という呪縛に囚われていたけど、完全に無欲になったんです。生きているだけで有り難い、人に必要とされるだけで有り難い。昔は、人から言われた通りにやりたくないという反発精神があったのに、嫌なことを頼まれたって、「何でもレッツトライ！」と思えるようになりました。

道端：無駄なこだわりをなくして、何にでも感謝することで逆境を乗り越えてきたんですね。それでも日々のバイオリズムの中、落ち込むようなこともあるのかなとも思います。日常生活で、モチベーションを保つために心がけていることなどありますか？

大黒：1つめは、美味しいものを食べたり飲んだりすることです。夏だったらラテンミュージックをかけて、大好物の水牛のモッツァレラチーズでカプレーゼを作って、自宅で育てているバジルをトッピングして。バルコニーでそれを食べてモヒートを飲んだら、もう最高。「私、イカしたラティーナ♥」なんて気分になって、テンションが上がります（笑）。単純って楽しいものですよね。

「女性の自立支援制度を拡充し、雇用を増やそう」

何でも完璧にやらなくていい 人に頼めることは頼む

大黒：もう1つは、無理をしすぎず他人に頼めることは頼んでしまうこと。女性って欲張りで、何でも完璧を目指しちゃうじゃないですか。「いい妻でありたい、いい母でありたい、いい娘でありたい、いい女でありたい、いいビジネスウーマンでありたい」って。私は音楽学校の講師も務めていますが、生徒には「5つ同時に進めて全部中途半端になるくらいなら1つずつ順番に、今日やるべきことだけを今日中にみっちりやりなさい。今週は歌だけ、来週はダンスだけ。そしたら、1か月後は4つが物になっているでしょ。残りの1つは、私が期限を延ばしてあげるから」というふうに指導しています。これも病気を経験したせいなんですけど、自分の弱さや危うさ、限界を思い知ったんですね。それからは、ヤバいと思ったらすぐ人に頼るようになりました。自分でヘアメイクから衣装のスタイリングまで全部やってしまうアーティストもいますが、私のヘアメイクさんは、「摩季ちゃんは自分でできるようにならないでね、僕の仕事がなくなっちゃうから」と言ってくれています（笑）。

道端：なるほど。私は日本女性の社会進出を目指す「WOMANミリオンクラブ」を立ち上げました。「年商1億の女性経営者を100人集めて、日本を変えよう。経済を回し、税収を増やし、地域格差をなくし、女性の自立支援制度を拡充し、雇用を増やそう」ということを目的にした会です。私も大黒さんのように、自分の苦手なことは、その会の統括リーダーにやってもらったりしています。でも、日本女性は謙虚で、お願いごとが苦手な人が多い。ビジネスで海外に行っても、相手に9割方しゃべられて、決められてしまうんです。大黒さんも歌手として以外に経営者としての側面もお持ちだそうですが、どのような立ち回り方をされていますか？

大黒：海外だと、黙っていたらずっと思いが叶わないままですよね。日本の音楽業界は、体育会系の男社会なんです。舐められないようにしなきゃと思って男勝りに挑んでいくと、向こうも同じように挑んでくる。だから、舐められてもいいんですよ！　生意気だとか、「大黒は自由だね〜」なんて嫌味を言われても、「それが何か？」と返しています（笑）。

「男は理論的、女は感情的」とよく言いますが、理論に勝てる唯一の方法が、感情。これは、みんなから「笑顔のカツアゲ」って呼ばれているんですけど（笑）、お願いするときだけ、出来る限りかわいい顔をするんです。例えばコーラスに「踊りも踊れる……よね？（ニコッ）」舞台監督には「照明増やせる……よね？（ニコッ）」みたいな（笑）。すると、「分かりましたよ。じゃあ、代わりに何を減らしてくれるんですか？」と聞かれるので、「うーん、衣装かな〜」……と言っておいて、詰められなきゃ何も減らさない（笑）。男性がガーッと怒っていたら、顔をじっと見つめて「カッコいい〜♡」なんて話の腰を折ると、相手は膝カックンされたように戦意喪失しますよ（笑）。

女性の最大の武器は、笑顔だと思います。「POSITIVE SPIRAL（ポジティブ・スパイラル）」という私の曲の中に、「CHAIN OF SMILES（チェーン・オブ・スマイルズ）」という歌詞がありますが、まさに笑顔はチェーンのように連鎖し広がっていくんですよね。

失うものがない無敵の人 だから無茶ができた

道端：大黒さんは去年の秋冬、全国14か所のツアーを行いましたよね。コ

「私が行かなきゃ！
このままだと音楽業界みんな餓死しちゃう！」

ロナ禍でライブを行うことについては、きっと批判もされたと思います。なぜ、どうやって、そのように大胆な決断をされたのでしょうか？

大黒：あのときは、珍しく正義感が湧いたんです。今でこそコロナについて色々分かってきて、感染症対策をすればライブをやっても大丈夫というふうになっていますが、当時は未知のウイルスだった。みんなが恐怖と不安で萎縮し、誰が先にやるか顔色を伺っている状態でした。「私が行かなきゃ！このままだと音楽業界みんな餓死しちゃう！」という使命感に燃えたんです。もちろん、全国のイベンターさん達からは「人も金もどれだけかかるんだ!!」と非難轟々。

そこで、スタッフを集めて言いました。「私は家族がいないので、失うものがない『無敵の人』だけど、家族がいる人は恐怖だと思う。だから、行きたくない人は言って。責めたりしないから。全国ツアーに行っても、会場とホテルから一歩も出られず、何の楽しみもない。それでも行きたい人だけが名乗り出て」と。そしたら、みんな涙を流しながらも誰一人欠ける事なく着いて行きます！と言ってくれた。

徹底した感染対策をしたうえで全国ツアーを決行したら、あんなに猛反対していた全国のイベンターたちが、「大黒、頑張れ！感染者を一人も出すなよ！お前が成功したら、ほかのアーティストたちも後に続くことができるから！」と応援してくれるようになったんです。

道端：それで無事、感染者を出さずに全国ツアーを完走したんですね。大黒さんは今年も精力的に活動なさっていますが、これからの夢はありますか？私は「１００億プロジェクト」を達成したら、次は「アジア女性財団」を作り、女性起業家たちのネットワークをアジア全域に拡大して、ＳＤＧｓ活動の発展に貢献していくことが夢です。

大黒：何と！ 素晴らしい夢☆ 私は今、今夏リリースの「東京 Ｏｎｌｙ Ｐｅａｃｅ」という曲に合わせたダンス動画をファンから募集しました。コロナ禍でみんなが集まれない今だから、誰もが頑張っているから、スポットが当たらない人こそ主役にしたい！とその動画を繋げて一つのミュージックビデオにして、日本中が一つになればいいなと思ったんです。道端さんは日本だけに留まらず、アジア全域の女性たちを繋げようとしていて、すごいですよね。道端さんがリーダーなら、みんなついて行けそうって思いますよ。このインタビューの後、ぜひ「東京 Ｏｎｌｙ Ｐｅａｃｅ」のダンス動画を一緒に撮りませんか？

道端：ありがとうございます！ ぜひよろしくお願いします。

私の名前は忘れ去られても曲は１００年残るのが夢

大黒：私の夢は道端さんのような壮大なものではないけれど、ロサンゼルスのハモサビーチに、海からたった10歩で地下にスタジオも付いている素敵な家があるんです。将来は、そこを買って住みたいですね。趣味のサーフィンをしたり、料理を作ってミュージシャン仲間を呼んで、ワインやシャンパンを開けて、美味しいものを食べたり飲んだりしながら、歌を歌ったり演奏したい。それでふわふわした気分になって、「気持ちいいなー、このまま死ねたら最高だなー」って思いながら、老衰で誰にも迷惑をかけずに死ぬのが夢(笑)。

あと、大先輩アーティストの松任谷由実さんが、目標は「名もなき名曲」

「自信がないって言うけど、自信なんて最初からあるわけないでしょ」

になることだっておっしゃっていたんです。思わず、こぶしを突き挙げて「Agree（賛成）！」と叫んでしまいました。たとえば、「さくらさくら」や「こいのぼり」の曲は誰でも知っているけど、作曲者は誰か知らないじゃないですか？ 死んで自分の名前は忘れ去られても、自分の曲は100年後、200年後も残る、そういうふうになりたいんだとか。私もすごく同感です。

成功例を100個積み上げたら自信がつく

道端：最後になりますが、今号の「WOMAN Serendipity」は「プロフェッショナル」がテーマです。大黒さんにとって、プロフェッショナルとは何ですか？

大黒：アインシュタインが、「私は天才ではありません。ただ、人より長く一つの事柄と付き合っていただけです」という名言を残しているんです。プロフェッショナルって、そういうことだと思うんですね。私も音楽に対しては異常なくらい好奇心旺盛で。掘り下げて掘り下げて、たとえるなら地球を突き抜けて日本の反対側のブラジルに行っちゃうくらい、執念深いんですよ（苦笑）。ブラジルにたどり着いてから、「やっぱり仮歌の方がよかったな」と思って戻ってくることもありますが、それも無駄じゃないんです。反対側まで行ったからこそ、仮歌の良さが分かったんですから。

曲を作ることは、子供を産み育てることと似ています。けれど、コーラスもバンドメンバーも、アレンジャーも、ディレクターもマネージャーも、曲という子供の成長過程の一部にしか立ち会っていません。子供の出産から嫁入りまで、すべてを見届け、すべての音が体に刻まれているのは私だけ。長さ的にCDに入りきらないとか、事情があって仕方なくカットしたトラックもありますが、本当はみんなのくれた才能を1ミリたりとも捨てたくないんです。だから老後は、「カットしたけど本当はあっちがよかったな」っていう曲を出していこうかと。道端さんと話しているとまた将来の夢が増えましたね（笑）。

プロフェッショナルというのは、そういう作業を飽きずにやれることじゃないでしょうか。私はよく生徒にこう教えています。「自信がないって言うけど、自信なんて最初からあるわけないでしょ。これを頑張ったら100点取れたとか、成功例を1個ずつ積み上げて、10個溜まったとき、やっとレベル1になれるの。成功例が100個溜まったら、ようやく自信がついてくる。だから途中で諦めないで、成功例を100個作りなさい」とね。

道端：プロフェッショナルを目指す、すべての女性を後押しする力強いメッセージ、ありがとうございました。

MAKI OHGURO

大黒摩季

地元・北海道から上京し、1992 年「STOP MOTION」でデビュー。
「DA・KA・RA」「夏が来る」「あなただけ見つめてる」「ら・ら・ら」などミリオンヒットを連発し、
1995 年に発表したベストアルバム「BACK BEATs #1」は
300 万枚以上のセールスを記録。
2010 年病気治療のため活動休止、2016 年から活動再開。
「応援ソング」には定評があり、
さまざまなアスリートや企業を勇気づける楽曲を提供している。

東京 Only Peace

2021.7.23 配信 release

同時配信『君が代』

スマ経営者”
魂に迫る
株式会社てっぺん
代表取締役会長
大嶋啓介
地盤ネットホールディングス
株式会社
代表取締役会長
山本　強
SBCメディカルグループ
代表
相川佳之

「特集」時代を創る
挑戦し続ける spirit

株式会社 玉寿司
代表取締役社長
中野里陽平

株式会社
プロラボホールディングス
代表取締役会長 兼 CEO
佐々木広行

プレミアアンチエイジング
株式会社
代表取締役社長 CEO
松浦　清

SBCメディカルグループ

代表

相川佳之

社会に貢献できる伝説のクリニックづくりを目指して

美容整形・美容外科・美容皮膚科を専門に、東京や大阪をはじめ国内外に100院以上を展開するSBC湘南美容クリニック。医療を通じて人の心を前向きにさせたい――相川佳之代表が目指すのは「究極の三方良し」でした。

YOSHIYUKI AIKAWA

1970年生まれ。神奈川県出身。日本大学医学部卒業。麻酔科研修後、都内大手美容外科に勤務。2000年に神奈川県藤沢市に湘南美容外科クリニックを開院。わずか20年で日本・海外含めて109院（102拠点）を展開（※2021年3月28日時点）。医療サービスの提供は美容医療に留まらず、総合医療まで拡大。
2035年に1000クリニック&100病院、日本一の総合医療グループを目指す。SBCメディカルグループ代表。日本美容外科学会学会長（2015年）日本美容外科学会理事。先進医療医師会参与。日本再生医療学会理事長補佐。

いつか目標を達成するために朝、手帳を片手に思考の日々

言わずと知れた美容業界の大御所・湘南美容クリニック。2000年に藤沢市で開業し、またたく間に全国へ展開。今では美容外科、整形外科のみならず、一般内科、外科、皮膚科、泌尿器科、不妊治療にAGA治療、レーシック――と、ひとりひとりの悩みに寄り添う医療を提供し続けています。わずか20年の間に4800人を超える社員を抱える大企業へと躍進し

たSBCを統括する相川代表の目標。それは「メイヨークリニック」のような病院を日本にも作ることでした。

「メイヨークリニックは米国ミネソタ州にある総合病院で、『全米の優れた病院』の1位に選ばれ世界中のVIPが通うほど注目されています。メイヨークリニックのようになるために僕が心に留めている言葉は『継続は平凡を非凡に変える』『習慣は人格を作り、人格は運命を決める』そして『結果が出ない努力は、努力ではない』の3つです」目標を達成するためには、習慣の管理が欠かせません。長期的な目標を手帳に書き、毎朝それを見ては何をするべきか、どのように動くべきかを決定。翌朝再び手帳を開き、やれたかやれなかったかをチェックする。相川代表はこの習慣を10年以上続けているといいます。「書き込むシートは『アチーブメント』で配られる『習慣化チェックリスト』を使用しています。やったことを意識することも大切ですが、〝やれなかった〟ことを意識するのも重要で、そうした中から自分の弱点を見据えることができるんです」

薬学部志望を医学部に変更
それがターニングポイントに

最大のターニングポイントは「医学部への進学」でした。「僕は両親が薬剤師という環境に生まれました。長男だったので両親の薬局を継ぐのが自然の流れだと思っていたんです。そのため薬学部を志望していたのですが『どうせ医療の世界に入るなら、医学部の方がオールマイティにできるのでは？』との思いが浮かび、受験の直前に医学部に志望を変更しました」

もちろん、突然の志望変更に学力が追いつかず、2年後に念願の医学部へ。「実は小学生時代の作文で『将来、医者になる』って書いていたんですが、血を見るのが苦手だったので薬剤師の道に進もうと思っていました。でも、何事も一番を目指すのが好きなので、性格的にも医者が合っていたと思います」人の身体のしくみに興味があり、美容しかり眼科しかり産婦人科しかり、新しいことを勉強することが全く苦にならないのだと語る相川代表。これからも興味のむくままに、いろいろな科を増やしていく予定なのだとか。

客、社員、社会。すべてが
幸せになれる医院を目指して

相川代表が求めるプロフェッショナル。それは、結果を出すことにこだわることだといいます。「アマチュアは、結果を出すことにこだわらず過程にこだわります。プロは結果にこだわるんです。我々の仕事であれば、治療の出来にこだわるということですね。結果を出すことにプライドを持てる人は柔軟なんですよ。視野が広いと言いますか。過程にこだわる人は、こうあるべき、こうするべき、という固定概念に縛られしまい、結果を出せないことに対して言い訳をする。それはプロフェッショナルではない。プライドを持つべきところが『結果』であるべきなんですけどね」毎日のようにTVで流れるコマーシャル。駅を降りるなり目に入るSBCのデジタルサイネージ。結果を出し続けてきた今が、私たちの目の前に現れています。

「結果を出していけば、人は信頼してくれます。信頼してもらえれば、優れた人材が会社に集まります。僕は採用の際、欲があるか、素直さがあるか、このふたつを重視しています。お腹がいっぱいの人にどんなに美味しそうな料理を提供しても響かないように、欲がない人は成長しない。素直さがない人も同様で、こちらが何を提要しても受け入れることができません。会社を大きくするのは採用がすべて。ですから人選は厳しく行っています」

医師として研究者としての一面を見せる一方、経営者としての顔を見せる相川代表は、「TTP」を理念にしています。「TTP、つまり『徹底的に、パクる』これが僕の経営上の理念です。成功している会社が行っていることを見て、良いことは徹底的に取り入れます。ヤマダ電機さんを見てポイントカード制度を取り入れ、ジャパネットさんを見て治療を説明する動画を作りました。これからもTTPを追求していきます」お客様にとって何が幸せなのか。スタッフにとって何が誇りなのか。そして、社会にとってどう貢献できるか。相川代表はこの〝三方良しの実現〟を目指し、いつか目標のメイヨークリニックに近づくために、柔軟に、そして確実に、階段を上り続けています。

COMPANY DATA

SBC メディカルグループ
〒163-1312 東京都新宿区西新宿6丁目5番1号
新宿アイランドタワー 3F
設立：2000年3月
事業内容：病院経営、専門医療、美容医療、商品開発
メディカルフィットネス、保険診療から自由診療までの
トータル医療サービス

WEBSITE

地盤ネットホールディングス株式会社

代表取締役会長

山本 強

業界のブラックボックスを打ち破る新しい発想

証券マンという平坦な人生を捨て、起業家として歩み始めてからの丸二年は売上げゼロ。「禍福は糾える縄の如し」という言葉をモットーに成長を遂げ、起業から4年半で上場させた山本強会長の成功の軌跡をたどります。

TSUYOSHI YAMAMOTO

1966年大阪生まれ。証券会社等を経て、1997年に地盤会社入社。過剰な改良工事が発生している現場を数多く経験する中で、「業界の構造を変え、情報格差を解消したい」という想いから、2008年に地盤ネット株式会社（現・地盤ネットホールディングス）を設立。業界初となる「地盤セカンドオピニオン®」サービスを展開し、2012年東証マザーズ上場。現在はベトナムの新規事業展開など行い更なる成長を続けている。

COMPANY DATA

地盤ネットホールディングス株式会社
〒160-0022 東京都新宿区新宿5-2-3 MRCビル4F
TEL：03-6265-1834
設立：2008年6月25日
資本金：4億9,040万円（2021年3月期末）

生死を彷徨う大事故を経て価値観が大きく変わった

「改良工事を受注しない唯一の地盤解析専門会社」として、生活者目線の「地盤セカンドオピニオン®」の提供からスタートした【地盤ネットホールディングス】。会社を率いる山本会長の座右の銘は「禍福は糾える縄の如し」です。「高校2年生のとき、オートバイで大きな事故を起こし生死の境を彷徨いました。山道でコーナーを曲がり切れず、15mくらい下の谷底に落下してしまったんです」3か月に亘った入院生活のため、高校2年生を再度繰り返すことになりました。車椅子に頼って登校する日々を経験する中、山本会長は「俺にはもう、身体が資本の人生は無い。それ以外の武器を身に付けなければ」と一念発起。猛勉強の上で関西学院大学に進学したのです。

「このことがきっかけで、どんなに辛いことがあっても、逆転することがあるのだと知ることができました。あの事故が無かったら、私はごく普通のサラリーマンとして、平凡な人生を生きていたかもしれません」大学卒業後は証券会社へ。ある日、ふらりと立ち寄った書店で目についたのは、アイフルホームについて書かれた鶴蒔靖夫さんの著書「住宅大革命」でした。その中に書かれていた「家の値段を3分の1にする」という言葉が心に響き、アイフルホームを企業訪問。「その流れで入社しちゃいました」と、山本会長は笑顔で過去を振り返ります。その後、下請けの地盤会社へ移動したことがきっかけとなり、地盤調査等のノウハウを習得。地盤会社として起業するに至りました。

安心に暮らせる日本を夢見て〝地盤〟業界に足を踏み入れた

「まったく根拠はないんですが、バイクの事故で、持っていた悪い運勢をすべて使い切ったという自信があったんです」そう語る山本会長ですが、起業後はかなり厳しい状況が待っていました。2年間売り上げはほぼなく、ワンコインで1日を乗り切る生活。それでも「これだけ苦労していれば、すごいリターンが来るに違いない!」そう信じて仕事に邁進しました。転機が訪れたのは、2011年3月11日。東日本大震災により液状化や地盤沈下といった災害を受け「地盤」を扱う会社として脚光を浴び、上場を果たすことになりました。そんな山本会長がメンターとして仰ぐのは「カカクコム」と「クックパッド」の代表執行役を務めた穐田誉輝さん。それまでブラックボックスに包まれていた〝商品価格〟をつまびらかにした「殺人的なサービスとアイディアに感動を覚えた」と言います。「穐田さんは、それまでの世の中の常識を変えた人。私自身も、それまでブラックボックスであった建設業界に風穴を開けたいと望んでいたので、とても尊敬しています」山本会長が言う「ブラックボックス」。それは日本の建設業界が抱えてきた悪しき習慣にありました。「地盤が悪い場所に建物を建てる際、地盤を改良する工事が必要になります。本来なら工事が必要ないのに過剰に工事を行い、利益を得ていた業者が多数存在していたんです。私たちが調べたところ、80%くらいが無駄な工事だったんですよ。そうした面を明らかにしたかった。そのために『地盤セカンドオピニオン®』の提供をスタートさせたんです」

トップに必要なのはヴィジョンを具現化する力

その後、国立研究開発法人防災科学技術研究所・白山工業株式会社との三者共同研究による、住宅向けの地盤の揺れやすさ調査手法を開発。これまで地表から10mほどしか測定出来なかったものを30〜100m程度まで調査を可能にしたことで、需要は大きく膨らみました。そうして測定したデータを「地盤安心カルテ®」という無料サービスに落とし込み情報を提供。また、ベトナムにBCPOセンターを開設し費用対効果の高い3Dパース、動画、VRを提供するなど、新しいサービスの開発に余念がありません。ところで、自身が40歳で起業を果たした山本会長は、「40〜50歳での起業」を薦めています。

「サラリーマンとしてある程度経験を積むことで、雇われる側の気持ちが分かる。それが大事だと分かる。その経験をしてから起業するべきだと思います。リーダーとして必要なのは、長期的なヴィジョンと、それを具現化すること。そのためには毎日の努力が必要になります。先のことを見据えつつ、今日出来ることを考え、それを全てやりきる。これを積み重ねていくことで、次のチャンス、次のステージが見えてくると思います」

朝5時に起きてから始業までの3時間を、重要視している山本会長。集中力が高まる朝をホットな時間にすることで「1日を3倍に出来る」と語ります。

人々の暮らしのために。安全に安心して暮らせる社会づくりのために——山本会長の精進は、これからも続いていくようです。

WEBSITE

株式会社てっぺん
代表取締役会長
大嶋啓介

「人生を楽しむ力」を子どもたちに届けたい

「夢とありがとうを通し、日本中を明るく元気に」そんなスローガンを掲げ、居酒屋に革命を起こした「てっぺん」の取締役会長・大嶋啓介さん。5年程前からは、子どもたちを育てる新たな仕事に力を注いでいます。

KEISUKE OHSHIMA

予祝メンタルトレーナー
株式会社てっぺん取締役会長・日本朝礼協会理事長・人間力大學理事長
1974年1月19日三重県桑名市出身。
居酒屋 から日本を元気にすることを目的に、株式会社てっぺんとNPO法人居酒屋甲子園を設立。てっぺん創業15年で100人以上の経営者を輩出。てっぺんの「本気の朝礼」は、テレビなどでも話題になり、年間1万人以上が全国、そして海外からも朝礼の見学に訪れる。2006年には、外食産業にもっとも影響を与えた人に贈られる外食アワードを受賞（同年では吉野家の安部 修仁氏が受賞）。

座右の銘は、「人生のすべてを楽しむ」

「僕が意識している言葉。それは『人生のすべてを楽しむ』です。なんでもいい、とにかく『楽しむ』ことを軸にしている。うまくいかないとき、辛いときも、心からその状況を楽しめる自分でありたいと思っています」三重県桑名市に生まれた大嶋会長。育った町では毎年8月第1日曜になると「日本でいちばんやかましい祭り」と呼ばれる「石取祭（いしどりまつり）」が開催されます。深夜0時。提灯が灯された春日神社の境内に30数台の祭車が集まり、太鼓や摺鉦が一斉に打ち鳴らされ、その音色はまさに勇壮無比。世界広しといえども、ここまで〝やかましい〟祭りは無いでしょう。

「夏になると町が祭り一色になる。子どもも大人も一緒になって祭りを盛り上げ、心から祭りを楽しんでいる。この石取祭りのような楽しい思い出が作れる場所を僕も作りたい。そう思ったことが居酒屋に結びついたのかもしれません」

「てっぺん」名物の公開朝礼は野球から発想

居酒屋「てっぺん」が日本で一躍その名を知られたのは「朝礼」の存在でした。目を閉じてこれまでの自分・これからの自分を振り返り、大きな挨拶とともに、夢を叫びます。その迫力に気圧される人が続出するとともに、真似をする会社も増えました。「僕、こう見えて実は学びオタクで。いろんな研修やセミナーに出掛けるうちに思いついたのが、この朝礼なんです。スポーツの世界でよくある円陣を組んで『よしやるぞ！』的な。僕は野球少年だったので、みんなで声を出し合って気合を入れたかった。繁盛店には繁盛店の空気があるんですよ。その空気を醸すには、従業員の気合が大切なんです」

小・中学生時代は野球少年だったという大嶋会長。しかし、高校進学を前に、急速に野球に対する自信を失い、高校野球を諦めてしまいました。「あのとき、もっと自分を信じていたら高校野球に進んでいたと思うんです。それなのに『どうせ俺なんて、何やっても無理なんだ』と、自分で自分を諦めてしまった。その後悔の気持ちが今でも強く残っています。これから未来を掴むはずの子どもたちには僕のように後悔しないでほしくて、今、居酒屋業は後輩に譲り、高校野球のメンタルコーチの仕事をメインに行っているんですよ」

居酒屋で培ったチーム作りを高校野球に！

日本各地の高校からメンタルコーチとして請われるようになり5年以上。大嶋会長がコーチングした高校のうち、24校が甲子園へ進みました。大嶋会長が考えるチーム作りは、大きく「ふたつの力」を上げることにあります。ひとつは「楽しむ力」。もうひとつは「感謝力」です。「楽しむ力のことを、僕はワクワク力と呼んでいます。志、夢、仕事や課題、困難、そして可能性にワクワクする。可能性が無い人は存在しません。

ただ、その可能性を見ることができていないだけ。実はね。高校野球の監督ってこのワクワク力が足りない人が多いんですよ。僕は子どもたちだけじゃなく、監督にもこの力を培ってもらうようにしているんです」19年もの長い時間、甲子園から離れていたとある高校の野球部に請われた大嶋会長は、監督に対し「監督がベンチからいなくなったら、甲子園に行けますよ」と衝撃的な言葉を放ちました。笑顔を見せず、怒鳴り散らすヤクザのような監督。言っていることは正しいけれど、このままでは生徒はついてこない。そう実感したといいます。

「笑顔が大事であることを監督に伝えると、監督も納得してくれました。笑顔はだいぶぎこちなかったですけどね。また、子どもたちには感謝の気持ちを持つことを教えました。野球へ、親へ、監督へ、仲間へ、そして道具へ。そうした全てに感謝することは、とんでもないパワーを生むんです」

すると翌年には予選を勝ち進み、決勝へ。そこに立ちはだかったのは関西屈指の強豪校でした。

「試合前に監督から『どうやったら、生徒たちが気持ちよく試合できると思う？』というメールが来たんです。なので『3回まで試合を捨てて、遊びましょう！』って提案しました。監督はかなり渋っていましたが、そこで考えたのが『フルスイング』というサイン。子どもたちに、思う存分遊ばせたんです。すると3回の間に12点を奪取。12対6で甲子園へ行ったんですよ。すごくないですか？」

ワクワクすること。そして感謝をすることで、実力以上の力が出せる。そのことを身をもって教えた大嶋会長。これは、高校野球だけではなく、会社も同様なのだと語ります。

全ての子どもたちに未来の可能性を与えたい

その大嶋会長が形にしようとしていること。それは居酒屋ネットワークを使った「全国1000店舗子ども食堂」です。貧困にあえぐ子どもたちに食を届けたい。そして、未来への希望を持ってもらいたい。その思いを形にするべく奔走しています。

「令和3年の1月からプロジェクトを発足したところです。全国1000ヶ所、10万食を目標にし、子どもたちの未来を守る。僕が持てるノウハウを活かし、子どもたちの未来を明るく照らして揚げたいと思っています」

COMPANY DATA

株式会社てっぺん
〒151-0064 東京都渋谷区上原 2-47-18
ビームビル 5F
TEL：03-6407-8439
設立：2003年7月7日
資本金：500万円
事業領域：飲食店経営・研修事業

WEBSITE

プレミアアンチエイジング株式会社

代表取締役社長 CEO

松浦 清

“自然体”で仕事をすれば転換期は自ずと訪れる

コロンビア大学への留学をきっかけに「肝が据わった」という松浦清社長。現在、従業員一人当たりの年間売上高が2億円を超えるまでに急成長を遂げた秘密は「タフな交渉術」にありました。

WEBSITE

KIYOSHI MATSUURA

慶應義塾大学 経済学部卒。コロンビア大学経営大学院MBA取得。外資系金融機関、戦略系コンサルティング会社を経て、伊ラグジュリアリーブランド、米オンラインジュエリーブランドの日本法人、上場投資会社の社長を歴任。2009年12月にプレミアアンチエイジング株式会社を設立。代表取締役社長に就任し、化粧品開発販売事業を開始。2020年10月東京証券取引所マザーズ上場。現在に至る。

永遠のテーマを社名に込める その先見の明が勝機をもたらした

「とろけるバームでうるおうおうおう、クレンジングバーム、デュオ！」アーティストのＫｉｎＫｉ Ｋｉｄｓが歌うこのフレーズは、誰もが一度は耳にしたことのあるほどメジャーなＣＭですが、この題材となるＤＵＯ「ザ クレンジングバーム」のメガヒットにより〝クレンジングバーム〟という市場を新たに作り出したのが松浦さん率いるプレミアアンチエイジング株式会社です。〇〇化粧品。××美容。分かりやすくコンパクトな社名を付ける風潮の中、インパクトの強い社名を付けた理由を、松浦さんはこう語ります。「良い歳のとり方をしたい。これは誰もが追い求めること。起業した当時はまだアンチエイジングというキーワードは認知されつつある程度の時代でしたが、10年経っても、そしてこれから20年30年経っても廃れることのないパワーワード。この名前なら、社会的にもマーケット的にも伸びるだろうと思って名付けましたが、成功したな、と思っています」そんな松浦さんにとって最も大切なこと。それは「情報収集」です。「今はデジタルの世界。流れが早く、最先端の技術や知識がどんどん生まれてきます。それをいかに早くキャッチし俯瞰できるかが、ビジネスのカギであり、素早く方向性を決めていけるかが社長である僕の仕事です。ですから、情報収集はどんな瞬間でも欠かせません」

競争率25倍の大学院へ留学 その厳しさは並じゃなかった

ジュエリーを商う家に生まれ、ジュエリービジネスを行った経験も持つ松浦さん。家業を継ぐことも考えましたが、最終的に手を伸ばしたのは美容業界でした。ターニングポイントになったのは、30歳直前でのコロンビア大学への留学。競争率25倍の難関試験を突破するために猛勉強し、晴れて留学を迎えた松浦さんの前に立ちふさがったのは、受験よりも大きな「優秀な人材」という壁でした。「ステージを変えたい。自らを高めたい。そんな気持ちで大学院への留学を決めたのですが、すぐに『甘かった！』と打ちのめされました。３割程度が留学生だったのですが、必死になって勉強してようやく入学した僕と、地頭の良さだけで勝負出来そうなほどの優秀な学生たちの差が大きすぎたんです」世の中、上には上がいる。松浦さんはあまりの衝撃にずっとコンプレックスを抱いていたといいます。しかし、留学した2年間で感じた辛い経験が、〝今〟の成功へとつながりました。「留学を終えて日本に帰ってきて起業したのですが、なんというかこう、肝が据わったというか。他社とのビジネスの際、かなりタフな交渉が出来るようになるとともに、優秀な人材を間近で見る機会が得られたことで、世界的な視点でビジネスが行えるようになっていました」例えば日本では、激しい議論を交わすような相手とは「顔も見たくない！」とばかりに、食事をする機会すら設けないことがあります。しかし世界では逆に「噛みつくような議論を重ねた相手でも、夜には握手をして笑い合いながらディナーをする」のだとか。「世界には、日本では考えられないカルチャーがある。それを知り得たことが何よりも大きな収穫だったかもしれませんね」

まとめ役に徹する。これが「プロの社長」としての矜持

わずか10年という短い間に会社を拡大。従業員一人当たりの年間売上高が2億円を超える驚くべき数値にまで高めた松浦さんは、情報とともにもうひとつ「人」を大切にすることをモットーにしています。「人間万事、塞翁が馬。これが僕の座右の銘です。運命はそう簡単に変わらないけれど、決めつけず、構えず、自然体で仕事をしていれば転換期は自ずと訪れます。であれば会社に必要なのは、そういったことが行える人材。良い時も悪い時もある中で、やってくる転換期を逃さない人材を集めたい。そう思っています」33歳の若さで起業し、社長となった松浦さん。しかし「社長」というのは「あくまでも、職種のひとつ」でしかないといいます。「たまたま、僕は社長が合っていて20年近くやってきているだけ。社長が偉いなんてまったく思っていません。会社という組織の中で働いてくれる優秀な人たちをまとめることができる。求める方向に向かう手伝いができる。それがたまたま僕だっただけ。グイグイ引っ張っていくリーダーもいますが、僕はまとめ役に徹しています」

「憧れの人は、トニー・スターク！」そういたずらな笑顔で語る松浦さん。タフさと柔軟さを併せ持つ世界基準の日本人が切り拓くのは、きっと、希望に溢れる未来であることでしょう。

COMPANY DATA

プレミアアンチエイジング株式会社
〒105-6308 東京都港区虎ノ門 1-23-1
虎ノ門ヒルズ森タワー８階
TEL：03-3502-2020
設立：2009 年 12 月
資本金：1,348 百万円
事業内容：化粧品・健康食品の企画、開発、輸出入
通信販売、卸及び小売り業務

株式会社プロラボホールディングス
代表取締役会長 兼 CEO
佐々木広行

自身の中の「目的意識」が会社の成長を左右する

広告業界からインナービューティへ。まるで違う分野でチャレンジしたことが、現在の成功につながったという佐々木会長。「一点集中で深く穴を掘ること」――目的意識を明確にした戦略が、市場独占のカギとなりました。

HIROYUKI SASAKI

株式会社プロラボホールディングス
代表取締役会長 兼 CEO　佐々木広行

早稲田大学卒業後、東証一部上場企業を経て、1998年フリーペーパー発行会社を設立。コピーライター、プランナーとして企業の広告制作や商品企画を支援。うち数社が年商100億円以上に成長し、そのマーケティング・ブランドプロデュース力において高い評価を得る。2002年、株式会社エステプロ・ラボ（現・株式会社プロラボホールディングス）を設立し、代表取締役に就任。立ち上げから約15年で、国内約17,200店舗以上の美容・健康施設と海外13カ国・地域に展開するサロン専売ブランドへと成長させる。

借金に苦しんだ広告制作時代を経て

2002年にフランチャイズのエステティックサロン経営を始め、08年からは自社開発したハーブティーの販売を開始。酵素ドリンクやサプリメントなど「エステティックサロンの専売品」をメインとした戦略が功を奏し、インナービューティの世界では並ぶものなしとされるほど会社を大きく成長させた佐々木さん。しかしその人生は、決して平坦なものではありませんでした。「30歳で独立して広告を制作する会社を立ち上げました。でも、思うようにいかず、借金がどんどん膨らんで銀行への返済が滞ることに。02年から06年ぐらいまでは、どん底の人生でしたね。もうダメだと分かっているのに、なかなか広告の仕事から手が引けなくて。辞めるって難しいんですよ。自分の価値観を壊すことになるので、なかなか決断できない。でも、捨てる勇気の大切さ、一点集中することの大切さに、気付くことができました」友人たちから「倒産させたほうがいい」「リセットしろ」そう言われても諦めきれずにいたとき、当時制作を手掛けた広告の中からヒントを得てハーブティーを開発。エステティックサロンの専売品として発売したところ、女性の悩みに寄り添うというコンセプトが当たりました。はじめのうちはひたすら営業に打ち込む日々。その後、酵素ドリンクなどインナービューティ製品の商品開発へと手を広げました。「残念ながら広告の世界では一番になれなかった。だったら次は、エステティックサロン市場でハーブティーで一番になってやろう。そう思ったんです。その思いが現実になり、現在は全国1万7200店舗のエステティックサロンがお客様です」

目的意識を持つことが大切だと失敗から気付かされた

「今思えば、広告をやってるときは、なんの目的意識も無かったんですよ。やっぱりダメでしたね。社員はついてこないし、会社も良くならなかった。なんでうまくいかないんだろう？ってずっと考えていた。でも、後から身に染みたんです。目的意識がないから、うまくいかないんだって。だからインナービューティに一点集中。多くの女性を健康的に美しくしたい。美しさをもって社会に貢献したい。そうした目標を掲げ、ひたすら一点集中して穴を掘ったことが、今の成功につながりました」２０１０年に広告業界から完全撤退。その後、目的型の経営をスタートさせ、時間の許す限り商品開発を行ったという佐々木さん。現在販売する商品は約１２０アイテム。すべてにエビデンスを取り、身体に本当に良い商品だけを販売しています。「今だから分かることなのですが、ビジネスは『理念』がベースにあって、その上に戦略がのっかっている。この順番を間違えると、ただ金を儲けるためのテクニックになってしまうんです。そうなると、最初は売れるかもしれませんが、結局誰もついてきてくれなくなってしまいます。渋沢栄一さんの言葉に『理と利の統合』というものがあります。理念があって、そこに利益がついてくるような戦略・戦術を考え行わなければならない。自分だけではなく、家族や社員、協力会社、取引先、そうしたすべての人が幸せになれるビジネスを行うことが、会社を大きくするための基本だったんです」

国内では一番を獲得 今後は世界一を目標に！

インナービューティに存在意義を見出し、一点集中と一番化戦略により日本のトップに君臨するに至った「プロラボ ホールディングス」。これからは世界一を目指し、さらなる躍進を目指すのだと、佐々木さんは目の奥に熱い情熱をたぎらせています。「日本と違い、世界はまだまだ貧しい国が多い。そうした中で、人々の食生活や内側からの美に貢献できる会社になりたいと思っています。海外市場はマーケットが圧倒的に大きいですから、インナービューティと言えばエステプロ・ラボ、という時代を築き上げたいですね」

女性と飲む時間があれば、企画の１本も作り込んでいたい――自他ともに認めるワーカーホリックな佐々木さんは、「人生と会社が一体化している」と感じています。「会社を成功させるためには、行動量が多くなければダメ。はじめから成功することはあり得ないので、なんでもやってみることが大切なんです。起業した以上は、行動あるのみ。色々なことにチャレンジし、失敗から学んでいくしかない。また、これは良いと思ったことはひたすら続ける。そうして経験を重ねて、どんな状況でも成果を出せる人間になる。プロフェッショナルっていうのは、経験が作るものですからね。僕なんてプロというにはまだまだ程遠い。でもいつか、世界一になって、インナービューティのプロになれたら――ま、そんな感じで、なんとかやっています」

世界中の女性の幸せを目指して。プロラボホールディングスは歩みを止めることなく突き進んでいくようです。

COMPANY DATA

株式会社プロラボホールディングス
〒108-0073 東京都港区三田3-7-18
THE ITOYAMA TOWER 7階
TEL：03-6436-9750
設立：2002年9月3日
資本金：3,300万円
事業内容：エステティックサロン・スパ・ヘアサロン・フィットネスクラブ向けインナービューティプロダクツの製造メーカー

WEBSITE

株式会社 玉寿司

代表取締役社長

中野里陽平

事業を永続させられるかは真摯な思い

創業100年を迎える玉寿司。暖簾愛と事業に対する真摯な姿勢を貫いてきたことが、あらゆる困難を乗り越えてきた秘訣。これからも仲間（社員）とともに歩んで行く。

YOHEI NAKANORI

昭和47年8月18日 東京築地生まれ。
平成11年11月 株式会社玉寿司入社。
平成17年2月 代表取締役社長就任。
創業97年を迎える築地玉寿司4代目。
入社翌年の平成12年5月 太老樹築地店オープン。既存店にはない新コンセプトのもと設計された店づくりが話題に、多くのメディアに取り上げられる。
平成28年8月 グレートカンパニーアワード2016受賞。
働く社員が誇りを感じる会社賞受賞。
平成29年4月 玉寿司大学創設。技術力、接客力、人間性を備えた社員の育成に取り組む。平成28年4月にオープンした表参道ヒルズ店、無農薬米をはじめ野菜、味噌、卵まで有機にこだわった関東唯一のオーガニック寿司店を展開。
エリア特性、客層に合わせた店舗作りを得意とし、現在、首都圏を中心に札幌、名古屋含め31店舗を展開中。

〝暖簾愛〟を心の軸に添え 数々の困難を乗り越えてきた

2024年で創業100年を迎える玉寿司。その4代目を務める中野里陽平代表。競争の激しい飲食業界で、なぜ玉寿司はこれだけ長く商いを続けてこられたのか。

「それは〝暖簾愛〟があったから。お店は時代とともに変わるけど、暖簾は変わらない。暖簾愛があるからどんな逆境でも乗り越えられてきたんです」

玉寿司の100年は困難の歴史だ。初代とその妻の2代目の時にお店は戦火で焼かれ、中野里社長の父親（3代目社長）の代ではオイルショックやバブル崩壊を経験。そして、中野里社長が継いでからは、リーマンショックや東日本大震災が起こり、今まさに新型コロナによるパンデミックに直面している。それでも玉寿司は暖簾を下ろすことはなかった。

「普通の経営者は個人資産を守ることを優先しますが、うちは個人資産を捨てても暖簾は守る。それはお客様と社員、仲間たちの幸せを守るのが玉寿司の存在意義だからです。コロナ禍でも誰ひとりとしてリストラしないことを最初に全社員に伝えました」

経営に取り組む真摯な心構えが 長期永続に繋がっている

玉寿司は「築地玉寿司」など31の寿司屋を展開しており、従業員数は約700名。中野里社長はそのトップだけに、普通なら社員たちも畏怖するはず。だが、今回の撮影中、社員たちから「キマってるね〜」など半ば囃し立てられる姿が印象的だった。社長と社員の距離の近さを感じられる。

中野里社長が32歳で代替わりする際は、世襲ということも手伝って社員たちと今ほどの信頼関係は築けていなかった。しかし、当時抱えていた、年商の1.5倍にあたる78億円もの負債を完済するなど手腕を発揮して立て直しに成功。「あの時に比べればコロナ禍の経営危機は大したことはない」と笑うが、そのカリスマ性に、社員は全幅の信頼を置くのだろう。

そんな中野里社長だが、意外にも自身は経営センスに長けていない、と話す。「経営もお寿司も好きですよ。でもお店作りや業態開発ですごいアイディアを持ってる人はたくさんいる。ただ、事業を伸ばすのには才能が必要だけど、事業が永続させられるかどうかは真摯な思い次第。それに、経営能力が足りなくても前進したい気持ちさえあれば、才能のある人がいくらでも知恵を貸してくれます。重要なのは経営に対する真摯な思いなんです」

〝緊急度〟よりも〝重要度〟を 優先することが重要

真摯に経営と向き合ってきた中野里社長。そのバイブルは何なのか。

「23歳でスティーブン・R・コビーの『7つの習慣』に出会って、すごく影響を受けました。自分でコントロールできることとできないことの区分けをし、コントロールできることにフォーカスすればやるべきことが見えてくる、という考えはまさにそのとおりだと思います。それと、『重要度』と『緊急度』を軸にしたマトリックスを作り、〝緊急度ではなく重要度〟を優先するという考え方も参考にしています。これをしっかりやっている経営者は実にうまく事業を回せています。また、船井総研の創業者、船井幸雄さんの本で店づくりについて多くを学ばせてもらいました。私も彼の経営手法を自分の店で実施して……」

すごい経営者はいっぱいいる、と謙遜する中野里社長も、いざ経営に話が及べば止まらない。経営が大好き、ということがひしひしと伝わってくる。

ちなみに、本誌は女性実業家を特集する雑誌。中野里社長にとって、女性実業家の特徴について聞いてみた。

「玉寿司の2代目は私の祖母で日本初の女性板前でした。祖母や周囲の女性経営者を見ていて思うのは、多面的に物事を見る感性と男性とは違った視点を持っていることだと思います。私には持ち合わせていないものをたくさんもっているので、身近にいる女性経営者には頭が上がりません（笑）」

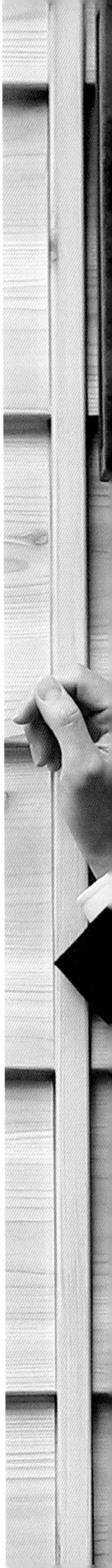

COMPANY DATA

株式会社 玉寿司

〒104-0045

東京都中央区築地 2-11-26　築地 MK ビル 3F

TEL：03-3541-0001（代）

設立：大正 13 年 3 月

資本金：3,000 万円

事業内容：寿司調理販売（江戸前にぎり寿司）

WEBSITE

WOMAN Serendipity

WOMAN SERENDIPITY SEASON II
NOVEMBER 2021

CONTENTS

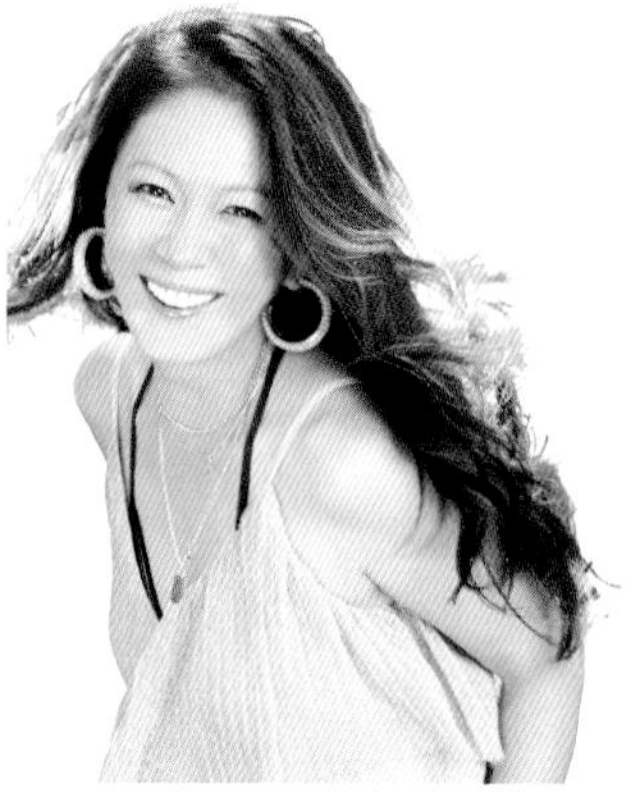

cover | 大黒摩季

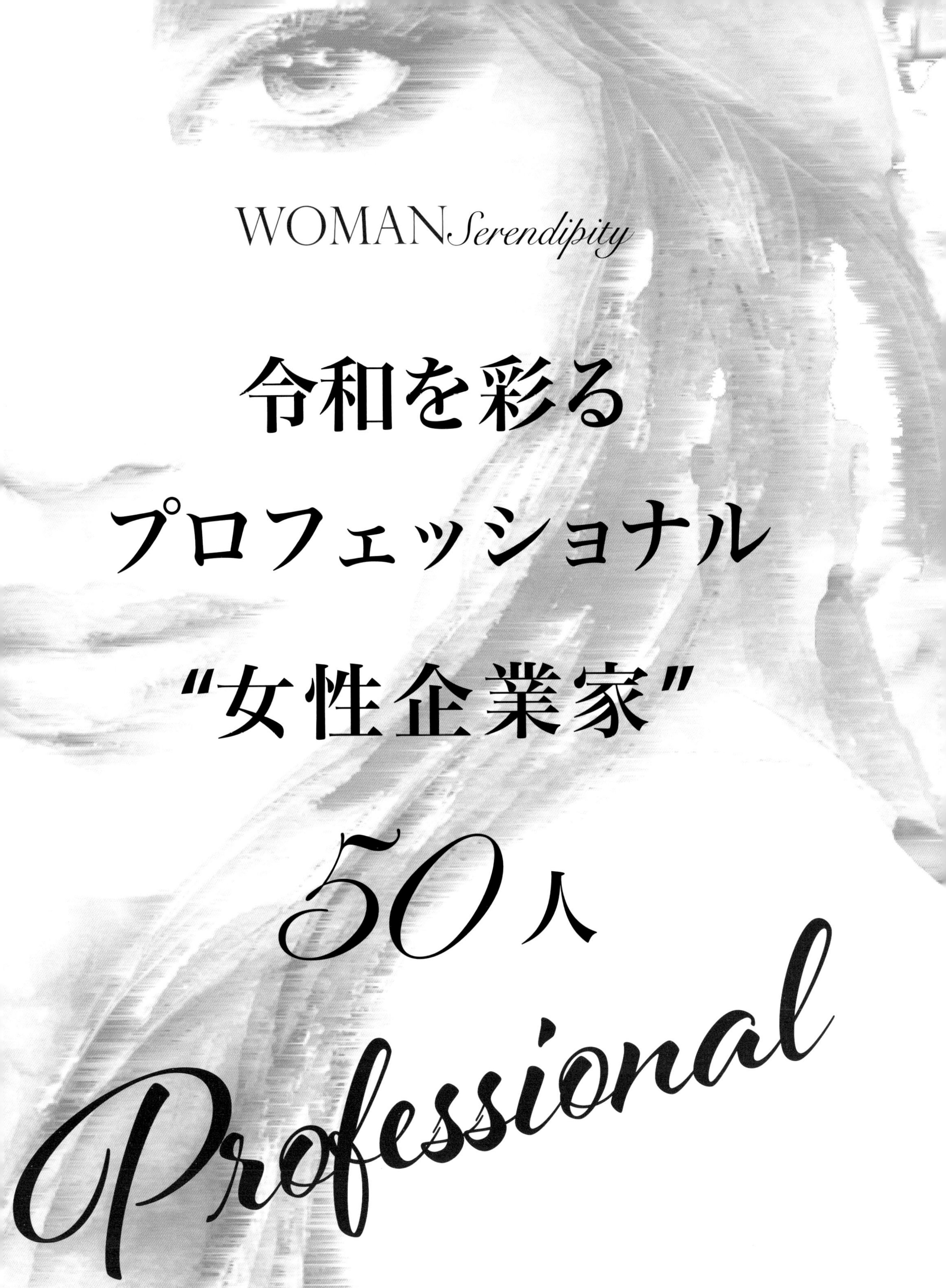

WOMAN *Serendipity*

令和を彩る
プロフェッショナル
“女性企業家”
50人

Professional

株式会社 Fair Heart

代表取締役

穐《あき》里《さと》明美

全ての子どもたちが笑顔で過ごせる優しい社会を目指して

障害のある息子の子育てと、25年に渡るフィットネス業界での経験を基に、心と身体にハンディを持つ子どものためのフィットネスを考案した穐里明美社長。誰もが手を差し伸べやすいオープンで優しい社会を目指し活動中です。

泣くのをやめた日が、私の人生のリスタート

私がフィットネスの道に進んだのは、14歳から5年間ダンスグループに所属して活動した経験があり、その後ダンスを活かした仕事がしたいと思ったことがきっかけです。世界最大のフィットネス教育団体協会に所属し、認定校として7年連続で開講数「日本一」を獲得。大手フィットネスクラブのインストラクター養成講師も務め、自身の養成校と合わせると20年間で延べ800名を超えるインストラクターを輩出するなどの実績を積んできました。この仕事にはとてもやりがいを感じており現在も継続していますが、実は心のどこかで、もっと人のため社会のためになることがしたいという気持ちもありました。

30歳の時、一念発起して大学で学びたいと思い立教大学に入学。選んだのは、コミュニティ福祉学部でした。

10代の頃に自宅で祖母を介護した経験があり、自然と福祉に関心を持っていたのかもしれません。大学のゼミでは、障害者スポーツやノーマライゼーションについて学びましたが、当時はまだ自分が障害児の母親になるとは想像もしていなかったのですから人生とは不思議なものですね。

30代後半で長男を出産。生後3ヶ月の時、ワーデンブルグ症候群という障害があることがわかりました。なぜ自分にだけこんなにも不幸なことが起きるのかと悲観的になり、文字通り三日三晩泣き続けました。でもふと息子に目を向けると、そこには障害がわかる前とまったく変わることのない笑顔がある。それなのにどうして私は泣いているのだろう?と自分自身に問いかけた時、ハッとしたのです。読み聞かせをするための絵本を出産前に100冊買ってあったのに、息子をあの有名な幼稚園に入れようと決めていたのに、将来はこんな風に育ってほしいと思い描いていたのに——そうした「自分の」願望が叶わなくなって泣いていることに気が付いたから。

息子は生まれてから何一つ変わっていない。障害がわかった途端に変わってしまったのは私。自己中心的な考えを持っていた自分自身に気づき、そこから私の思考は180度変わっていきました。

世の中を変える一翼を担う。それが、生まれてきた息子に示す母の背中

息子の全てを完全に受け入れた瞬間から、私の人生はリスタートしました。大学で福祉を学んだ自分のもとにハンディを持つ息子が来てくれたことも、「世の中を変えなさい」という誰かからのメッセージだったのかもしれ

AKEMI AKISATO

14歳から「スクールメイツ」に在籍し、ダンスを活かした仕事がしたいと思ったことがきっかけでフィットネスの道へ。2001年フィットネスインストラクター養成校LUCE（ルーチェ）を設立し、20年間でのべ800名を超えるインストラクターを輩出。講座はとにかく楽しく、分かりやすいと定評がある。2020年5月株式会社Fair Heartを設立、同年12月パラリンピクス協会代表理事となる。現在、心と身体のハンディを持つ子どものためのフィットネス「パラリンピクス」を伝えているほか、大手企業のフィットネスインストラクター向けビジネス講座の講師を務めるなど精力的に活動している。
男の子2人のシングルマザー。

ないと思うようにもなりました。息子のために、全ての子どもたちのために、私ができることは何か？　そう考え続けた末、25年に渡るフィットネス経験と障害児育児の実体験を通して得た知見を結集し、心と身体にハンディを持つ子どもたちが遊ぶように楽しく取り組める運動プログラムを考案しました。パラリンピックとエアロビクスを掛け合わせた、この運動プログラムの名称は「パラリンビクス」。構想がまとまってきたのは２０２０年春、世の中が未曽有の事態で元気を失っていた時期でした。だからこそみんなで支え合うことが当たり前になる社会を創る一翼を担いたい、そのためにパラリンビクスを事業としてしっかりと拡げていきたいと思い、その年の５月に会社を設立、12月にはパラリンビクス協会の代表理事に就任しました。

現在パラリンビクス協会では発達障害の子どもを持つ家族、主に母親を対象とする講座を提供しています。親子で一緒に楽しんで取り組める３分程度の簡単な体操を、自宅で習慣化し継続することにより、子どもの心と身体のバランスを整えていくことを目指します。身体の土台づくりができてくると、落ち着きや自制力が身に付いたり、自分の気持ちを周囲に対して表現できるようになることが期待できるのです。それと同時に私たちが重要だと考えているのが、母親の心のバランスを整えること。パラリンビクスのプログラムでは、発達障害の子どもを一番近くで支える母親が子どものありのままを受け入れて、子どもの未来を信頼する心を育んでいけるようなオリジナルメソッドを組み込んでいます。親子が一緒になって、個性と能力を見つけて伸ばしていく。他の誰とも比べる必要はなく、ハンディもまた個性の一つ。そんな風に思う母親がもっともっと増えたらいいなと願っています。

また、パラリンビクスの講座を伝えていくために欠かせないインストラクターの養成も実施しています。パラリンビクスの講座は全てオンラインで行うことができるため、フルタイム勤務や正社員での就業を断念するケースも多い障害児を持つ母親たちに、自宅でできる新たな働き方として提案していきたいと考えています。

未来の子どもたちに自信を持ってつないでいける社会づくりを

起業から約1年半。日々試行錯誤の連続です。どのようなプログラムを作れば、障害のある子どもとその家族に明るい未来を感じていただけるのか。パラリンビクスインストラクターたちが自信を持って伝えていける講座はどんなものなのか。時にはプレッシャーに押しつぶされそうになることもありますが、私はとにかく「人」に恵まれているので、周囲の応援してくださる方々や仲間に背中を押してもらいながらなんとか立ち続けることができています。一人きりだったら――とうの昔にやめていたかもしれません。

今の課題は、パラリンビクスを通じて私が伝えたい想いや実現したいことをいかに多くの方に知っていただくかという点です。障害の有無に関わらず全ての子どもが笑顔で安心して過ごすことのできる社会、さらには障害という言葉すら必要なくなる社会をつくるためには、障害のある子どもとその家族が現時点で直面している悩みや困難を周囲の方々にも知っていただくことが必要だと考えています。ただただ知っていただくだけでいいのです。そのきっかけづくりとして、今年の５月から６月にかけてクラウドファンディング（ＣＦ）に初挑戦しました。このＣＦは、発達障害、聴覚・視覚障害、内臓疾患、義肢など外見からはわかりにくい障害を持つ子どもと外出する際の母親の不安や緊張を少しでも軽減することを目指す、ホルダー型の「この子には障がいがありますマーク」の制作と無料配布のためのプロジェクト。５００名以上の方から温かいご支援をいただき目標金額１００万円の４２０％を達成することができました。ご支援くださった方の中には障害のある子どもを育てている方もいらっしゃいましたが、このプロジェクトの内容をウェブメディア上のニュースや新聞でたまたま目にして応援したいと言ってくださった方も非常に多く、私たちの取り組みが小さなきっかけになったことがとても嬉しかったです。

起業や「この子には障がいがありますマーク」の制作は、決してゴールではありません。重要なのはその先どうするか、どんな目標や夢を実現させるかだと思っています。私の個人的な夢を語らせていただくならば、障害のある息子が親なきあとも笑顔で暮らせるグループホームをこの手でつくること。まだまだ全国的に十分な数があるとは言えないのが現状です。そして一経営者としての私が目指すゴールは、誰もが自分らしく過ごすことができ、支援したいと考える人が手を差し伸べやすいオープンで優しい社会をつくることです。

目指すゴールに向かうためにまず着手したいのが、障害のある就学児童が放課後や長期休暇において通所する放課後等デイサービス。２０１２年の児童福祉法改正を機に設置されるようになり、様々な事業者による開設が増えたことは障害児を持つ親にとっては喜ばしい状況である反面、サービスや支援の質の低下、それに伴う事故や不適切な対応等が起きているというのも残念ながら事実であり、虐待があったというニュースを見ることも珍しいことではありません。そうした情報に触れる度に胸が張り裂けそうな思いをしているのは決して私だけではなく、障害児を持つ保護者は皆同じだと思います。子どもたち本人にとって、そして私たち保護者にとって安心安全な放課後等デイサービスとは?と考えた時に、実際に障害児を育てている私が、保護者および利用者の両方の視点を持って立ち上げるのが理想的なのではないかという答えに行き着き、この事業の立ち上げを成功させることを第一の目標にしようと思い至ったのです。私たちの施設では、パラリンビクスの運動プログラムやすでに実装されている他社様のアート療育等とコラボしたオリジナルプログラムを考案・展開していきたいと考えています。

最終目標に向かう道のりはまだ始まったばかり。私たちの想いに共感してくださる皆さまの力をお借りしながら、初心を忘れずに邁進していきます。

（上）お子様と過ごす至福のひととき
（下）ホルダー型の「この子には障がいがありますマーク」

常に笑顔でスタイリッシュな稙里明美さん

COMPANY DATA

会社名：株式会社 Fair Heart
代表者名：稙里明美
所在地：品川区東品川 4-10-18-411
業種：教育事業
事業内容：フィットネス指導者養成教育（福祉分野・フィットネス分野）
メールアドレス：info@paralymbics.jp

WEBSITE・SNS

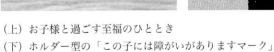

日本グラフォロジーコーチング協会

会長

飯田由美（玲菊）

グラフォロジー（手書きの文字の法則）をきっかけに
クライアント自身が本来の輝く人生を創り出すことを助ける。

グラフォロジー筆跡の法則

グラフォロジーとは心と手書きの文字の関係の法則のことです。手書きの文字は、脳相と言われ、心の全てが映し出されます。グラフォロジーコーチングは、手書きの文字をみることで、心の傾向性や課題（＝トラウマ・マインドブロック・思い込み・固定観念）を一瞬で見つけ、セッションを通して短時間で解除し、本来の自分を取り戻ための技術です。

今、コロナ禍で人間関係、健康、お金、仕事、健康などのトラブルが多く、不安や生きづらさを感じている方が増えています。これらのトラブルの多くは、目の前の現実が引き起こしたものではなく、幼少期に刷り込まれたマインドブロックによることが多いのです。

当協会では、多くの方がマインドブロックを解除されて、その人に相応しい仕合わせな人生を歩むことを助力することを目指しています。

全てはマインドブロックがあるから

二極化が叫ばれているこれからの時代、マインドブロックがあると足枷になって、成功しにくくなったり、成功していてもどん底に落とされてしまうことが起きやすいのです。

私自身、マインドブロックが人生における様々なトラブルを起こすことを知りませんでした。私がグラフォロジーに出合ったのは、繰り返し死にかけたことがきっかけです。三十代後半、骨盤腹膜炎になり、緊急入院手術。その時の癒着がきっかけで、腸閉塞を繰り返し、最後は五十代の時の心臓手術。その時、運命鑑定家に「生き方を百八十度変えないと死ぬ」と、言われました。ここから心の謎解きが始まったのです。

手書きの文字をきっかけに人の心を解放する

中村天風・東城百合子先生・斉藤一人さん・村上和雄先生との出会いを通じ、量子物理学という言葉に出合いました。それを知りたいという思いを持ち続けていたところ、生命意識科学を研究する藏本天外先生に出会ったのです。先生の元で脳科学に基づく心のメカニズムを学び、マインドブロックを解除。二〇一四年にグラフォロジーを継承しました。元々三歳から書を始めていたので、手書きの文字の法則は身近でした。私が素直に継承したのは、過去に文字から心の異変に気づいたものの、心のメカニズムを学んでいなかったために助けることのできなかった生徒に残念な気持ちを持ち続けていたからです。

YUMI IIDA（Reigiku）

1953年生まれ　東京在住　一男一女（成人）30年間、入院・手術を繰り返し、最後は心臓手術。運命鑑定家に生き方を180度変えないと死ぬと言われ、そこから心の謎解きが始まる。脳科学とグラフォロジーに出合い幼少期に根付いたトラウマを見つけて解除し、今では病気知らずになっている。手書きの文字を観て瞬時にトラウマ の有無がわかるグラフォロジーという画期的な手法と脳科学に基づくコーチングの技法を組み合わせて、2018年にグラフォロジーコーチングを体系化。1700人以上のクライアントで、法則性を検証。セッションと並行して、認定コーチを育てている。
立教大学経済学部卒

手書きの文字をきっかけにした心の解放の仕方

　では実際に、文字のどんな特徴から心の課題を見つけるのでしょうか？　一例ですが、まずはスラントと言われる文字の中心軸の傾きです。一次関数の座標軸を思い浮かべてください。中心軸の右側がプラス、左側がマイナスですね。右側が未来、左側が過去と捉えます。文字の中心軸が左に傾くのは随意筋を使うからで、随意筋と交感神経は連動して、左脳のデーターを出してきます。つまり過去の記憶で現実を見ていることになります。過去を引きずっていることですね。

　心の奥底に押し込めてきたマイナスの感情エネルギーが様々な災いを引き起こしているのです。クラアントは嘘をつくことがあります。普通のコンサルやカウンセリングでは、瞬時に嘘を見抜くことは難しいのです。一方グラフォロジーコーチングでは、本人の潜在意識が書かせている文字情報からデーターを取っているので、クラアントは嘘がつけません。手書きの文字をみることをきっかけに、クライアントの本心を引き出していきます。だから最速でクライアントの核心課題を理解することができるのです。そうすることで、まず生きづらさの原因になっているブロックを解除し、本来のご自分を取り戻していただきます。最終的にはクライアントにとって相応しい生き方を見つけていくお手伝いをします。

　グラフォロジーを継承してから、日本の筆跡診断・鑑定の本をほとんど読みました。そして二箇所判断基準の相違点を見つけました。それで三年間で六百人以上の方にお名前を書くだけのお名前コーチングを続け、グラフォロジーに対する確信を得ることができました。

　先行している筆跡診断・鑑定は心理学の分野で、経験値やデーターの集積で結果を推測していますが、グラフォロジーは本質的に違います。グラフォロジーは脳科学に基づき、量子物理学に基づく法則性やメカニズムを内包しているので、科学的なアプローチができます。

　この確信をもとに、二千十八年にグラフォロジーと脳科学に基づくコーチングの技術を合わせて、日本グラフォロジーコーチング協会を設立しました。

　事業内容は前述したお名前コーチングと心の健康診断プログラムから、まず心の課題を認識していただきます。そして希望される方には個人セッションを受けていただき、ワンデーセッションあるいは三ヶ月セッションで短時間でマインドブロックを解除していただきます。そして本来の自分を取り戻し、ブレてもすぐに戻れる自分軸を作り、未来に向かって歩むことを助力します。

次世代の育成が最大のミッション

　また、グラフォロジーコーチング認定コーチの育成にも力を入れています。一九九五年に見つけた庄内書道の父と呼ばれた曽祖父黒崎研堂の遺墨集を読み、感銘を受けたことが大きな影響を及ぼしています。研道は自分が庄内藩主のために働くことを一義とし、藩を守り人材を育てることに力を注ぎました。この人間性に強く惹かれたのです。わたしも次世代のために、書道とグラフォロジーコーチングを後世に伝えてまいります。

　わたしにとって、今、一番大きな課題はグラフォロジーコーチングの認知度を高めることです。

　筆跡診断や筆跡鑑定と違い、グラフォロジーコーチングはまだ一般には知られていません。それでこれからは書籍を出版したり、セミナーを通して認知度を上げてまいります。認知度を上げられれば、各地いる認定コーチが活動しやすくなりますから。

起業当初は苦難の連続

　ただ、起業についてはとても悩みました。起業したのは六十四歳の時。読売書法会の評議員で書道の道の半ば。二足の草鞋になるとエネルギーが分散してしまうのではないか、という思いがあったからです。悩んだ末、グラフォロジー（筆跡の法則）の方が書道やグラフォロジーコーチングより上位概念だということに気づき、書道とグラフォロジーコーチングを並行していくことにしました。今ではそれで多くの方の仕合わせに寄与できると確信しています。

　もちろん最初から順風満帆というわけにはいきませんでした。ビジネスについての知識は全くありませんでしたし、パソコン操作も苦手でした。たくさんの困難はありましたが、優れたコンサルのみなさんに助けられて今があります。

　これまでお名前コーチングやセッションをした人数は千七百人以上になっています。認定コーチも育っています。育ってきた認定コーチの皆さんが、さらに各地でコーチを育てることを期待する昨今です。そのため、認定コーチが自己研鑽を続ける機会をさらに充実させてまいります。

若い世代へのメッセージ

　これから何か自分に合った仕事をしたいと考えている女性たちへのメッセージですか？　そうですね。人は誰しも仕合わせな状態で生まれてきています。人生のシナリオライター、主役、監督は自分自身です。どんな親に育てられようと、嫌なこと、辛いことがあっても、それは自分の書いたシナリオだと思えば前に進めませんか？　最初から自分がその困難を越える力があるということですから。

わたしは若い世代の応援団になって、どんな時代にもブレてもすぐに戻せる自分軸を持つ心身健康な日本人が増えることを目指しています。これからもマインドブロックがあって、生きづらさを感じているみなさんの手助けをしてまいります。

最後に、自分らしい仕事をしたいと思い、この雑誌を読んでいる読者の方に、アドバイスをさせてください。一つは仕事を始める前に、マインドブロックを解除しておくことをお勧めします。そして一番大切なことは親に感謝をできるようになることです。親から酷い仕打ちを受けたり、親との関係性がない方にとって、それが一番難しいことでしょう。マインドブロックに気づいて、一つ一つ解除して、最後に自分がこの世に生まれたのは両親のおかげだと感謝できるようになれば最高ですね。

心から感謝ができるようになれば、自分の捉え方が変わり、目の前の世界がびっくりするほど心地良いものになります。感謝は宇宙の縦波。空気の中の酸素を吸えるとか、太陽の光を浴びられるという、本当は当たり前ではないけれど、いつも当たり前だ思っているお恵みに対するもの。それに対してありがとうは宇宙の横波。何か物をいただいたとか、何かをしていただいたという現象に対するもの。だから感謝とありがとうを同時に使うと、魔法の力が働くのです。みなさんの人生がより良くなること間違いありません。

（上）いつも穏やかな優しい笑顔で対応してくださる飯田会長
（下）" 可能由道 " という文字情報を元に分析を行っている

（右）理論に基づいた説得力のある説明が続く

COMPANY DATA

会社名：日本グラフォロジーコーチング協会
代表者名：飯田由美（玲菊）
所在地：東京都目黒区駒場 1-22-9
業種：メンタルコーチング（マインドリセットコーチング）
事業内容：お名前コーチング・開運文字講座・個人セッション・認定コーチ育成、魔法の言葉の日めくりカレンダー販売 etc.
メールアドレス：graphologycoaching1192@gmail.com

WEBSITE・SNS

Miracle English & Education

代表

Taeko

〝あきらめない〟人生のために。英語と読書の大切さを発信

２０２１年３月にベネッセ教育総合研究所が発表したデータによると、読書量が多い子どもほど知識や思考力にプラスの効果がみられることが分かりました。Ｔａｅｋｏさんはこの事実に早くから注目。独自の教育メソッドを届けています。

マンツーマンでクライアントに寄り添う英語事業

「英語事業」と「読書教育事業」。私が行っている事業は大きく分けてこの2つがあります。「英語事業」は中学生以上を対象とし、基本的にオンラインによるレッスンを行っています。沖縄県や和歌山県など全国から受講していただき、コロナ禍の中ではありますが、順調な経営を行えています。クライアントさんの目標レベル、期限、1日の勉強時間、性格、趣味、そうしたものをすべて聞き取りして組み立てる、完全オーダーメイドのレッスンが特徴で、もっとも人気があるのが「Ｔａｅｋｏ式英語3ヶ月レッスン」。これは資格試験から洋書読解まで、クライアントさんの希望に合わせて行っています。たとえば英検3級の方が準2級を取得する、ＴＯＥＩＣで目標点を得る、基礎的な英会話が楽しめるようになる――そうした目標に合わせて授業を行い、私自身が驚くほどの結果をクライアントさんが出していらっしゃるんですよ。オーダーメイドなので、声のかけ方、話し方、進め方に至る授業内容のすべてを変えています。また、教材（書籍や英語新聞など）も、ひとりひとりの性格に合わせマッチするものをひたすら探します。画一的なテキストを使って授業を行うことは、私の中では最もしたくないこと。何時間もかけて大型書店で教材となる本を探したり、時には一日で終わらず2日かけて教材探しをすることも。また1箇所ではなく複数の書店を回ることもあります。書店をまわって探すため、とても手間がかかり、かつ、大変な作業ではありますが、クライアントさんに真摯に向き合うことが結果につながり、多くの方に満足していただいています。コース次第ではありますが、これほど真剣にクライアントさんのことを考える英語講師が……日本にどれくらいいるのだろうか？などと考えてしまうこともあります。ちなみに私のこうした能力は、中学受験で我が子を筑波大学附属駒場中学、灘中学、開成中学に同時合格させた自分自身の子育てを通して培ったものであり、明らかな実績を出しているもの。また、私が幼い頃から英語と向き合ってきた経験の中から編み出した、Ｔａｅｋｏ流の英語学習メソッドをプラスして組み立てられたものになります。オンラインの学習とともに、本人の性格に沿った家庭学習を提案することで、英語を学ぶ姿勢・体制を全面的にバックアップ。楽しく勉強を続けるマインドセットや、実際の勉強の仕方、内容まで詳細にお伝えしている点が、他社とは大きく違う点になります。

TAEKO ISHII

**慶應義塾大学商学部商学科卒業
大学２年時の夏にスタンフォード大学へ４０日の短期留学をし、人生を大きく変える程の異文化体験をする。英語は今後必須になるということを深く体感した経験から、帰国後自力で英語力を身につける方法を模索。英語教育でのTaekoメソッドを構築しつつ、２０年かけて実用英語技能検定１級とTOEICスコア９２５を取得した。また勉強法や子供のやる気を引き出す言葉がけが得意で、息子の中学受験で開成・灘・筑駒を含め受験校全て合格へと導いた。２０１９年６月にはプレジデント社において中学受験についての有料講演をした経験がある。**

教育格差を正したい。それが事業の根底

事業のもうひとつの柱となるのが「読書教育事業」です。「日本一本を読めば、日本一の学力になる」という確信があり、息子が赤ちゃんの頃から大量の絵本の読み聞かせを実践。子どもが1～2歳の頃には、1日10～20冊の絵本を読んでいました。つまり、年間3600冊以上の本を読んでいたことになります。絵本から幼児書へ、幼児書から文学へ……と変わるにつれて1日に読める冊数は減っていきましたが、子どもが自発的に本を読むようになり、小学校に入学するまでに2万冊以上の本を読んでいました。この結果が先にもお伝えしましたが息子の能力を開花させる結果となり、知的好奇心を引き出すことにつながりました。もちろん、単純に本を読み聞かせるのではなく子どもの知的好奇心をふくらませ、勉強が苦にならないように行うことが大切です。読み聞かせる本が良書であることもまた大切で、そうしたことをメソッドにまとめてお伝えするのが私の「読書教育事業」となります。子どもたちに結果を出してもらうためには、量、質、声をかけるタイミングなど様々なことが必要で、無理矢理押し付けてしまうと、本が嫌いになってしまいます。適度に、かつ効果的に。そのあたりのノウハウをお伝えすることが私の仕事の一端です。なぜ「読書」なのか。この理由のひとつに「教育格差」の問題があります。お金が潤沢にある家に生まれれば、塾に通うことができ、その分頭が良くなる――これでは、そうではない家庭に生まれた子どもの未来は暗いばかり。しかし「塾で与えられる勉強」を「自分で学ぶことができる読書」に置き換えることで、こうした格差を埋めることができます。図書館に通いさえすれば、お金をかけずに本を読むことができます。つまり、どんな家庭環境の方も本を手に取ることができ、自身を高めることができるようになるのです。また、読書は親子関係を悪くしないという点がメリットです。勉強を押し付けるのではなく、子どもが自由意志で読書を行い知識を蓄えていくので、親子関係は悪くなりようがありません。こうした面からも、読書の素晴らしさは理解していただけるかと思います。

私自身、中学受験をしたかったのに、親に負担がかかるだろうと遠慮して受験したいと言い出すことすらできませんでした。その不足分を図書館に通うことで補い、自ら知識を身に付けることに成功しました。本を読むことは、集中力を磨き、粘り強さをもたらすとともに、論理を組み立てる力や、相手の話を聞く力、要約力、そして共感力を身に付けることができます。

また、絵本は子どもが触れる初めての芸術であり、絵本というアート作品にたくさん触れることが、美術や芸術方面の才能を開花させるきっかけにもなります。子どもたちに、もちろん大人になってからも、良い影響を与える「読書」。この素晴らしさを世に伝えるとともに、教育格差を是正することで日本の子どもたちの学力を底上げし、一人でも多くのどんなご家庭のお子様でも学ぶきっかけを作ることができるように、これからも本事業を通じ、多方面に訴えかけていきたいと思います。

起業の不安は、専門コンサルを受けて払拭

起業を考えたのは、社会復帰したいという思いを抱いたため。得意の英語で、また、在宅でできることを考え、幼い子どもたちに英語を教えることからはじめました。でも、だんだんと悩みを抱えるようになりました。子どもに英語を教えるのって思っている以上に難しいんです。子どもたちはスポンジのように柔軟に知識を吸収しますが、9～10歳頃までは論理的な思考ができないので「文法」が理解できません。つまり、こちらが教えたことを覚え、オウム返しで言うことはできても、週に1度、40分間教えただけでは、中一英語すらままならないのが現状なんです。根気よく教えれば、いつかはできるようになるでしょう。でも、その〝いつか〟は遠い未来なんです。そうであれば、子どものうちは英語を覚えるよりも、日本語を正しく覚えて文法を学び、論理的な思考を身に付けてほしい。英語に時間を割きすぎないでほしい。そういう結論に至り、論理的に思考できる中学生から大人向けの英語教室へとシフトしました。起業の際は、起業専門のコンサルタントの元で学びました。そこで教わったのが「数年先を見据え、必要な自己投資を行いながら、収入を増やすテクニック」です。初めての挑戦だったのでとまどうこともありましたし、起業時は子どもが小さく育児との両立に苦しみました。女性の起業って本当に波乱万丈ですよね。子どもが熱を出したら？ どこに預ければ？ そうした困難と常に背中合わせで。でも、おかげでマルチタスクはうまくなったように思います。また、集客に関しては親しい友人が口コミで広めてくれたり、お店で宣伝してくれたりしたおかげで、大変な時期を乗り切ることができました。まだまだ知名度は低く、今でも集客は課題のひとつですが、これから少しずつ広げていけたらいい、そう思っています。

自ら学び続けること。それが“プロ”の姿勢

私にとってのプロフェッショナルとは、自分が学んでいる姿を見せることができる人だと思っています。私は相手が子どもであろうと大人であろうと変わらず「私は勉強が好きです！」と断言できるのですが、これまでの人生で「勉強が好き！」と断言できる人に、実は一度も出会ったことがないのです。そのような「勉強が好きではない」とか「嫌い」という人が勉強を教えていたら、……？ 考えただけで怖くなりませんか？ だから私は「勉強が好きだ！」と声を大にし、率先して意識を変えていきたいと思っています。好きなことを仕事にしている人から教わることが、何よりも子どもたちのためになるでしょうから。あともうひとつ。これはメンタル面になりますが、プロフェッショナルを自称するのであれば、感情を安定させることが大切だと思います。それこそ、極端なくらいに安定していることが大切です。どんな仕事も、想定外のことが起こることもあります。いつどんなシチュエーションになっても、すべてを受け止める包容力がプロには必要です。クライアントさんのせいにして自己弁護するのはアマチュアのすること。想像力を働かせて相手の心に寄り添い、解決策を探す。それがプロフェッショナルだと思います。最後に。これから起業を考えている女性にひとこと。自分の人生を、決してあきらめないでください。そのためにもぜひ、様々な本を読んでください。人生、決まっていることはひとつもありませんが、本という形で、困難を乗り切るための知恵がたくさん残されていますよ！ そして本を読んだらぜひ「行動」して下さい。私は本で読んで学んだことをできるかぎり実践するようにしてきました。行動を習慣づけていくと運や縁が巡ってくるものです。多くの女性が本を読み、英語を使いこなし、社会で活躍できるようにこれからも応援していきます。

（左）取材当日も常に笑顔で"読書"と"英語"の重要性を語ってくださったTaekoさん。探究心が尽きることはありません
（右）人生に重要な"気付き"を与えてくれた書籍の一部

COMPANY DATA

会社名：Miracle English & Education
代表者名：石井妙子
所在地：東京都
業種：教育（英語レッスン、教育コンサルティング）
事業内容：英語、教育共にオンラインで全国対応しております。
メールアドレス：octoaugu@gmail.com

WEBSITE・SNS

株式会社ジャパン・イデア

代表取締役 伊藤直美

日本人が集合意識を覚醒させれば世界が変わる

無意識の領域にある集合意識が私たち人間の本質。それを覚醒させていくことで心が成長し、幸せの輪が広がっていく。起業はその輪を世界に拡げる志事（しごと）を実現させるためなんです。

ジャパン・イディアを設立した背景

ジャパン・イディアという会社を設立したのは、今から8年前のこと。ジャパン・イディアを日本語に訳すと日本の理念という意味になります。つまり日本が縄文時代から持っていた理念・理想を実現していくための会社です。ではなぜ会社をつくることになったのか。私はずっと人が幸せになる方法を探求してきました。学童保育所の先生や美容と健康に関するビジネスをしている代理店の人材育成など、人の育成や生命に関わる仕事に従事する一方で、ボランティアで人が幸せになるようなワークショップや映画の自主上映会、講演会を開催したりしていたんです。人の相談に一晩中のったり、人助けをしたりと私の家は駆け込み寺のようになっていました。でもこのときは顕在意識（自覚できる意識）からのアプローチだったため、どれだけ相手に関わっても、相談にのっても、なかなか意識を変えることや相手の人生が変わる事はありませんでした。

無意識領域に着目

「結局、人は変われないのか」——。そんな思いに絶望しつつあった私に1つ時の光明が差し込みました。それが無意識領域にある潜在意識（自覚できない個人的な意識）を書き換える技法でした。幸せは心の持ちようによって変わります。ですが、いくら頭でわかっていてもそう行動できないことも多いですよね。それは無意識領域にある潜在意識が変わっていないからなのです。実は私たちの意識の内、顕在意識はたった4％ぐらいといわれており、96％を占めているのが潜在意識なのです。そこを書き換えることができれば、顕在意識つまり行動も変わってくるというわけです。その技法を習得して潜在意識を書き換えるセラピーを実施すると、明らかに顕在意識が変わり出しました。ですが、やっていくうちに潜在意識を書き換えるだけでは、1番肝心要なところをなかなか変えられないことに気づいたのです。潜在意識は個人的な無意識であり、二極性の意識なので、あくまで集合意識に向かう途中経過であり、本質は統合された集合意識だったのです。

日本人に備わっている集合意識

東日本大震災が起こった時、被害の大きさはもちろんですが、世界から驚愕されたことがあります。あの大災害の最中、被災者たちは暴動や略奪をすることなく、一致団結し、助け合いの精神を発揮したことです。実はこの世

NAOMI ITOU

株式会社ジャパン・イディア代表取締役。日本古来の三種の神器の秘儀を使い、【道】【禅】の境地ともいえる集合意識を覚醒させる次世代型のマインドフルネス。集合意識覚醒プログラムMAGATAMA創始者。次世代型覚醒教育プログラムTHE ONESOUL開催。全国で講師を600名以上育成。受講生は3000名を超える。そして、集合意識覚醒コンサルにより、たくさんの起業家を輩出している。

著書には神芝居1、神芝居2、勾玉などがある。

界でも類をみない助け合いの精神は、日本人の無意識領域に深く刻まれているもので、集合意識といいます。この集合意識は個別の意識とは異なり、世代を超えて維持される持続性を持った意識で、陰陽統合意識とも呼ばれます。なぜ、日本人が集合意識と繋がっていると思うのか。紀元前1万4000年頃から前1000年までと1万年以上続いた縄文時代には、争いはありませんでした。この時代、武器と呼ばれるものが出土していないんです。ではなぜ争いがなかったのか。縄文時代は集合意識を中心に生きていたからです。この時代のことは、漢字ができるまえの古代文字で書かれた「ホツマツタヱ」でも伺い知ることができます。ホツマツタヱは古事記や日本書紀よりも古い書物です。江戸時代に書かれたという説もありますが、偽書ではない説を私は採っています。

集合意識の覚醒で世の中をよくする

人々の人生や世の中が良くなるためには、日本人が本来持っている集合意識を覚醒することだと私は考えました。日本人が集合意識を覚醒することができれば、一気に世界を変えていくことができると思うのです。それを私は起こしたいと思い、ジャパン・イディアでは集合意識を覚醒する講座を提供するとともに、その講師の育成に取り組んでいます。勾玉（まがたま）セラピーは三種の神器の秘儀を使った集合意識を覚醒する、私が考案した日本発祥の和のセラピーです。勾玉は先史・古代の日本における装身具の1つで、用いられていたともいわれており、「八尺瓊（やさかに）の勾玉」は、天皇の皇位継承に欠かせない三種の神器の1つ。勾玉セラピーでは三種の神器として伝えられてきているオルゴナイトでできた勾玉と剣、鏡を使い、潜在意識と集合意識にまで働きかける技法を用います。三種の神器を使っているにも関わらず、「勾玉セラピー」と称しているのは、勾玉が陰陽統合のシンボルであり、奇跡の創造を起こすものだからです。

量子は観察者効果で挙動が変わる

江戸時代末期、日本の人口は約3000万人でした。そのうちの3000人が立ち上がり、倒幕し、明治維新を実現しました。3000人の志士の集合意識により、江戸幕府という古い国家を倒して、新しい国をつくることができたのです。ではこれを現在に置き換えて考えてみましょう。日本の人口は約1億2500万人。そのうち1万2500人の集合意識を覚醒することができれば、日本は新しい国に変われる可能性があるのです。集合意識を覚醒させることで世界を変えられる——。少し怪しいと感じる人もいるかもしれません。ですが今、注目の量子力学の観点からも証明できます。量子とは原子や分子、電子、光子など、物質を形作る目に見えない小さな単位です。量子は観測すると挙動が変わります。これは観察者効果と言われており、観察者がこうなってほしいと意識すると、量子はその影響を受けるということが実験によって証明されています。だから多くの人が「こうなってほしい」ということを無意識レベルで望むことで世界を動かすことが可能になるということです。

次世代型の家元制度で教え子を増やしていく

今、私の教え子は約2500人います。それを1万2500人にするには、あと5倍の教え子ができれば良いという計算になります。それを可能にするため次世代型家元制度という形で集合意識を覚醒させる講座の講師を育成しています。すでに教え子の中には会社を設立した人も何名もいますし、集合意識を覚醒させる講座を独自に展開する例も登場しています。この制度により、講師が講師を生み出し、この教えをどこまでも拡大していくことができれば、きっと数年経たないうちに1万人を超えることは可能だと考えています。育成を要として広げていくやり方は、まさに女性の得意分野。私の考えに共感し、同じ波長を持つ人を育成し、分身を作ることで「世界を幸せにする」技法を無限に広げていくことができます。

起業に際し苦労はしなかったが

起業にするにあたり苦労したことも特にありません。集合意識へのアプローチという技法を会得するまでには葛藤したり、絶望したりしましたが、今の事業を始めてからは毎日がやりがいと喜びに満ちあふれています。

とはいえ、何もせず、教え子が増えていったわけではありません。最初はボランティア時代に培ったネットワークを生かしてイベントを開催したり、また無意識を覚醒させることに関心を持つ人たちが集まりそうなイベントに参加したりして広げていきました。口コミで徐々に広がり、より多くの人に自分の教えを広めたいと思い、インターネットを活用することを考えました。そこで動画集客のための講座に入ったのですが、パソコン活用は大の苦手。これは無理だと思い、「私はコンテンツホルダーになるので、誰かプロデュースしてくれませんか」と白旗を揚げました。すると私が受けていた講座の先生がその会社の社長でもあり、「あなたをプロデュースしたい」とおっしゃってくださったのです。

それも集合意識が引き寄せてくれたご縁なのです。

集合意識の覚醒は人類進化の時流

集合意識は私たち日本人の本質でもあり、その覚醒は人類進化の時流に乗っていること宇宙の時流に乗っていることでもあるので、ビジネスのいろはを知らない私でも、こうして勝手に応援者が現れ広がっていき、ビジネスが拡大しているというのが現状です。ここでビジネスと書きましたが、私は人が幸せになることに取り組むのが使命と考えており、私のやっていることはビジネスではなく「志事」。志事に専念する仕組みとして会社組織にしただけなのです。

これからは顕在文明と意識文明の統合する風の時代です。集合意識をいかに覚醒していくことが、自分自身、そして世界を幸せにする唯一の方法だと私は考えています。

集合意識を覚醒する講座に加え、今後取り組んでいきたいのは今まで精神世界などに興味の無かった人々が次々と目覚め始めているので、そんな人達が気づき繋がれるようにその人達にも届く言葉をつかって広範囲に発信していきたいと思っています。

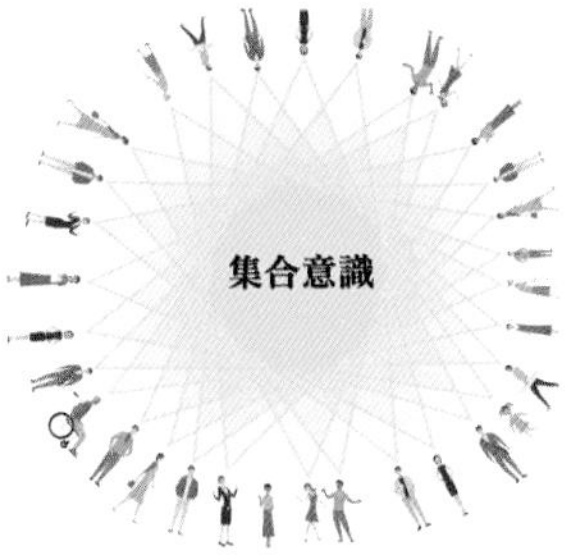

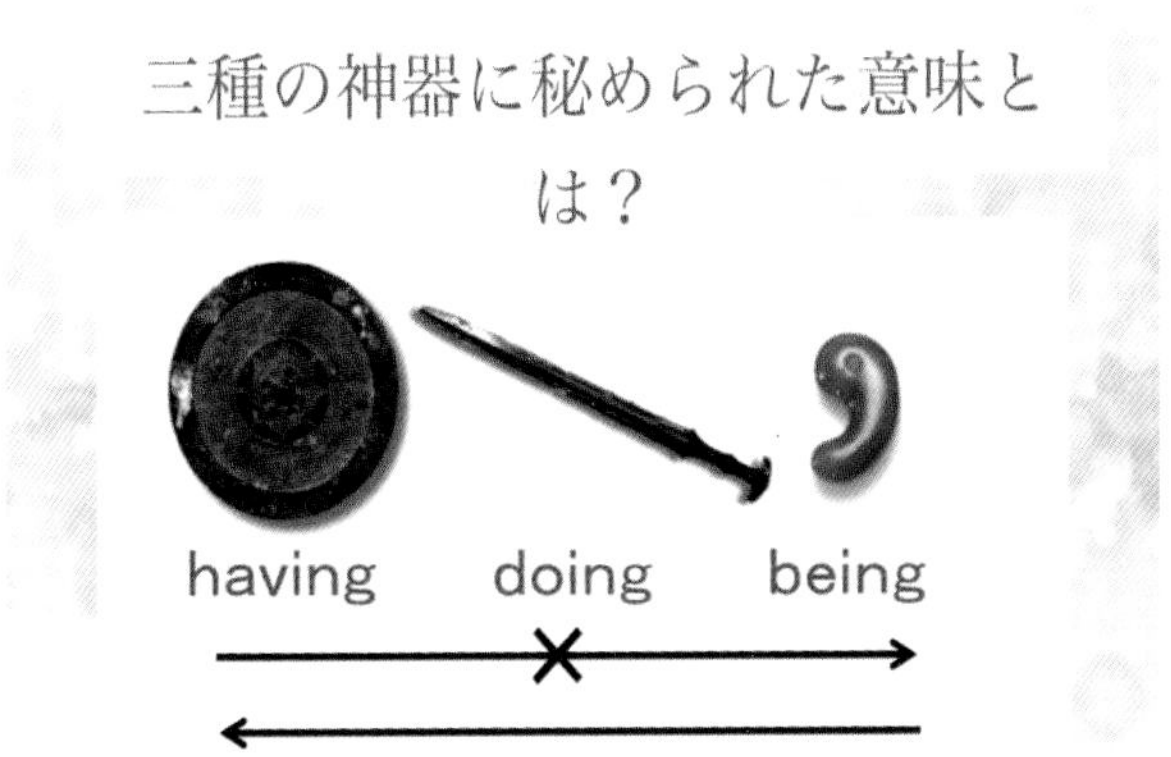

（右上）集合意識が鍵を握る・和装での伊藤氏
（下）三種の神器をビジュアライズ

（上）著書：勾玉・神芝居Ⅰ・神芝居Ⅱ
（下）セミナー会場は常に満席。熱気に包まれている

COMPANY DATA

会社名：株式会社ジャパン・イディア
代表者名：伊藤直美
所在地：東京都豊島区東池袋 4-27-5 ライオンズプラザ池袋 1306
業種：セラピスト・講師の育成事業
事業内容：集合意識の覚醒各種講座
メールアドレス：inochinogakkou@yahoo.co.jp

WEBSITE・SNS

NO BORDER. 代表 / 防府総合療術院二代目院長

上野宏子

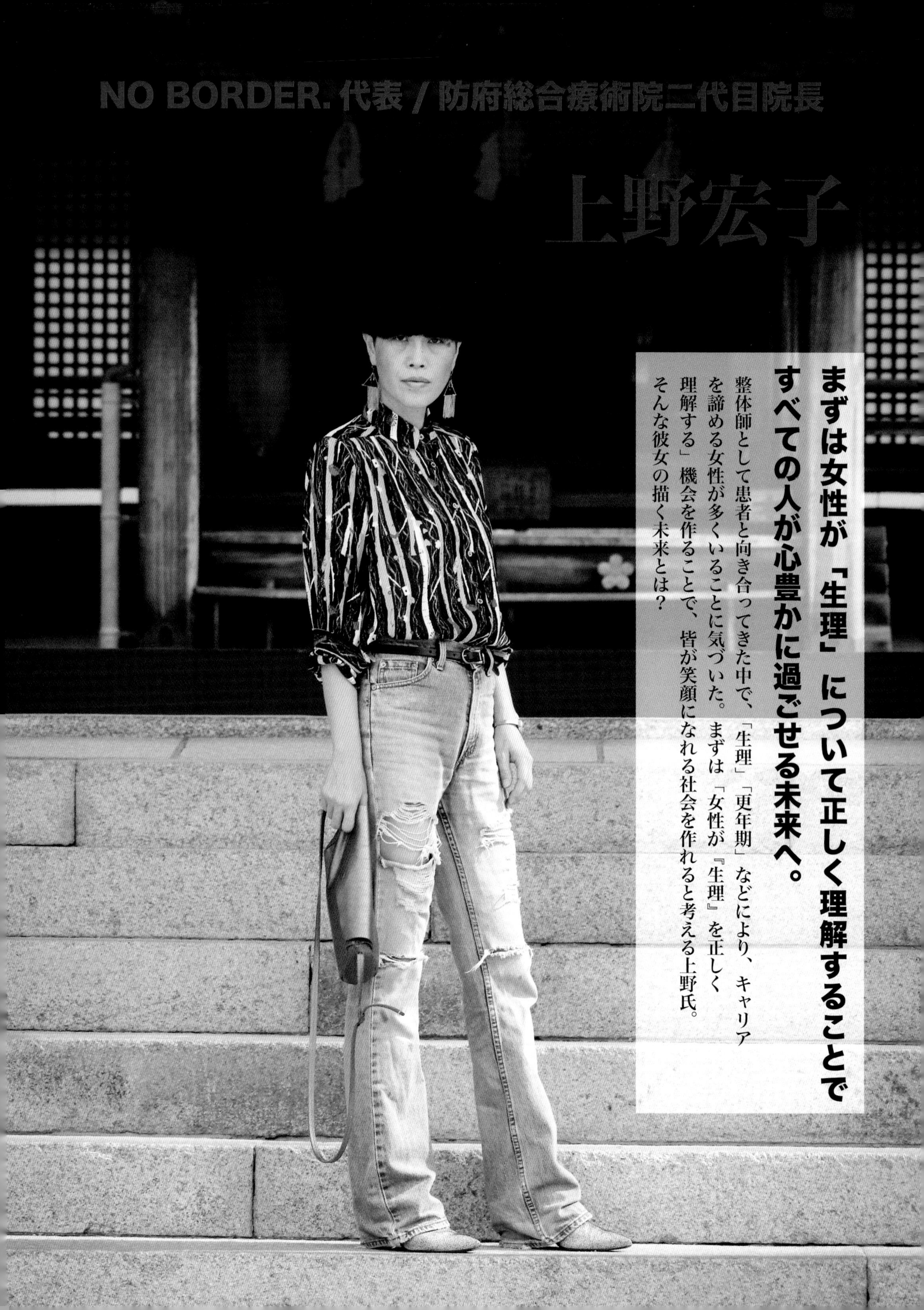

まずは女性が「生理」について正しく理解することで
すべての人が心豊かに過ごせる未来へ。

整体師として患者と向き合ってきた中で、「生理」「更年期」などにより、キャリアを諦める女性が多くいることに気づいた。まずは「女性が『生理』を正しく理解する」機会を作ることで、皆が笑顔になれる社会を作れると考える上野氏。そんな彼女の描く未来とは？

「私だからこそできること」を模索している中で生まれた夢

7年前に先代の父から、山口県の防府総合療術院を継ぎました。それまで10年以上、父と共に施術現場に立った上での後継でしたが、自分で経営するのなら、私にしかできないことをやりたいと思い、経営の全面改革を計りました。6年前、シンプルな興味から「生理」や「更年期」など女性のバイオリズムについて勉強を始めました。具体的には産婦人科でありスポーツドクターでもある高尾美穂先生に出逢い、先生の講座を先生を追いかけるように片っ端から受講し、医学的な視点から女性のからだについて深く学びました。今も毎年必ず受講するので、かれこれ6年以上美穂先生から学び続けていることになります。同時に、お客様に対するヒアリング力、提案力、サポート力を強めたいと考え、NLP心理学も学んでいます。1970年にアメリカで生まれた新しい心理学で、「脳と心の取扱説明書」とも呼ばれているもの。これを学び、婦人科スポーツ医学と掛け合わせたら独自のスキルとプログラムが生まれる、それを生かしてよりお客様を深く理解し、その方の強い下支えとなる役割を果たせたらと考えました。そうして自分のスキルを高めたことで、自分自身への自信と信頼にもつながりました。でも、実際に女性特有の体調の変化により、キャリアや夢などを諦めている人が多くいる中で、もっともっと私にできることがあるはずだと考えはじめました。そんなときに、整体の仕事がコロナの影響を受け、対面事業でできることの小ささを痛感しました。これをきっかけに、時間をかけて自分と向き合い、今後の自分のビジネスや生き方そのものについて真剣に考えました。そこで気が付いたことは、婦人科スポーツ医学を6年学んだ自身の最大の強みを、あまりに持て余す自身がいることでした。

生理・更年期・婦人科疾患を理由に、キャリアを諦めない社会を目指す

女性の「生理」「更年期」「不妊」「婦人科疾患」などの悩みごとは、これまで「女なら仕方ないこと」「我慢すべきこと」と捉えられてきました。日本は「おくゆかしさ」の文化があり、性的な話題をオープンに話すことが避けられてきたことも背景にあると思います。でも、女性の活躍が進む中で、それら女性特有の悩みからパフォーマンスダウン、あるいはキャリアを諦める女性が後をたちません。これが社会全体の大きな課題として取り上げられるようになった今、大切なことは、まずは女性がもっと自分の「生理」について理解すること。それが、女性がもっ

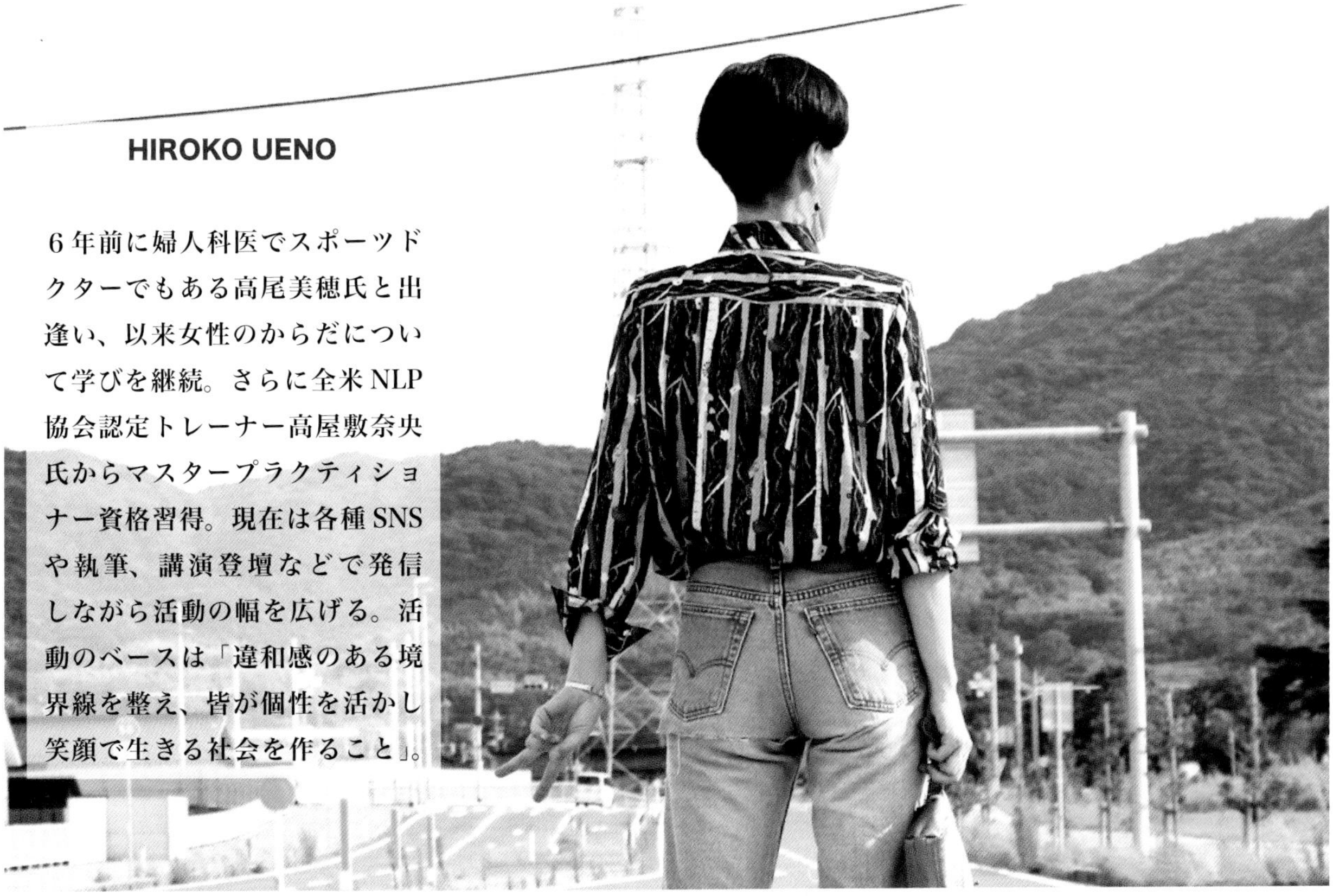

HIROKO UENO

6年前に婦人科医でスポーツドクターでもある高尾美穂氏と出逢い、以来女性のからだについて学びを継続。さらに全米NLP協会認定トレーナー高屋敷奈央氏からマスタープラクティショナー資格習得。現在は各種SNSや執筆、講演登壇などで発信しながら活動の幅を広げる。活動のベースは「違和感のある境界線を整え、皆が個性を活かし笑顔で生きる社会を作ること」。

と活躍できる世の中になっていくための根本的対策と感じています。また、生理や更年期について悩んでいるのは女性だけではありません。「女性をどう扱っていいかわからない」「セクハラと言われないか不安」などの悩みを、男性も抱えています。

男性にも学ぶ機会を提供することで、男性をもこの課題から解放させることができる。つまり、皆が「生理」を理解しようとすることで、より多くの人が日々を快適に過ごすことができる社会になっていくのです。

そう思ってからの行動はすぐでした。まずそれまで2年間所属した経営者団体を退いたこと。そこで得られた知識、出逢った方々に感謝しつつ、今は自分がやりたい事業に意識を集中することが必要だと考えました。国が「健康経営」を強く推し進める今、女性の生理・更年期・婦人科疾患に関する知識と、実際に婦人科に行くには？という実践的な知識までをプログラム化して提供、あるいは継続的な相談窓口までも網羅したサポートができる存在は、まだ私しかいません。コロナをきっかけにより浮き彫りとなったこの「生理」の課題に対し、必ず必要とされる分野だと感じています。今はほとんどの女性が学校か企業に所属していますので、主に企業や学校関連、若者育成の場で、私のような存在の必要性を感じてくださる機会がどんどん増えてくると考えています。

女性が「生理」を学ぶことで、男性をセクハラ問題から守れる

女性に「生理のことを理解していますか？」と質問をすると、ほとんどの女性が「ＹＥＳ」と答えます。でも、それが本当の意味での理解かというと、「違う」というのが私の感触です。「出血する」「お腹が痛い」など体感できることはわかっていても、なぜそれが起こるのか、メカニズムについてきちんと答えられる女性に出逢ったことがありません。生理痛や気分の落ち込み、イライラなどに苦しみながらも、その場凌ぎの対処でやり過ごしている女性がほとんどなのは、そもそものメカニズムを理解していないから。当の女性がわからないことを、男性がわからないのは当然。なのに「どうせ男には分からない」と男性がネガティブに扱われてしまう。そうやって生まれたネガティブな境界線が、男性・女性それぞれの働きにくさを生んでいると、私自身は捉えています。また、男性もそんな女性に対し、「協力したいのに何をどうすれば？」「下手に声をかけるとセクハラと言われそう」と、とても切ない想いをしています。

現在、健康経営や女性の働く環境整備に、国は大きく力を入れています。環境整備に対し、これからますます具体的な取り組みが必要となってきた昨今、私のような立場の重要性が大きく求められるものと感じています。私が起業した意図は、まさしくここにあります。私なら、医師でない立場でありながら医学的な知識も持ち、バックに特定の商品を持ちません。あくまでもフラットな立場から、普遍的で重要な情報を、ときに心理学的な見地も交えながら伝えることができる。そうして、女性のからだのメカニズムについて、一人でも多くの人が理解を深めていくことができれば、女性だけでなくその周りにいる人たちもよりよく自分の人生を楽しむことができる。活躍の場を広げられる。この取り組みは、人を変え、社会を変え、新たな文化を作っていくことに繋がると信じています。

大切なのは、どんな時も相手に心を向けること

このような事業への取り組みを本格化して実はまだ半年程度ですが、山口県経済誌『Ｙ・ＪＯＵＲＮＡＬ』で毎月『ヒロコのジカン。』、また、日本最大級の占いサイト『ガイア占い』でもコラムを執筆しています。そして夏には地元青年会議所主催、大塚製薬が協賛するイベントで、リアル会場とオンライン両方を使ってのハイブリッド発信による講演に登壇しました。実はこれらの仕事全て、これまでに関わってきた方々からいただいたご縁で決まった仕事ばかりです。私は本当に人との出逢いに恵まれ、どなたも力を貸してくださる。感謝の気持ちしかありません。そして同時に、私が今の社会に必要だと感じていることは、実際に社会全体が必要としていることだとも実感することができました。

私がプロとして常に忘れずにいることは、いつ、どんなときでも相手やものごとに心を向けること。お相手にはそれぞれの悩みがあります。そこには、ご本人の感情を取り除いた「事実」が必ずあります。その上で、プロ視点から見た「よりよい解決への方向性」があるわけですが、お相手は、もしかしたら話を聞いて欲しいだけなのかもしれないし、具体的にやりたいことがあるのかもしれないし、別の問題を抱えているのかもしれない。最も大切なのはお一人お一人の「想いや希望」。それを踏まえて、こちらの提案と相手の希望の間にある「ちょうどいい」を見極めて提案することが大切だと考えています。主体はあくまでも相談をしてきた人や企業様。私はそれを下支えするイメージ。決して前には立たず、下支えする位置にいること。また伝える手段や言葉の使い方などをお相手によって使い分けること。これは、整体の現場で多くのクライアントと向き

合った中で培われたスキルですが、そこにNLP心理学を足すことで、更に強まりを見せています。そう思うと、こうして起業するまで少し長い道のりでしたが、これまでに積み重ねて来たことは何一つ無駄でなく、また、多くの方に応援していただけるそんな自分を信じてよかったと感じています。

若い人を育てることが よりよい社会を作る基盤に！

最近は、とくに「若い人と関わりたい」という思いが強くなってきました。私が今後展開するこの事業は、まず一つ、企業や団体に向け体系立てた独自のセミナーを研修として提供し、あるいはオンライン相談窓口として私を利用していただくこと、あるいは講演に登壇することがメインになってくると思いますが、もう一つ、重要な切り口は「学校」だと考えます。

日本特有の「おくゆかしさ」の文化の延長で、性教育や生理の話題に対していまいちオープンでない、この状況は長らく変わっていません。生理や更年期に関して、学校での性教育が実践的に使えるような内容ではなかったという現状があります。それが結果的に「生理や更年期についてあまりに知らないまま大人になった」という大人を作り、今こうして社会課題として浮き彫りになりました。しかし、これは誰を責めるべきでもないと考えています。今後、私のような立場のものが教育の中へ入れば、男子も女子も10代のうちに生理への「正しい」理解が深まるはずです。そうすれば、「生理」一つで生まれてしまう男女間の微妙な境界を今ほど感じることなく、お互いを理解し合って過ごしていけます。これは、自己肯定感の高い若者を育てていくことに繋がります。そしてゆくゆくは、学校作りに関わりたいという想いがあります。これも人のご縁で、遠い夢ではなくなってきました。

私を応援してくれる人が沢山いる。私のやろうとしていることはもう、私だけのものではなくなりました。必ず良いかたちにしてお返しできるよう、楽しみながら進めていきたいと思います。

（左）ビジネスもスタイリッシュな上野宏子さん（右）NO BORDER.のビジネスビジョン

COMPANY DATA

会社名：NO BORDER.／防府総合療術院
代表者名：上野宏子
所在地：山口県防府市自由が丘 2-24-1
業種：人材育成・教育
事業内容：「生理」「更年期」などを切り口とした女性のヘルスリテラシー向上
＋これらによる男性のセクハラ問題巻き込まれ防止対策としての研修・セミナー・若者育成・講演など
メールアドレス：hiroko.ueno.zero.one@gmail.com

WEBSITE・SNS

ワールドジャパン株式会社

取締役

大畑綾子

女性の笑顔を増やす社会づくりで、日本をもっと元気に！

整体師、格闘家、エステティシャンを経て経営者の道へ。異色の経歴を持つ大畑綾子さんが見据える未来は、女性が笑顔で日本を支える社会の実現です。「とにかくやってみる」をモットーとした半生から、大畑さんの魅力に迫ります。

総合的な美容で女性をサポート

「ダイエットを総合プロデュースする総合痩身会社」――これが、私どもが掲げる企業理念です。エステ機器・商材メーカー、エステティックサロン経営、コンサルタント業、OEM受託、通販、セミナーなど様々な事業により、美を通じた明るい社会づくりに貢献したいと思っています。

現在、最も収益を上げているのはエステ機器や商材の開発・販売です。中でもエステ機器はこだわりを詰め込み、キャビテーション、ラジオ波、スリムレーザー、サイクロン吸引、赤色LED、コルギ、筋膜リリース、高周波、高出力ラジオ波、そしてリンパドレナージュの10の機能を合わせもつ「セルライトゼロ2」をリリース。2021年4月に行われた「ビューティーワールドジャパン2021」にてご紹介させていただき、多くの方から興味・好感を寄せていただきました。この「セルライトゼロ2」を開発したきっかけは、スタッフのひとりから「腱鞘炎になり、ドクターストップがかかってしまったため、ハンドマッサージができない」という相談が上がったことにあります。エステティシャン業界は若いスタッフが多いのですが、その理由のひとつが体力面での問題にあります。私自身、若い頃は朝から夕方までひっきりなしに働いても疲れることなく、一人目のお客様に行った施術と変わらないクオリティを四人目、五人目のお客様でも保つことができました。しかし、30代40代と年を重ねるにつれ、そうしたことができなくなってしまいます。スタッフが身体を壊すことなく、長く働き続けていただくためにどうすればよいのか。開発の際はそこを第一に考えました。

続いて考えたのは、お客様の利益です。スタッフにはもちろんきちんとした教育を授けますが、どうしても技術力に個人差が出てしまうもの。施術を受けた方に「今日はハズレの人だった」という思いを抱かせてしまうことは、お客様の不利益になるということ。一定レベル以上の技術を提供しなければ、お客様に申し訳がない。そう思い、ハンドマッサージと同等の効果を出すことができるよう、性能を高めることにこだわりました。小型で邪魔にならないサイズのマシンですので、小さなお部屋で開業される方にもおすすめしています。

格闘家からエステへ、刺激にあふれた半生

私は若い頃、プロの格闘家をさせていただいていました。たまたまOLをしていたときに暇を持て余し、身体

AYAKO OHHATA

ワールドジャパン株式会社取締役。バクチスコーポレーション株式会社代表取締役社長。
長野県出身。元:女子プロ格闘家。現在はエステサロン3店舗を経営。元女子プロ格闘家としてのキャリアを活かし、オリジナルのメニュー、痩身マシン、美容商材の開発にも携わる。また、1978年に設立された"世界一流"のエステティシャンにしか与えられない資格「INFA国際資格ゴールドマスター」取得。現在は全国のエステオーナー様に、より結果の出る技術と商品の講師やサロン経営のサポートを行う。「女性の社会進出を応援、自立した女性の幸福を追求すると共に美容を通じて、明るい社会づくりに貢献する」という理念のもと、エステ業界の成長のために日々邁進している。

を動かしたい気持ちもあって格闘技の道へ。プロになりたいという気持ちは特になかったのですが、たまたま女子格闘技ブームの潮流に乗り、お声がかかり、プロとして活動することになったんです。もちろん、格闘技一本で生きていけるとは思っていませんでしたので、格闘技をやりながら整体師の仕事もしていました。しかし、毎日毎日相手にするのは、身体がカチカチになった男性ばかり。それが何ともいえずつまらなくて。どうせ誰かの身体を触る仕事をするなら、美容に関連する仕事のほうがいいと思い、エステティシャンになりました。

20年ほど前ということもあったでしょう。当時私が所属していたエステの会社は、結婚し子どもができたら「会社を辞めろ」という圧力がとても強かったんです。トップに男性陣が多かったことも影響していたのでしょう。仕事をあきらめて家庭に入るか、未婚でキャリアを上げるか。その2択しか女性にはないのですか？と愕然としました。今でこそ「マタハラ」という言葉もありますが、当時はそれが当たり前のように受け入れられていて、抗うことが難しかったんです。子どもを諦めるという選択肢はもちろんありえませんから、仕方なく仕事を断念。出産後、さて、仕事をどうしよう。そう思ったときに夫からの支持もあり、自身でエステティックサロンの経営をはじめたんです。

空手の師範をする夫の道場のすぐ隣に店を構えたのはいいものの、集客には本当に苦労しました。何しろ、経営そのものが初めての体験。まずはいろいろやってみて、経験して、たくさん失敗をして、周囲から助けていただいて。ひとつひとつ、出来ることを積み重ねてきて今があります。面白いもので、やればやるほど、自分にできないことが分かるんです。やってみてようやく分かることが本当に多いんです。そうして自分に足りない部分を知ることもひとつの勉強なのだと知ることができました。

もしも今、私が起業当時の私にアドバイスできるなら――「道場の横はやめたほうがいいのでは？」と伝えたいと思います。それでも、少しずつお客様が増えていき、良いお客様に恵まれ、道場横から駅前へ移転し、その後も順調に展開を行うことができましたが、もうちょっと立地を考えるべきだったかな？と。

夫婦で役割を分担。それが仕事につながった

伴侶に恵まれたこと。このことも、仕事を行う上でとてもプラスに働いています。夫であり弊社の代表でもある大畑慶高は、国立高専で機械工学を学び、卒業後に自衛隊に入り、レンジャー部隊へ。その後、空手の日本王者となり、空手を教える仕事に就いたという、一風変わった経歴の持ち主です。高専時代に学んだ知識をもとに、ハードウェアの設計や改良は夫が担当してくれたことで、私は現場スタッフやお客様からの声を汲み上げることに専念できました。夫婦で足並みをそろえることで、「ダイエットを総合プロデュースする総合痩身会社」として結果を残すことができたといっても過言ではないでしょう。

日本が大好きである夫の想いから、弊社では「大和」「調和」「親和」の3つの「和」の力で価値を創造することに重きを置いています。世界から比べると、日本人は和を重んじ、その結果、人に対して優しく接する心遣いを身に付けています。私たちもそうした和の心にこたえるべく、また、日本人らしさを後世に伝えていくべく、和を大切にしていきたいと思います。

自己流は事故流につながるので要注意

現在、私自身が積み上げてきたノウハウを、セミナー活動等を通じてお伝えさせていただいているのですが、そうした中でも強く訴えたいのが「自分勝手な経営や自己流の経営をしない」という点です。自己流はクラッシュのもと。「事故流」になってしまっては遅いのです。私自身、なんのノウハウもなく起業してしまったため、失敗の連続でした。そうした失敗を通じて得たことを、わずかでもお伝えできればいい。そうした思いからセミナー活動を行っています。

また、プロとして大切なことは、お客様を欺かないこと、嘘のない事実を適切に伝えていくことを信念としています。弊社はマシンや健康食品などダイエットに関する様々な商材を販売しています。ものを売るにはマーケティングが一番だということは分かりますし、良いものが必ずしも売れるわけではないということも分かっています。しかし、粗悪品が多く流通している現状は看過できません。そこで弊社はエビデンスにこだわり、真実をきちんと伝え、本当に良いものを作り、消費者に届けることにこだわっています。言い方は悪いですが巷には「売り逃げ」のような商品も多く見受けられます。しかし弊社としては何度も、何年も、続けてリピートしていただける商品づくりがモットー。使い続けていただける商品づくりこそが、プロとしてのプライドといえるでしょう。

こんな私から、今後起業を考える方にお伝えするとしたら――「やってみること」――このひとことでしょうか。経営を成り立たせるためにはマー

ケティング、財務、人事、この3つが大切とされていますが、やはり動きだすことが何より大切です。どんな大きなことも、いきなりできるわけではありません。まずはやってみて、それを継続して、そこでようやく描いた夢へとつながりますから。

女性が笑える社会づくりに向けて邁進

まだまだ微力ではありますが、弊社は今後とも女性支援に力を入れていきたい所存です。年収や役職などを見ても日本は世界に比べて明らかに女性の地位が低く、まだまだ多くの女性がサポートを必要としています。女性医師を中心に運営されている「日本女性財団」の方とお話しをさせていただく機会があり、そこで知った現実（差別され、不当な扱いを受けている女性たちが、先進国とされる日本にも数多く存在していること）には、驚かされるとともに怒りを覚えました。弊社は美容の会社であり、女性に近い位置にいると考えますので、ひとりでも多くの女性たちに対し、支援を行っていけるよう、これから様々な取り組み・仕組みを作っていきたいと思っています。

すべての人間は、母親である女性から生まれてきます。また、多くの男性は母親や妻、恋人である女性の顔を見て、元気をもらい、活躍を果たします。女性が笑顔でいることは、子どもたちや男性を元気にさせる源になり、日本を活性化するエネルギー源となり得るのです。つまり、女性が笑顔でいることは、日本を、世界を、元気にするということ。女性が幸せに笑える社会づくりのために私たちができることを、ひとつずつ、クリアーしていきたいと思います。

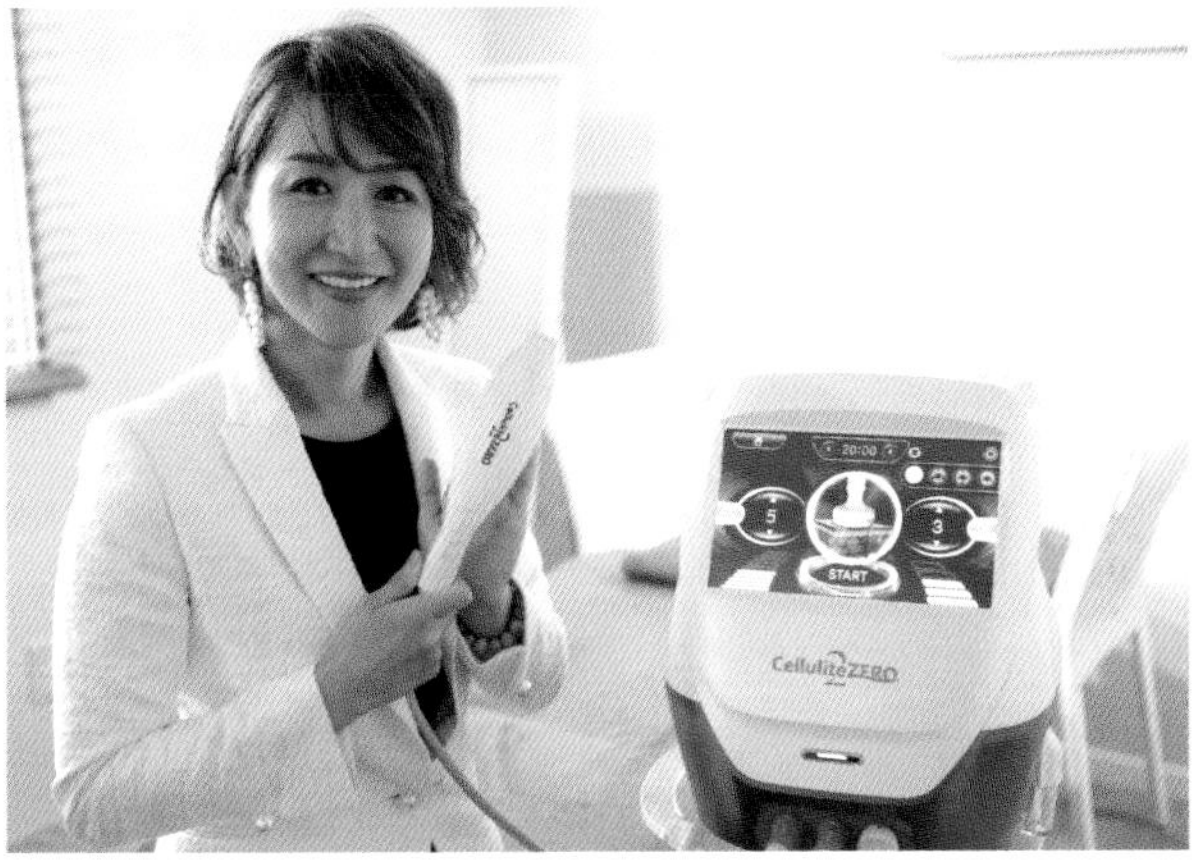

（上）主力商品　セルライトゼロ２
（下）AYA エステティックサロン スタッフ

（上）著書『繁盛サロンが実践する「お金」のルール』
（下）AYA エステティックサロン ビジュアルイメージ

BAKUCHIS

COMPANY DATA

会社名：ワールドジャパン株式会社
代表者名：大畑綾子
所在地：神奈川県横浜市港北区綱島西 2-17-12-1F
業種：エステ機器メーカー
事業内容：エステ機器販売・エステティックサロン経営・エステティックサロン コンサルタント業（古物商許可証番号　第 451450019399 号）化粧品製造販売業
メールアドレス：info@w-japan.net

WEBSITE・SNS

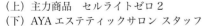

大原ちか眼科

院長

大原千佳

目の大切さを知ってほしい——眼科医が始めた啓蒙

人生百年時代。でも、使い続けるはずの「目」を大切にしている人は少ないもの。だからこそ「眼科医が身近な存在になってほしい」と願う大原千佳先生は、医師だからこそできる啓蒙活動に余念がありません。

医師になって20年。啓蒙活動に精を出すには理由がありました

講演会や雑誌、テレビ、YouTube――私は、こうしたメディアに力を入れ、目の疾患の啓蒙活動を行っています。眼科医なのに、なぜメディアに露出するの？　そう問われることもありますが、それらはすべて、皆さんの「眼」を守るため。自身のホームページに動画を載せているのも、そうした啓蒙の一環のひとつです。眼科医になり、異業種交流会やライオンズクラブ、ロータリークラブ、そうした会合に参加させていただく中で驚いたのが、多くの方々から発せられる「眼科の検診に行ったことがない」という言葉でした。私は、眼科というのはもっと一般的なものだと思っていたんです。でも、医者側の考えかたと一般の方とでは大きなギャップがありました。医師である以上、なるべく早く病気を見つけたい、悪くならない道を探したい、そう思っているのですが、皆さん総じて「病院に行くことが怖い」「病気が見つかるのが怖い」そう感じていらっしゃるんです。恐ろしいことに、眼の病気というのは重症にならないと自覚症状がないものが多いんです。そのため、本当にひどくなるまで気付かずに悪化させてしまうことが少なくありません。また、コロナの時代になってリモート化が進み、小学生や幼稚園児にまでパソコンやスマホ、タブレットで画像を見せることが多くなってしまいました。コロナをきっかけに、眼を大切にしなければならないという風潮が少しは出てきたようには思うのですが、デジタル化が進むにつれ、眼への負担はかなり大きくなっています。

「私は眼精疲労かもしれない」自身をそう疑った方も、多くいらっしゃることでしょう。しかし「眼精疲労は眼が疲れているだけでしょう？」と軽く考えている方も少なからずいらっしゃるのではないでしょうか。眼精疲労というのは、れっきとした眼の病気です。眼精疲労がひどくなり、体調不良等を引き起こすこともあります。眼精疲労の原因には、目を酷使していること以外に、眼鏡が合っていない、コンタクトが合っていない、といったこともあります。でも、こうしたことって意外に知られていなくて、目が問題なのに頭痛薬を飲んでしまったり、マッサージや整体に行ってしまったりする人がいるんですよ。でも、見当違いの治療をしても、根本的な部分を治療しなければ治りませんし、不快感は取れません。もしも眼の疲れを感じているようなら、速やかに眼科へ行き、原因を調べてもらいましょう。今は医療が進み、眼鏡やコンタクトも新しくて良いものが続々と出てきていますから。

CHIKA OHARA

日本眼科学会認定眼科専門医。3つの大学病院や市中病院に勤務、8つの学校医を経験し、医師として20年以上で約5万人以上の診療実績。内科医の祖父、大学病院眼科教授の父、皮膚科医の叔父の3世代医師家系。現在は、福岡市赤坂で大原ちか眼科の院長として診療をしている。50回以上のテレビやラジオ出演や雑誌の取材、講演も多数。2020年には書籍「目を5秒閉じれば自律神経は整う！世界一かんたんなセルフケア」を出版。YouTube「ちか眼科チャンネル」、ブログやTwitterなどでも情報を発信し、目の啓蒙活動を積極的におこなっている。

東京から福岡へ。震災をきっかけに移住を決意

初めに開業をしたのは東京・吉祥寺。ある程度認知度が上がり、事業も上向きだったのですが、東北の震災を受けて福岡県への移住を決めました。福岡は母の地元で小学生の頃に少しだけ住んでいたことがありますが、繋がりも何もまったくないままパラシュート開業。最初の頃は患者さんが1日にひとりしか来ない、なんていう日もありました。集客のために行ったことは、様々なところに顔を出す、ということ。地元で行われる事業者・経営者の交流会に積極的に顔を出し、チラシを配って回りました。また、タクシーに乗ったときにチラシを渡し「開業しました！よろしくお願いします！」と運転手さんにアピールしたこともあります。また、診察時にきちんと説明を行うことも心掛けました。元々、分かりやすく伝えることをモットーとしているのですが、何のためにどんなことが必要なのか、なぜその治療を行うのか、そうした細かな部分を省くことなく説明。これにより、クチコミで高評価を受け、患者さんからの紹介の輪が広がりました。そのおかげか年々患者さんが増え、今では予約制をとらせていただいています。丁寧な説明を心掛けるということは、患者さんひとりひとりに時間を割くことでもあります。経営者目線で見れば、どんどん患者さんを診たほうがいいんですけどね。でも、それは私が目標とする治療ではありません。おざなりな診察にならないためには予約制にするしかないというのが現状なんです。そのため、あえて絞ることを決めました。花粉症の時の私、すごいですよ（笑）。薬について、目を冷やしてほしいことなど、同じことを繰り返し繰り返し、壊れたテープレコーダーのようにしゃべり続けています。おかげで喉が枯れちゃったことも。腹式呼吸を心掛けなくちゃダメですね。

今は順調な経営状態を保っています。さすがにコロナ禍の影響はありましたが——これはもう仕方のないことですしね。

美容や点滴、サプリメントなど豊富なメニューを提供

眼科を身近に。その一環として行っているのが「美容」「健康」に関するサービスの提供です。私自身が行える範囲に限るのでメニューは多くありませんが、美容クリームやまつ毛が伸びるお薬、サプリメントの販売など、私自身が「良い」と思ったものは積極的に手を広げています。こうしてお客様のニーズに寄り添うことで眼科に来る機会を増やしてもらいたい、眼科に対するハードルを下げてもらいたい、そうした想いを持っていてのことなのですが、こうした変化球なサービスは、他の眼科医と違っている部分かもしれません。堅実な経営を心掛けてきたためか、とくに起業してから苦労したことはないのですが、面白い経験をしたことがあります。それは、福岡で開業するにあたり、リサーチを行っていたときのこと。東京では「●●眼科」という医院名の●●の部分に、地名だったり苗字だったりを入れることが多いと思うのですが、福岡ではフルネームで開業されている方が多いんです。私もそれにならい「大原ちか眼科」としたのですが、これが、「女医が良い」というお客さんに区別してもらえるのでとても助かっています。

育児と仕事の両立に苦労した過去。今後はｗｅｂを駆使した啓蒙を！

眼科医を志したのは、同じく眼科医で大学病院の教授をしていた父の影響です。また、眼科医は女性でも続けやすいことも考え、眼科を志望。女性であるメリットを生かすには産婦人科がいちばんでは？と思ったこともあるのですが、体力的な不安があったので最終的に眼科医を選択しました。

医者として働くにあたっての苦労はなかったのですが、母親と医者を両立するのに苦労しました。若いうちに産んだので体力はありましたが、仕事だけに集中することができないことにフラストレーションを抱えることもありました。でも、子どもがいてくれたおかげで人生の幅が広がったので、今では娘に感謝しています。そんな娘も、今年大学3年生。20歳になりました。子どものネットワークを通じて異業種の方と知り合い、交換日記を続けたりもしているんですよ。時々会っては、ノートを交換。ノートっていうところがポイントで、過去の日記をたまに読み返しては楽しい思い出を反芻。良い友達に恵まれ、良い患者さんに恵まれ、良い人生を歩んできていると思います。そうそう。昨年、はじめての著書を出させていただきました。「目を5秒閉じれば自律神経は整う！」というセルフケアの本なのですが、自律神経と目の関係や、目に負担をかけないためのアドバイスなど出来る限り分かりやすく著しています。今後2冊目も予定しているので、診療以外の仕事も増えてきそうな予感がしています。

コロナ禍が落ち着くまでまだまだ時間がかかりそうなので、今後は、ｗｅｂ講演を行って啓蒙活動を行っていきたいと思っています。ｗｅｂなら全国から参加していただけますし、旅費も移動の時間もかからないので、地方の方のマイナス点を改善できますからね。

起業を目指すなら、自分を最後まで信じる覚悟を

吉祥寺で開業したときも、福岡で開業したときも、患者さんが来てくれるのか、医師として受け入れてもらえるのか、そうした不安は付いてまわりました。きちんと結果を出せば軌道に乗ると信じていましたが、それでも不安は拭えませんでした。そんなときにできることはただひとつ。自分を信じてあげることだけなんです。それと同時に、相手の立場に立って物事を考え、ひとりよがりにならないように自分自身を振り返ることも大切だと思います。私は猪突猛進なので少しずつ立ち返り、周囲の意見を聞き、柔軟性を持つことを意識しています。自分と他人との関係を上手に保つこと。これが事業をうまくまわす鍵ではないでしょうか。

さて最後になりましたが、もう1度だけ言わせてください。年に1度でいいので、ぜひ眼科へ！　とくに40歳以上の方は必ず眼科検診を受けましょう。緑内障自体は急激に進むものではないので定期検査さえしていれば大丈夫ですから、不安を抱えて眼を悪くしてしまう前に、プロにまかせてください！

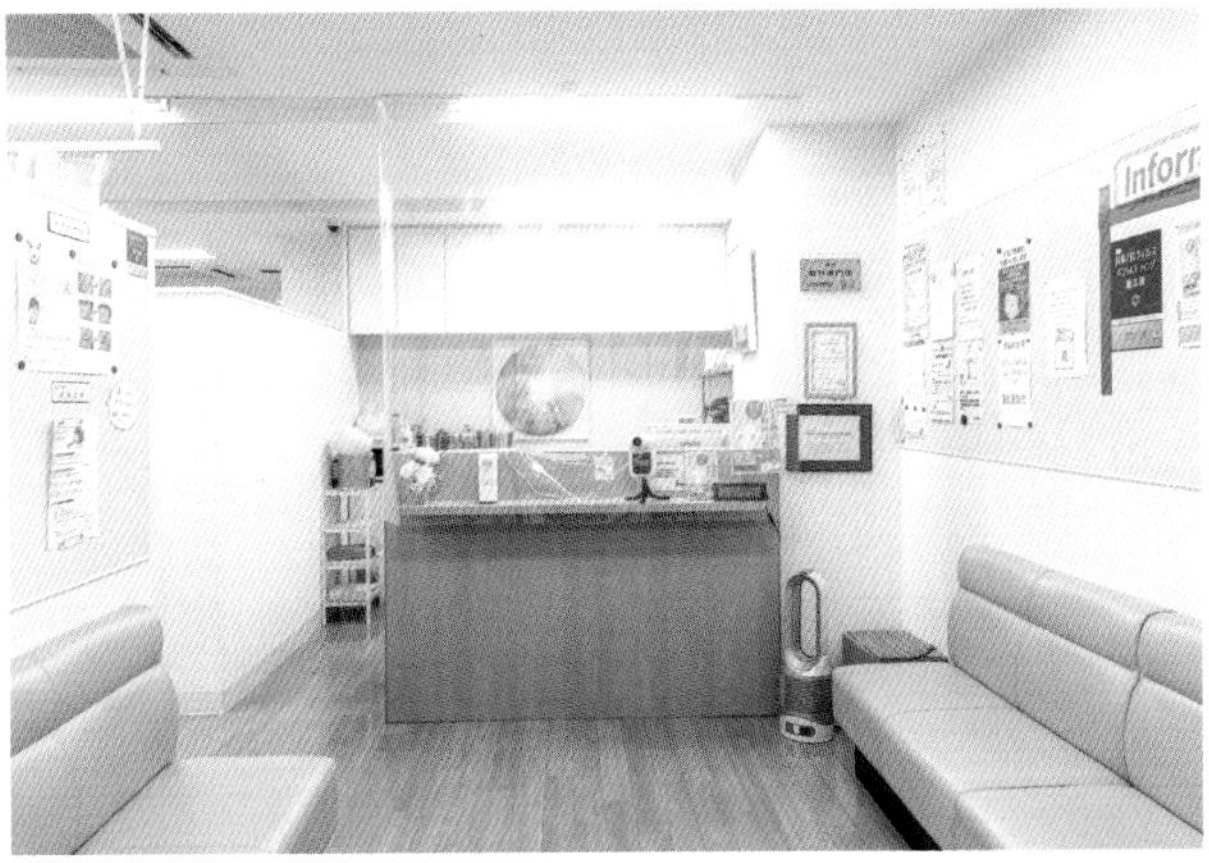

（上）大原ちか眼科待合室（右下）お客様にリラックスして受診していただけるよう笑顔を心がけております
（左下）著書『目を5秒閉じれば自律神経は整う！』

診察時は丁寧に説明するよう心掛けております

COMPANY DATA

会社名：大原ちか眼科
代表者名：大原千佳
所在地：福岡県福岡市中央区大名 2-12-9-2 階
業種：医療
事業内容：眼科・クリニック・サプリメント・販売美容品・美容施術
メールアドレス：ooharachika.eyeclinic@gmail.com

WEBSITE・SNS

Card B Japan Co.,Ltd.

代表取締役

Carmen Flores

環境保護の波を全国へ。〝段ボール〟で未来を拓く

環境に優しく斬新な段ボール製の自転車やランニングバイクを日本に持ち込んだカルメンさん。現在は段ボール製の車いすの開発にも余念がありません。再生可能な素材で世の中を変える。この動きは世界中で広がりを見せています。

イスラエル発の技術を日本で展開

　私たちがこれから手掛けようとしているもの。それは、再生可能な素材であるカードボード（段ボール）を使った自転車や車いす、子ども用のランニングバイクといった乗り物です。「段ボールで自転車？」と、多くの方が驚かれますが、実は段ボールには驚くべき性能が隠されているのです。

　2012年に、イスラエル人技術者であるイズハル・ガフニ氏が、段ボール製フレームの自転車を開発しました。イズハル氏はもと軍人で大の自転車好き。自動車生産ラインの設計の専門家であった彼は、段ボールで作られたカヌーがあることをニュースで知り、同じようにカヌーを作ったところ、奥様から「なんで好きな自転車を作らないの？」と聞かれ、自転車づくりにチャンレジしたんです。約1年半の歳月をかけて完成されたのが、段ボール製の自転車です。重さは約9キロで、鉄製の自転車と変わらない安全性能と機能を持ち合わせた、すばらしいものが完成しました。

　防水処理、防炎処理が施されているので雨の日でももちろん乗ることができます。何より優れているのはその強度です。日本の折り紙からアイディアを得て、段ボールを特殊な技術で折り曲げることで強度をプラス。耐久性がありながら、自転車が倒れても段ボールなので軽く、骨折などのけがを防ぐことができます。捨てる時も古紙再生に回せばよいだけなので、地球への負荷も少なくなります。

　この段ボール自転車を「日本に持っていけばいい」とイズハル氏に勧めてくださったのが、元イスラエル大使であり聖職者でもあるエリヤフ・コーヘン氏。たまたまご縁があり、私たちが日本で広めていく役目を引き受けることになりました。

起業のきっかけは、子どもと地球にやさしい技術と教育へ

　自転車があるのなら、再生段ボールを使った車いすも作れるのでは？ そんな企画から、すべては始まりました。イズハル氏の考案した段ボール自転車は、ペダルや車輪など素材のほとんどがリサイクル材料で、量産化を行えば1台のコストはわずか9ドル。販売価格も20ドル以下に抑えることができると試算されています。こうして安価に作ることで、貧困国への無償提供も可能と考えらえており、いずれはそうした活動も行われることでしょう。同様に、安価な車いすが作れれば――救われる人がどれほどいることでしょうか。

　日本での展開は、まずはハンディ

CARMEN FLORES

兵庫県尼崎市でミュージシャンの両親のもとに生まれる。

3歳よりピアノを始め、12歳でジャズシンガーの勉強を始める。

87年、シンガーとして、オールディーズ・パブに出演。

89年からニューヨークに留学し、ニューヨークのオフブロードウェイミュージカルに出演。

一方ビジネス面では、不動産投資をヨーロッパで29歳より始め、スペインで自分の店舗おにぎりやを経営する。

海外事業展開コンサル、アカデミーをオンラインで運営し女性教育など支援活動を社会投資家講師として活動する。

キャップの多い弱者の方に寄り添うことを考え、大企業にコラボレーションをお願いし、被災地や親のいない子どもたちへ配布することからスタートしたいと考えています。この思いに共感いただき制作を請け負ってくださったのは、被災地に段ボールベッドを供給されている「Ｊパックス」さん。この８～９月の生産数は月２０００～４０００台（ランニングバイクの実績）。需要に生産が全く追いついていませんが、いずれは協力いただける方も増え、増産体制が整うものと思っています。紙が鉄を凌駕する時代が、近いうちに訪れることでしょう。

17歳で渡米。グローバルな思考はすべて〝体当たり〟で養った

父、母、祖父――私が育った家族は音楽一家。いわゆる〝当たり前〟〝普通〟といった価値観を押し付けられることは1度もありませんでした。ファミリーレストランに行くと机の上に乗って歌うような子どもで、目立つことがしたいというより、気持ちいいことをやりたい。そう考えていたように思います。でも、個性をつぶすのが日本のお家芸。私の髪は天然のパーマヘアなのですが、学校の先生から「ストレートにしろ」って言われて、憤慨したことがあります。校則でパーマを禁止しているのに？と。矛盾だらけの日本社会に、12歳で挫折したんです。

その後17歳でアメリカへ留学。ダンスを学び、プロのダンサーとしてミュージカルの舞台で活動しました。その後、志摩スペイン村にダンサーとして迎え入れられ、そこでスペイン人の夫と出会い渡西。初めて行った場所なのに涙が出るほど懐かしく、ここに移住しよう。ここを私の故郷にしよう。そう思いました。

移住後スペインで働くためにミュージカルダンサーからフラメンコダンサーへ切り替え、フラメンコに集中。自ら舞台を組み立てたりシェアハウスを経営したり、スペインでの生活を謳歌していました。ふたりの子どもに恵まれ、子どもたちにスペイン語だけではなく日本語も教えたかったので、日本に一時帰国。その後、マレーシアで5年ほど暮らしていましたが、コロナ禍により強制終了。渋々日本へ戻ってきたのですが――そこで降ってきたのがこの仕事だったのです。ここまできたら神様のお告げみたいなものかもしれない。運命であるなら受け止め、完遂してみよう！　そう思い、会社を立ち上げました。

生まれも育ちもまごうことなき日本人。でも苦労したのは日本語だった

起業して最も大変だったのは、人間関係というか、意志の疎通でした。私は日本人ですが、17歳から海外に出ていたのでいわゆる日本人の忖度文化が身についていません。ダイレクトに物事を言い合う海外と違い、日本ではしてほしいこと、やりたいことを暗に指し示すことがあるため、相手の意図を正しくくみ取ることに非常に苦労しました。たとえば日本では「適当に置いといて」という言葉が良く使われますよね。適当＝アバウトかな？と思って本当に適当に置くと「ちゃんと置いて！」と怒られるんですよ。日本では一事が万事そういう状態なので、相手の言いたいことがリアルに理解できないんです。海外に出たからこそわかる、不思議な文化だと思います。

また、女性であることも苦労した面のひとつでした。いわゆる製造業って、まだまだ男社会なんですよね。私は幼い時期を大阪で過ごしたのですが、その時、ミュージシャンである父の仕事先で、松下幸之助さんにお会いしたことがあるんです。父の仕事が終わるのを待っていたとき、松下さんがチョコレートをくださったんです。祖父がナンシー・ウィルソン（ジャズ、R&B歌手）に付いてロシア興行をした際に似たようなチョコレートをもらったことがあったので「これ、ロシアのでしょ？」と松下さんに聞くと「お嬢ちゃん、良く知ってるね」と驚かれて。でも、このエピソードをお話すると、面白いことにリスペクトしてくださる男性もいらっしゃって。男社会の中で生き抜くことができたのも、間接的にではありますが、松下幸之助さんのおかげだと思っています。もちろん、日交条約等で通訳をしたり、自分自身を磨き、ハクを付けることも忘れませんでしたが。

ちなみに今は怖いものなし。なんなら「かかってこい！」くらいの意気込みでいます。先述の元イスラエル大使エリヤフ・コーヘン氏と、昨年くらいから松濤館の空手を習っているんですよ。エリヤフ・コーヘン氏に教えていただいているのですが、護身術としては最強だと思います。日本では女性はかよわく、頼りなく、女らしく育てられることが多いのですが、私はそれには反対。女の子だからこそ、強く、かわいく、けなげな子どもに育ってほしいですね。

今後は教育事業へ。日本を変える一歩を担いたい

こんな私ですが、今後を見据えて本腰を入れていきたいのは、幼児への教育事業です。今、日本だけじゃなく世界でも無駄が多く、本当に必要なものが弱者に届かない、負のスパイラルが続いています。何かを捨てるために物を作っているようなシステムは、変え

ていかなければなりません。こうした意識を変えるためには、やはり教育が必要。そこで、保育園・幼稚園に通う幼い子どもたちに、環境問題をはじめ、地球を守り、みんなで手を取り合ってよりよい社会を築いていくための教育を行いたいと思っています。

手始めに企画しているのが、人も動物もみな、地球の自然とともに生きているんだよ、ということを伝える「紙芝居」の制作です。ストーリーの元になるのは、エリヤフ・コーヘン氏で、今、ひとつひとつ物語を作っていただいています。イラストを描くのは15歳になる私の娘なのですが、将来プロのイラストレーターを志望していて、とても素晴らしいイラストを描いてくれています。実は、稼げる小学生・長者番付に載る中学生を育て応援していく活動も行っています。親の庇護下で甘んじるのではなく、自分の才能をどんどん発揮し、伸ばしていく。子どもたちの成長を支え、貧困から脱する子どもたちを増やしていきたいですね。

仕事というものは、すべてはご縁。お金もシステムも商品も、人が持ってきてくれるものです。自然な流れで受け取ったものをできる範囲で広げ、次の人にバトンを渡すこと。これが私の役目だと思っています。利益が出るから、儲かるから、そういう仕事は好きじゃないんですよ。みんなのためになって、楽しく働いて、クスクス笑いあえて、かかわった人がハッピーになれる。そんな会社が、100年企業になれると思うので。女性社長というと、社会や夫に甘えているのでは?なんて思われることもありますが、いつか、そうした偏見を覆す日を夢見て。主婦が大手を振って働ける社会の構築にも、微力ながら手を貸していければいい。そう思っています。

(上) 常にアクティブで明確なビジョン・戦略をパワフルに推進するカルメン・フローレスさん

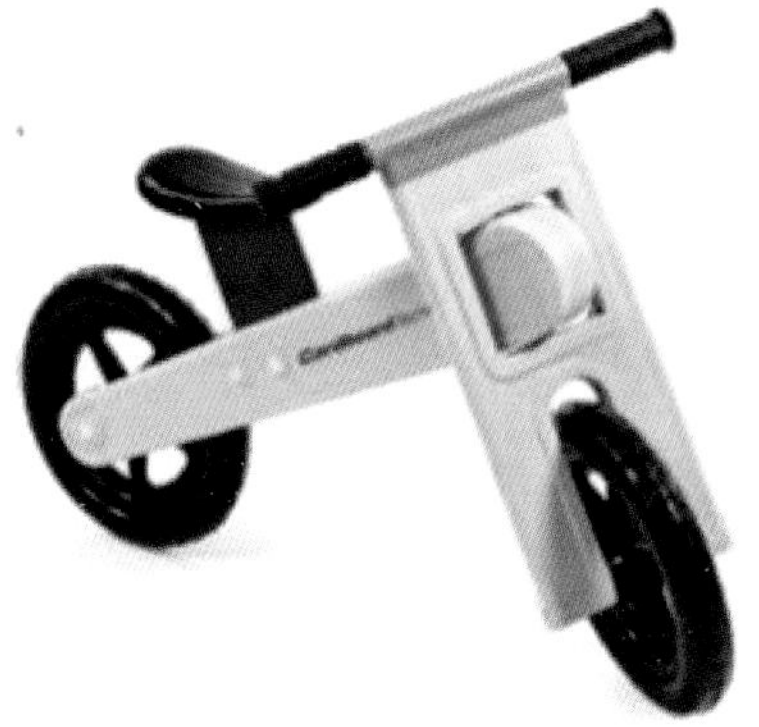

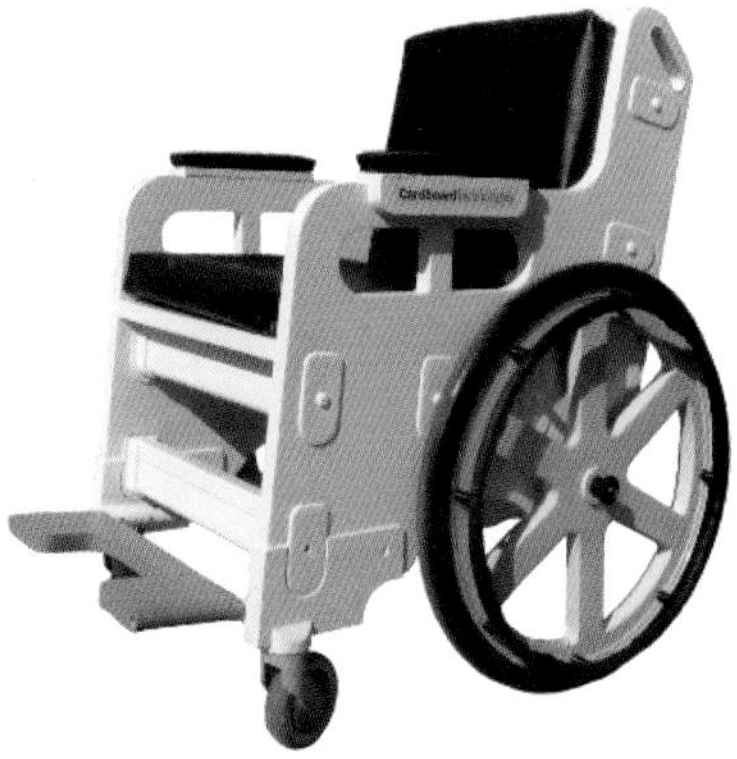

(左) バランスバイク　(中) 自転車　(右) 車椅子

【全てダンボール製となります】

COMPANY DATA

会社名：株式会社 Card B Japan
代表者名：カルメン・フローレス
所在地：東京都千代田区
業種：製造販売
事業内容：鉄ではなく段ボールで世界を変えていくイノベーションを起こし、段ボールで車椅子を作り地球にも人に優しい製品を作り、エコ社会を作り価値創造をし続けていく会社です。
メールアドレス：cflores@cardbjapan.com

WEBSITE・SNS

株式会社ドクターピュアラボ

代表取締役

香山ひとみ

健やかな美しさを女性に。人生が変わる化粧品。

あなた自身の自肌力で変わる肌、若い頃の健やかな素肌を取り戻し、仕事に、恋に、女性として母として凛と生きていくあなたに届けたい。私たちはもっと美しいはずなんです。

ドクターとの出会いで人生が変わる

①DRPLシリーズ

ドクターピュアラボがお届けするのは世界的にも名高いアメリカのドクターたちが提唱した肌再生理論に基付きアジア人の肌に合わせて研究、開発されたDRPLシリーズ化粧品です（医薬部外品を含む）。ドクターズコスメとしてこのシリーズはお肌の知識を持ったエステサロン、クリニックと弊社のアドバイザーによる独自のスキンケアプランにおいての対面販売が限定です。ホームケアー用とサロンでの施術用とあります。サロン・クリニックで施術用としてビューティ・ホワイトアップ・プロシリーズが2022年度発売予定です（医薬部外品を含む）。従来から施術用はありましたがもっと効果のアップを目指して完全リニューアルします。ホームケアーシリーズと施術シリーズでさらに満足感を感じていただけます。どんなに気を付けていても、若い時の肌のダメージが表れてくる。積極的に働きかけることで、元来持っている自らの力を高め、美肌を持続させていく。これが私たちが願う美肌理論でありコンセプトになります。

②BELLEシリーズ

ベルシリーズは20代後半から年齢による変化を可能な限り抑えダメージを受ける前に予防するというコンセプトでオプションシリーズから独立したシリーズです。サロン専用のオンラインとサロン、クリニックで販売を9月より展開しています。

③GRANDJETEシリーズ

10代から20代前半を対象としたグランジュテシリーズ。オンラインとサロン、クリニックで販売。当時12歳だった孫の乱暴なスキンケアを見て化粧品に興味を持つ年齢が年々早くなってきていることから若いうちから正しいスキンケアを身につけて自分を大事にして欲しいという切なる思いから立ち上げました。少女から女性へと成長する肌を美しく健康的な肌へと導きます。全てのシリーズにおいてエビデンスのある素材を使い、開発アドバイザー岡部美代治氏のお力添えで処方を組むことで安全な製品を製造、正しく販売することを目的としています。

アメリカ生活・帰国を機に起業を決意

1996年4月、私42歳、12歳の息子と13歳の娘と三人でアメリカを行きを告げた時、大反対の父とは対照的に母は今しか行く時はないと行くべきだと勧めてくれました。カリフォルニア州のCHIKOという街には日本人が少なく子供たちの英語力は瞬く間

HITOMI KOYAMA

株式会社ドクターピュアラボ　代表取締役

1999年アメリカにて肌再生理論を唱えるドクターが携わった化粧品に感銘を受け、日本への輸出・販売を手がける。2006年末に帰国後、輸入会社設立。2008年自主生産による化粧品製造販売業を取得、2009年に株式会社ドクターピュアラボを設立。美肌再生を主眼とした『DRPL』シリーズ、予防美容のための『ベル』シリーズなど、化粧品の開発・販売、2012年に医薬部外品製造販売業を取得した。2021年には一般市場に向けた新ライン『GRANDJETE』シリーズが発売。

DRPLシリーズ

に上達しました。1年半後にアーバインというロス近郊の美しい街に引っ越しました。そこで当時肌再生理論をいち早く掲げられていたドクターオバジと出会うことになります。私は右頬に大きなシミがあり、すっかり諦めていたのに勧められて使うことで長年の悩みが解決したのです。決して一晩でなくなったわけではありません。丁寧なアドバイスと励ましときれいになりたいという強い気持ちが必要でした。その後日本に向けて個人輸出をしていましたがオバジ化粧品は日本の大きな薬品会社と契約されることになり私の手元から離れました。ですが同じ肌再生理論を持たれているドクターの紹介を受け10年後、日本に戻る時、商売ということには無知でしたが私に日本での販売をさせてほしいと化粧品開発者であるドクターに頼みました。ドクターからあなたはこの化粧品のマインドを理解していると私にこの化粧品の販売を託してくれたのです。しかし個人輸入の範囲を超える輸入はかなりの難問にぶつかり、スムーズには行きませんでした。

日本で販売するには日本の薬事法にあるものでなければならずアメリカ、ヨーロッパで許可を受けていても日本では通らない成分もありました。

その時輸入を引き受けてくださっていた（株）関西機材の当時の社長から輸入、輸出の難しさを教えていただきました。私のこの化粧品への思いの強さを知り社長から安田盛政という風変わりで頑固な愛すべき開発者を紹介して頂きアジア人の肌に合うものを作ることになったのです。彼は大手化粧品製造会社の研究員として33年間勤務していました。安田にしてDRPLシリーズを処方するにあたり33年間培ってきた処方開発の概念を変えなくてはならないことに気がついたと言わしめるほどの新たな処方開発でした。この安田の経歴により最初から化粧品作りの老舗の業者さんと手を組むことができた。これはとてもラッキーなことでした。日本帰国時既に50を超えていた私です。輸入ではなく起業することには戸惑いがありました。20代はOL、30代、40代は主婦子育てをしていた私に起業、それも社長！できるわけがない。とおそれる私にその時透析で10年を迎えていた母があなたがこれから一人で生きていく為には働かねばならない。やってみないとわからない。何事もしないで後悔するより納得のいく後悔をするべきだ。それでも自信がないと不安がる私に失敗したらあなたの生活くらい私がみてあげるといいきった。母は介護が必要な状態だったのでそれから数年、平日は仕事、週末は介護と大阪と田舎を行ったり来たりだった。どんなに疲れていても田舎の駅に降り立つと不思議に気力が満ちてきていた。母はわたしのやすらぎでした。

主婦から

先にも触れましたがアメリカからの化粧品をアジア人に合うものに作り替えることは決して容易では無く原料の厳選、薬事法にのっとった処方の安定、ボトルの製造、成分との安定、全ての繰り返し、繰り返しが本当に苦難の連続でした。安田の経験と通常ならお願いできない大手の化粧品作りの業者の皆さんのおかげでDRPLは誕生しました。とはいうものの私は過労から倒れ救急車で運ばれたり、ストレスから髪がぬけ、3年間ウイッグをつけなければならない時もありました。主婦の発想だからとか主婦は社会を知らないと影口を叩かれたこともありました。しかし化粧品を使うのは主に女性で主婦、資金のやりくりも桁は違うが家計簿！　主婦目線で何が悪い！と思いなおし、数年後主婦のあなたがよくここまでと言わしめることができました。起業時は仕組みがわからず法務局に行き手続きを教えてもらい、どんなことでも足を運び質問攻めでした。最初は輸入時代のお客様に販売をしながらDRPLの特異性から販売は肌の知識のある、このDRPLシリーズのお勉強していただいたプロの方から販売していただく方が正確につたわるのではないかと考えサロン、クリニック販売専用と決めました。さらに集客する為に全国のサロンに説明会のチラシを送付しセミナーを開いて地道にひろげていきました。最初、商品はとにかく送るよりも自分で運びサロンの先生と話すことで化粧品への思いを伝え会話することでお互いの人柄に触れ信頼と共にルートが確実になっていくのだと実感しました。当時からのサロンさんはいまでもお取りあつかい頂いています。

広告は薬事法に触れてはいけないと年々厳しくなりますが逆にこれでいいのでしょうかと薬務局に確認しに行ったこともあります。

当初はFAX、メール、電話で注文頂いておりましたが社会の進歩に遅ればせながら近年になりやっとWEB受注に切り替えています。

会社自体は女性が多い職場であるので子育てしながらも仕事を続けられるようにとリモート体制も取り入れています。コロナ禍は環境的に勤務時間の短縮、サロン訪問がしにくい等、影響はありましたがズームでのセミナー、打ち合わせ、またこれまで対面販売のみだった化粧品をシリーズで体制を見直しGJ、BELLEのEC化を図りました。課題と問題は尽きることなく起きますが反省はしっかり1度はしなければならない。次はどう対処していくか向き合えば必ず解決する方法はあると信じています。

今後の事業展開

今後としてはメンズ化粧品の展開も視野に入れています。また兵庫県にある私たちが渡米するまで住んでいた青い家と呼ばれるところがあるのですが、現在は地域の人たちのために多目的交流施設として利用いただいています。家の庭は600坪からあるのでハーブ農園を弊社と共に作り上げていくことを提案しています。そこから取れるハーブで化粧品を作ることも考えています。1996年渡米時12歳と13歳だった子供たち、娘はアメリカで映画音楽のコンポーザーをしています。今年の映画芸術科学アカデミー（オスカー）会員に選ばれたと吉報が届きました。若干30代で自分の娘ながら感動を覚えています。息子は姉と共につくった音楽会社のミュージック・スーパーバイザーとして日本で大活躍しています。二人とも頼もしく成長しました。渡米してからの10年間は、私たちがそれぞれが自立するための貴重な時でした。それから20数年の時を経て今度は社会での自立をしようとする子供たちにむけて言ったことは野心と心ざしは違うということ。会社は売り上げだけに走ると壊れてしまう。何を持って会社を起こしたのか、何を届けたいのか、それを忘れないで欲しい。苦境は人のせいにしたり、文句ばかり言っていてはいつまで立っても前にはすすめない。自分の人生だから良くも悪くするのも自分次第なんだと知っておいてほしい。

（左上）BELLE シリーズ
（右上）いつもエレガントな香山ひとみ社長
（左下）GRANDJETE シリーズ（中央下）青い家（右下）兵庫県芦屋に移転した新オフィス

COMPANY DATA

会社名：株式会社ドクターピュアラボ
代表者名：香山ひとみ
所在地：兵庫県芦屋市東山町 15-12-2
業種：美容
事業内容：化粧品開発・製造・販売（医薬部外品）
メールアドレス：info@purelab.co.jp

WEBSITE・SNS

目指すは町の〝かかりつけ医〟。誠実で間違いのない医療を地方へ

町の〝かかりつけ医〟になりたい――宮崎市に開業して15年。女医だからこそ可能な患者にとって身近な美容を志す小宮先生。彼女が目指すのは、地方都市であっても都市圏同様の技術が受けられる継続的な事業でした。

みやざき美容クリニック

理事長

小宮美慧

小さな町の病院。だからできることがある！

美容外科、美容皮膚科、形成外科、レーザー脱毛、注射や点滴といった施術まで、様々な診療メニューを、宮崎県宮崎市という地方都市で提供。これが私の事業です。私自身は外科医としてオペ全般を担当。もちろん、カウンセリングも私自身が行い、患者さんを術前・術後を通しサポートしています。これは、私自身が考える正しい美容を求めた結果になるのですが、実はカウンセラーには正確な国家資格が必要ありません。美容外科の知識を持っていれば誰でも行える仕事で、多くの美容外科では効率化を図るためにカウンセラーを置いています。たとえばとある大手クリニックでは、カウンセラーがいて、クロージングっていうお金の予算を決める人がいて、先生が診断し、別の方が会計を行うという流れが一般的です。しかし、カウンセラーに相談した内容が医師に正しく伝わっているかというと、そうではない可能性が大きいもの。医師が診察もせず、カウンセリングをした人間が書いたメモだけを見て治療する……そんな恐ろしいことがまかり通っているのが現状です。治療を担当する先生に相談できるかどうかでクリニックを選んでほしいと常日頃から感じていたので、私のクリニックではそれを徹底しています。

育児のために、外科医から父と同じ美容外科の道へ

久留米大学医学部卒業後、私は外科医になりました。父親が美容外科医として開業していたので、すぐに美容外科医になることもできたのですが、まずは全身管理ができる医師を目指したいと考えたため、外科に入局し派遣病院で外科医として勤務させていただいたのです。ところが、思いがけず早い段階でふたりの子どもを授かり、女医として臨床にこだわってやっていくためには、外科医より美容外科のほうが時間的に融通が利くと感じ、父のサポートを受けて自身のクリニックを開業することになったんです。

はじめは、父が勤務していた大手美容クリニックへ。その後、城本クリニック宮崎院の院長として働き、2011年に「みやざき美容クリニック」を開院しました。外科医を辞し、起業したのは32歳のときのこと。患者さんの多くが自分より年上で、まだまだ美容外科の技術が足りず、父に、患者さんに、学ばせていただきスキルを磨きました。父は美容医療の中では先駆者ともいえるべき人で、高須クリニックの院長先生と同世代。ですから、父が院長になったほうがいいのでは？と思ったこともありましたが、父曰く「美容医

MIE KOMIYA

医療法人 美輝会
みやざき美容クリニック 理事長

広島県広島市出身。2000年久留米大学医学部卒業。同大学外科学に入局するが、結婚後まもなく2人の子供に恵まれる。子育てをしながら外科の臨床医の道は厳しく、残業や当直がない美容外科医を目指すことに。大手美容クリニックに勤務していた父親とともに、縁があり宮崎市内で開業。今年で15年目となる。地元に根づいた美容外科医として、メディアにも多数出演。今では口コミやご紹介も多く、老若男女問わずたくさんの患者様が来院。人生100年時代。今後も必要不可欠な美容医療を地方でも広めるべく、同調してくれる若いドクターを育成し展開していく予定。

療は女性の患者が多いもの。女性が院長のほうが、患者さんにとって良いだろう」とのこと。そこまで言うのなら……と、私が院長を務めることになったのです。

起業してからは、父の持つ形成外科的な技術サポートをベースにし、私は新しい治療法を学び開拓。父は数年前に他界し、最後の5年ほどは一緒に仕事ができませんでしたが「お前は絶対成功する！」と常に言ってくれていました。すったもんだあっていっぱい喧嘩もしましたけどね。ふたりで患者さんへのカンファランスをするなど、まるで師匠と弟子のような関係を築いていたように思います。仕事を通じ、より父のことを尊敬できたのも良かったと思います。父娘が一緒の仕事をできたことは、とても貴重な体験でしたから。

そうそう。現在のクリニックに移転したのは3年ほど前のことなのですが、それまでは宮崎の繁華街のビルの中で開業していたんです。でも、宮崎は車文化。たとえば二重まぶたの整形手術を受けて、目が腫れている状態で街中を歩いて駐車場に戻らなければいけないという環境がとても気になっていたんです。探してみたところ、閑静な場所に良い物件が見つかったので、そこに二階建てのクリニックを建設。目の前がすぐ公園なので、患者様に気持ちを鎮めていただく意味でもよい場所が見つかったと思います。

なによりも――父が生きている間に建てることができたことがうれしかったですね。「ここはいいなぁ」って、父に褒めてもらえましたから。

美容医療の敷居を低くするため、アグレッシブに活動

起業してすぐは大手美容クリニックの傘下に入っていたので、開業2カ月前からすごい数のCMを打っていただきました。その後はフリーペーパーに大きく広告を掲載。地元メディアにも出演させていただき、生の声を届けることで集客につなげました。テレビでは一時、10分くらいのコーナーを持たせていただいたこともあります。そこでいろいろな挑戦をしたんですよ。サーフィン、乗馬、フラダンス……と、美容と全く関係がないアクティブなことでも自ら体験し、最後は毎年12月に行われている地元のマラソン大会に出場しました。こうして顔を出し、女性のお医者さんがいること、気楽に気さくに話せる相手であることを多くの方に見せ、美容医療というものは決して敷居の高いものではないことをアピールしました。そもそも、患者さんの悩みを聞く際、上から目線になっていてはダメなんですよ。一緒にバカをやれるくらいじゃないとね。女性が「きれいになりたい」と感じるときは、主に再出発したいときなんです。離婚したり、彼と別れたり、やりたかった仕事を離れたり。そうした気持ちに共感し、寄り添い、安心してもらい、「明日からがんばろう！」と思ってもらえることが大切なのですから。

そうそう。このコロナ禍で、思わぬ恩恵を受けました。これまで美容整形を海外で受けていた人が「身近な宮崎にも、良い医療を受けられるクリニックがあった！」と認識してくださったんです。もちろん、2流3流だと思われないよう将来につなげていかなければならないので、身が引き締まる思いです。宮崎だからと甘えるのではなく、一流の技術や接客を行えるよう、スタッフにも徹底しています。

安心とともに安全を届ける。それがプロフェッショナル

現在、全国的に女性の美容外科医は増えてきていますが、それでも数は決して多くはありません。美容外科のオペは1日がかりになることもあり体力的にしんどいものですが、女性ならではの相談・お悩みが多く、共感できることで適切に解決する道を探すことが可能なので、なるほど父の言う通りだったなと――その先見の明に驚かされています。

通常のお医者さんに比べて美容医療は軽く見られがちですが、単純に切ったり注射したりという施術をすればよいというものではありません。幼い頃から父に美容医療についていろいろと話を聞いてきましたが、中でも強く教えられたのが「患者さんが幸せになれるきっかけを作ることができるものである」ということでした。

幸せになってもらうための医療ですから、安心していただくだけではなく、安全である美容医療を提供することが前提になります。また、美容面からアーティスティックな技術も求められるので、造形美に関しては今でも勉強を重ねています。常にプラスアルファとして自分の技術を磨いていくこと。これが、私流の「プロフェッショナル」であり矜持であるのかもしれません。お金を頂く以上、自らの仕事にプライドを持たなければなりませんから。

宮崎の皆さんへ、今後も確実な“美”を届けたい――

私自身の仕事がうまくいっている理由のひとつとして、私が「誰かの話を聞くのが大好き」ということも作用しているかもしれません。お医者さんは「しゃべりたがる」方が多いものですが、私はどちらかというと聞く方が得意で、患者さんとお会いして、持っている悩みを引き出したり聞きだしたりすることが、楽しくて仕方ないんです。

それに加えて、私自身がもともと外科医で、手術が大好き!という点も、メリットになっていると言えるでしょう。学生時代からオペ室に入るとワクワクしちゃうタイプで、できればずっとオペ室にいたいくらいオペが大好きなんです。こういうとマッドサイエンティストのようなので、〝人体の素晴らしさに魅了されている〟といったほうが正しいでしょうか。腫れていた肌が元のように戻ってきれいになっていく過程がたまらなく不思議で、生命の素晴らしさを感じるんです。そしてまた、その素晴らしい瞬間にオペを介して携わることができる――こんなにやりがいのある仕事はそう多くはないのでは?なんて思ってしまうことがあります。

ですから、今、とても幸せだなぁと思っています。私を信頼し、手術をまかせていただけることに大きな喜びを感じています。私を支えてくれている宮崎の、そして近隣からいらしてくださる患者さんたちのために、期待に応えられる自分になりたい。開業時よりは確実にスキルアップできていますが、今後も勉強あるのみ。そして、私自身が得た技術が誰かのお役に立つのであればそれを伝え、宮崎の人たちのために継承していきたいと感じています。私のクリニックを継いでくれなくてもいい。宮崎の女性の美を底上げする結果につながれば――私はそれで、満足です。

（左）才色兼備の小宮美慧理事長。日々の努力を怠ることはありません（中央上）トータルビューティ美容液 Ha-Su
（右上）クリニック待合室　（右下）県内でもひときわスタイリッシュな外見で目をひきます

COMPANY DATA

会社名：みやざき美容クリニック
代表者名：小宮美慧
所在地：宮崎県
業種：医療
事業内容：美容外科・美容皮膚科・形成外科
メールアドレス：info@miyazaki-biyou.com

WEBSITE・SNS

株式会社オトコネイル
代表取締役
坂下隆子

ニーズに応える接客力・人間力を目指し、人材を育成

接客業が大打撃を受けたコロナ禍の中、昨対比103％の成長を遂げた「オトコネイル」。男性にターゲットを絞り、誠実な接客を行うことをモットーとする坂下隆子代表が最も重視したのは「お客様との信頼関係」でした。

29歳で起業。親に言われるがままの自分を変えたかった

生まれ・育ちは未だ閉鎖的な傾向にある北陸地方。地域柄か学歴が全てで、良い大学を出たら一生安泰――そのような志向がまかり通っていました。母親はその流れを当たり前のように受け止めた門限18時の教育ママ。勉強をすることは嫌いではありませんでしたし、競争することは好きだったので、親に言われるがまま勉強し、首都圏の大学へ進学。学部を選ぶときも「勉強して、いい企業に就職するために、化学や生物が有利だから」と言われ、自分の意思などないままに理系を選択しました。でも、やっぱりだめですね。人に言われて選んだものだったので、大学の勉強も本気になれず大学時代はただただ、時間を無駄にしていたんです。無気力なまま大学に通っていたある日ふと自分の人生を振り返りました。このまま言われたままのレールの上を歩いていく人生なのかなと思っていた時にキム・キヨサキさんが書かれた「リッチウーマン 人からああしろこうしろと言われるのは大嫌い！という女性のための投資入門」を読み「将来は経営者になる」と決意。それからは、起業のために必要なことを学ぼうと心に決めました。

大学を卒業し、まずは証券会社へ。この頃はまだ、何をもって起業するかを決めていなかったので、幅広い人脈を作れ、厳しい会社を……ということで証券会社を選びました。3年間は従業員として社会を学ぼう。そう思い、教育や会社の仕組みなど様々なものを勉強させていただきました。

自分で決めた期限の3年が経った頃、退職することにしました。とはいえ、まだこの時も「経営はしたい」という意思はあれど「何で」が見つかっておらず正直焦っていました。しいていうならいつも営業で資料を出すときに手元が気になっていたので、「ネイル」には興味がありました。ただその当時はもうネイルサロンは飽和状態だったので「もう遅いのかな」などぼんやり考えていました。退職後に証券時代にお世話になった方にご挨拶回りに行っていたときに、交流のあったコンサルタントの方にその話をしたところ「じゃ、僕の手、やってよ」って言われたんです。最初は「男性が何を言ってるんだろう？」と思ったのですが、相手の爪を見てびっくり。私の爪よりもピカピカで、とてもきれいに整えられていたんです。その時に、普段から髪型やスーツなどの身だしなみを気にされていたのは知っていましたが、爪先までというのは衝撃的でした。こんな風に爪先まで気遣いをしているから、70歳になってもバリバリ仕事ができているんだなと衝撃を受けました。その時、「男性もネイル」という発想が頭にインプットされました。

こうした経緯で男性専用ネイルサロ

TAKAKO SAKASHITA

2008年 東京理科大学 工業化学科 卒業 大和証券株式会社 入社
本店営業部に配属
2011年
大和証券株式会社を退職
2012年
オトコネイル創業
市ヶ谷に1号店を開店
2014年
株式会社オトコネイルを設立
代表取締役に就任
2021年
株式会社ネイルケアリスト協会を設立
代表取締役に就任

今後もオトコネイルの店舗展開と同時に、ネイリストに必要な技術・接客力・サロン運営方法をネイルケアリスト協会を通して広めていきたいと思っています。

ン「オトコネイル」が誕生しました。

お客様の声を一つ一つ聞く大切さ

正直、集客は苦労しました。男性は女性のようにネットで調べないんです。安いから、というお得感に釣られることもないので、すぐにクーポンやネットでの集客を切り捨てました。行ったのはスタッフと一緒に地道なティッシュ配りやご近所様へのご挨拶回り。あとは知人友人達に「一度体験してみて欲しい」と１件１件電話しました。そうして来て頂いていたので、当時は60分メニューを５００円でやっていました。まずは知ってもらう・体験してもらうことから行いました。そして、男性専用で前例がなかったので、とにかくお客様の声を１つ１つ聞き集めました。最初のうちはなかなかリピーターになっていただけなくて。なんでだろう?と。来店してくださったお客様全員に電話をかけ、リピートしない理由を訊ねたんです。すると、思いもよらない言葉が返ってきました。「え?だってもうやったんだから、いいじゃん?」って。お手入れは1度で終わるものではなく、続けることに意味があることを、私たちがまったく説明をしていなかったことに気付かされました。とくに、爪のお手入れまで気にするような男性は、緻密なスケジュールで動いています。「また来てください」ではなく「この日はいかがですか?」と、分かりやすい提案をすることが必要だったんです。

また、ネイル用語についてもお客様から指摘がありました。当たり前のように使っていた「ケア」という言葉も、男性にとっては当たり前ではなかったんです。そこで、ｗｅｂサイトやメニュー上で使っていた「ケア」の文字を、すべて「爪のお手入れ」という言い方に差し替えました。この頃は1日に何度もＰＤＣＡ（Ｐｌａｎ→Ｄｏ→Ｃｈｅｃｋ→Ａｃｔ）を回して改善していましたね。

そうして２～３か月が過ぎたころにカルテは１４０枚ほどになりました。そうした実績ができ始めるとメディアからの問い合わせも頂くようになり、それを見てまた新しいお客様がご来店していただく、という流れになっていきました。今までに合計80媒体は取材していただいたと思います。

爪のお手入れで、60分７１５０円。やっていることが全く違うので比較対象にはならないのですが、女性用サロンでは２時間半で８０００円の所も多くあります。そういったところと比べると値段だけ見れば高いと印象を持たれるかもしれません。そんな中、この金額を頂けているのは単に技術だけではありません。私たちの会社の理念は「人（私）は人（周りの人）の笑顔で幸せになる」です。創業時より「人がやる価値」に重きを置いてきました。スタッフたちには常々「爪の掃除屋にはなるな」と言ってきました。お客様の気持ちに寄り添い、またあなたの接客を受けたいと思われるネイリストになって欲しいと伝えています。

２０２０年４月のコロナの緊急事態宣言の時も、宣言が出た当日は全店にキャンセルの電話が相次ぎました。その日の終わりに全店舗の予約表をかき集めると真っ白で、「8年間積み重ねてきたものが、こんな一瞬で無くなってしまうのか」と悲しいとも悔しいとも何とも言えない涙が出ました。翌日からは感染予防を考え各店舗を１名体制にし、営業は続けました。お店を開けていると、不思議と当日予約はぽつぽつ入るんです。このころはスタッフのメンタルケアも大事だと思っていたので、サロンを見て回っていました。その時にお客様とスタッフの施術中の様子を見て、お客様がスタッフに会いに来てくれているんだということがよくわかりました。極論を言うと、爪なんて自分でも切れるんです。それでも緊急事態宣言下にわざわざサロンに来ていただけることにお客様にも、そういう接客を行ってきてくれたスタッフにも心から感謝しました。実際にこの時期、多くの声を頂きました。「自宅にずっといるのがもう疲れて疲れて。２週間に一度来ていたここに来ることを本当に楽しみにしていたんだよ」と言ってまた次回予約を取っていって下さる方。逆に「こんな中でもわざわざ来ている意味を考えてよ。リラックスしたいんだ。下手な接客受けたくないから」「あの子新人でしょ?あのレベルでお店に出さないで。ちゃんと教育しろって社長に言っておいて」という厳しいお声もありました。この声を受けて店長たちと集まり、そして教育の研修をやり直しました。このコロナで世の中全体が「人と接するな」という風潮になったと思います。だからこそその対極の「人がやる価値」はより上がったと思っています。接客に重点を置いてきた私たちにとっては、これは追い風と受け取っています。

男性の厳しい視点をクリアするため、スタッフの教育を重視

このような経営を行ってきた結果、弊社はこのコロナ禍の中、都心店舗・接客業という不利な環境にありましたが、昨対比１０３％の増収増益を残すことができました。コロナで人の流れが変わってしまったので、お店のある駅に人が全くいなくなってしまった２か所は赤字が出る前に撤退しました。代わりに大阪に新店舗をＯＰＥＮ。おかげ様で現在、都内5店舗、大阪１店舗を展開。こうした結果で終えることができたのは、表面的に男性専用だから、競合がいないからと取る人も多くいましたが、そうではなく創業当初からお客様の声を聞き、技術・接客・サロンの管理体制という当たり前のことを実直にやってきたた

めだと思っています。力を入れているのは、スタッフへの教育。先に述べたようにサービスに対する目は男性の方が厳しいと感じます。お手入れを気にする男性は40代50代の方が中心で、コツコツと地道な努力を積み重ねている方ばかりで、スタッフの仕事に対する姿勢を見られる方が多いです。ただの「作業」になっていないか。お客様のことを考えて行っているか。厳しいことを言うようですが「技術はあって当たり前」で「人がやる意味つまり接客力」がなければネイリストではないと言っています。

未来の起業家へのメッセージ

今現在、会社をもうひとつ起こし、ネイルサロンの教育体制、運営の仕方、などを教える協会を立ち上げました。そのレジュメづくりが最終段階にあります。そちらでは、弊社がこれまでの経験から生み出したノウハウを学びたいとおっしゃる方にお伝えさせていただこうと思っています。「ノウハウをこんなに公開していいんですか？」なんて言われることもありますが、業界全体の底上げになるならそれでOK。

もし今後競合が表れても、そこに弊社にはなかったアイディアがあって抜かされたとしたら、それは敬意を払うべきです。私たちが気付けなかったお客様のニーズを掴んだということですから。そしてまた弊社が工夫して追い抜けばいいと思っています。あくまでお客様の目線に立った競争。これが業界の活性化ではないでしょうか。今回のコロナという世界的な経済危機を通して、経営に決して楽な道はないということ。やるべきことをこつこつと実直に普段から行っておけばどんな危機でも乗り越えられること。そしてどんな社会情勢になろうとも、ベンチャーは常に昨年を上回る結果を出し続けていかないといけないということを学びました。この学びを忘れることなく今後の経営に活かしていきたいと思っています。

最後に。私からこれから起業を考える方にアドバイスを。ぜひ、人を雇って組織を作ることを経験してください。スタッフから教わることも多く、何倍にもなって自分の身に戻ってきます。そうして、会社に携わる全員が幸せになれる経営を行えば、必ずうまくいくと――信じています。

(上) "最高のおもてなし" を心掛けているスタッフ
(左下) リラックスできる店内　(右下) 日々お客様に最高のサービスを提供

COMPANY DATA

会社名：株式会社オトコネイル
代表者名：坂下隆子
所在地：東京都千代田区九段南 4-7-10　1 F
業種：男性専用ネイルサロン
事業内容：2012年9月創業。ネイル業界初の男性専用ネイルサロンを都内5店舗・大阪1店舗経営。
メールアドレス：info@otokonail.com

WEBSITE・SNS

医療法人ビバリータ　ポートサイド女性総合クリニック

コーチング医

清水なほみ

現代医学を超えた治療の提供で、病気を根本的に解決する

本当の自分と向き合い、誰もが持っている「自分らしい輝き」を取り戻せば、健康もビジネスも人間関係もすべてうまくいきます。すべての女性がそうなれるよう、医師としてトータルにサポートしていきたいですね。

幼い頃の夢はバレリーナになること

学生時代から、卒業して10年後の自分の誕生日が来る11月までに開業をすると決めていた私は、その言葉よりも2カ月早い2010年9月11日に、女性専用クリニックを開業しました。元々、医者を目指して広島大学医学部に進学したわけではありませんでした。実は私の小さい頃の夢はバレリーナになること。

ですが中学生となり現実が見えてくるようになると、それが無理だということがわかり、夢が一旦白紙になりました。また同じ頃、男子生徒からいじめにあったことから、なぜ人はいじめをするのか、犯罪心理をはじめとする心のことやジェンダーに関心を持ち、勉強するようになりました。中高一貫教育高だったため、高校への進学タイミングで大学の進路を考えなければならず、当時理系の学部で心理学を専門に学べる学部が見つけられなかったために悩みました。最終的に、理系学部の中でも医学部を選んだのは、バレエの発表会の前に脚を捻挫したことがきっかけでした。整形外科では「骨に異常がないから」とシップを渡されて安静を指示されるのみでしたが、ハリ治療をすることで、舞台に立つことができたのです。そこで代替医療にも関心を持った私は、「医学部の精神科で心のことを学び、同時に東洋医学、ホリスティックな医療を勉強したい」と考え、国立の医学部を目指し、広島大学医学部医学科に進みました。

産婦人科医を選んだ理由

精神科ではなく産婦人科を選んだのは、広島大学の精神科が自分のやりたいことと違ったこともありますが、私が女性であることをナチュラルに生かすことができると思えたから。産婦人科をベースに、心のことや代替医療については大学以外で学ぶことにしました。

卒業後は、大学附属病院の医局に所属しました。順調に産婦人科医への道を歩んだように思われるかもしれませんが、実は医学部3年生の頃に、医学部を辞めようかと考えたことがありました。というのも私は同級生たちが持つ「難病の人を救いたい」「解明されていない病気の研究をしたい」というような崇高な志がなかったからです。こんな不純な動機から医師になっても良いのかという思いはありましたが、その頃、はまっていたミュージカルを続けるためにも「勉強を頑張る」ことを選択。医師国家試験に合格しなければ、米ニューヨークに渡ってミュージカルの勉強しようと思ってい

NAHOMI SHIMIZU

通常の婦人科診療のみならず、最新の脳科学×心理学×医学を統合的に駆使した診療を行うコーチング医。日本で3名しかいない、病気に特化したトランスフォーメーショナル・コーチのテクニックを伝える講座の認定講師となり、診療の現場においても、3年間で延べ6000人の患者に同テクニックを用いて診療を行っている。
中学時代のいじめや研修医時代のうつ経験から、「病は気から」を科学的に解明するための研鑽を積む。何気ない会話の中で患者に気付きを与え、片頭痛やイライラをあっさり「忘れさせる」診療には定評がある。5分で病気の「本当の原因」を見抜くため、患者からは「先生は占い師ですか！」と驚かれる。

ました。

医局に入ってからも悩みは続く

それだけではありません。医局に入ってからも、自分のやりたいことと医局でやるべきことのギャップに悩まされました。心身を総合的に見て未病や予病につなげる診療をしたいという理想を語ると、先輩医師から「それは医者の仕事ではない」と言われました。そこで女性特有に健康上の問題を統合的に扱う「女性外来」というキーワードで本を検索したところ、対馬ルリ子先生が書かれた「女性外来が変える日本の医療」という本に出合いました。「私のやりたいことがここにある」と思い、対馬先生も所属していた日本女医会の事務局宛てにラブレターを送ったのです。そうして先生の下で約2年間、生涯にわたる女性のための健康をサポートする医師としての修行をすることになりました。

その後、虎の門病院産婦人科で4年間勤務し、専門医の資格を取得。資格取得後すぐに医療法人ビバリータポートサイド女性総合クリニック」を開業しました。

開業時期と妊娠適齢期が重なる

学生時代からやりたいことを考えれば考えるほど、開業するしかないと思っていたこともありますが、万一、開業に失敗しても勤務医に戻ればいいだけだと考えていたため、開業を迷うことはありませんでした。お産を扱える女性産婦人科医はそう多くはありませんからね。絶対に失敗ができないと思っていたら、開業はできなかったと思います。

ただ、悩んだのはタイミング的に開業時期と妊娠適齢期のリミットが重なっていたことです。医学部は6年制のため卒業するのは24歳。卒業後、開業するまで10年という期間を設けたのは、一人前の医師になるため。「女性だけが夢の実現か妊娠かという二者択一の人生を迫られるのはおかしい」と考えていた私は、開業と妊娠を同時進行にしました。

開業前に妊娠が成立し、開業半年後に長女を出産。2年半後に次女を出産し、二人とも出産の前日まで診療をし、退院翌日から復帰しました。

特に大変だったのは長女を出産したとき。開業したばかりで私もスタッフも初めてのこと。予定日3週間前から「この日に生まれてきたらこうする」という対応表をスタッフに渡し、万が一臨時休診が必要になった場合の文言もホームページ掲載用とクリニックの入り口掲示用の2種類を用意しましたね。

言葉の技術を用いて病気を根本解決

現在は女性専用クリニックでの診療のほか、健康サロンでのマタニティエステを中心としたエステサービス、さらには病気の根本解決にするべく言葉の技術を使った施術を提供しています。今後注力していこうと考えているのが、病気をあらゆる角度から根本解決する代替医療を含めた統合医療サービスです。病気の根本解決のための言葉の技術を使った施術とは、心理言語療法家である、梯谷幸司氏が30年以上の歳月をかけて創り上げた独自コーチングスタイル「トランスフォーメーショナル・コーチ」を用いて行います。人は皆、自分らしい輝きを持っており、それをうまく発揮できていないため病気になったり、本来の行きたい方向に向かえていないだけです。そこで本来の自分と向き合い、自分の輝きを取り戻せば、健康もビジネスも人間関係もすべてうまくいくようになっています。このコーチング手法を使って、患者さんの病気の背景にある心理をたどっていく。そうすることで、病気を根本的に解決することができると考えています。

心理をトランスフォームし健康に導く

例えば閉経期の女性が悩まされる更年期障害。話してみると、患者さんの多くが、「自分は何をしたらよいのかわからない」「向かいたい方向がわからない」と言うのです。実はここに更年期の不調の原因があります。自分が「何者として」生きたいのか、「何に命を懸けたいのか」が見えないまま、娘・母・妻・職業人といった沢山の役割を「押し付けられて」フルに頑張らざるを得ない。そういう状況下で過ごしているうちに、体調不良に陥ってしまうのです。自分の人生は自分で作っていくもの。どんな自分になりたいのか、それを見つけて一歩、踏み出していけば、心身の不調もきっと解消されていくはずです。ただ、更年期障害の治療をするだけではなく、その裏側にある心理を言葉の技術によってトランスフォームしていくことで健康に導いていくのです。

コーチング医として言葉の技術を使える医療者・教育者を増やす

今後は私のように言葉の技術を使える医療者・教育者を増やしていくことだけではなく、母親のサポート&子育てに役立つ言葉の技術を伝える取り組みをしていきたいですね。そして貧困の連鎖を根本解決するために必要な性教育やライフスキル教育を浸透させるような取り組みもしていきたい。今、生理の貧困がニュースで話題となっていますが、これはコロナによって浮き彫りにされた社会課題の一つ。この社会課題の背景にあるのが、日本ではこれまで正しいバースコントロールの知識が得られるような教育をしてこなかったことです。女性が自分らしい人生を送るためには、自分で妊娠や出産のタイミングをコントロールすることが大事になるからです。ですが月経をコントロールすることは自然ではないので良くないという認識が世間にはまだまだあります。そういう妊娠・出産をはじめとする女性の健康に関する誤った考えを払拭し、正しい知識が身につけられるような教育を各学校に浸透させたいと考えています。

うつ病患者の合宿施設を作りたい

さらなる展望としては、シングルマザーのシェアハウスをつくること。そしてもう一つはうつ病から卒業するための合宿施設をつくること。この施設では薬を使わずに、2週間、野良仕事などに携わってもらい、太陽が上ったら起きて、自分たちで作った野菜を調理して食べ、暗くなったら寝るという暮らしをしてもらうのです。こういう人間本来の暮らしをすることで、薬を使わずともうつ病を改善できると考えています。医師としてエビデンスやガイドラインに基づいた医療を提供することは大事です。ですが、エビデンスではカバー仕切れないところもあるのが事実。その分野についても現代医学を超えた治療を提供していきたいと考えています。

自分の人生は自分のもの。すべての選択権は自分にあります。本来持っている自分の輝きを自分自身で取り戻す。医師としてはもちろん、コーチング医として、そのためのお手伝いをしていきたいですね。

（上）医療法人ビバリータ　ポートサイド女性総合クリニック
（下）著書『ログセを変えるだけでプチ不調が消えるのか ?!』

出版記念パーティでのご挨拶の様子

COMPANY DATA

会社名：医療法人社団ビバリータ
代表者名：清水なほみ
所在地：横浜市神奈川区大野町 1-25 ヨコハマポートサイドプレイスアネックス３階
業種：医療・美容
事業内容：女性専用クリニック経営・健康サロン経営・トランスフォーメショナル・コーチの育成
メールアドレス：info@vivalita.com

WEBSITE・SNS

株式会社フロンティアエデュケーショナルパートナー

代表取締役社長

鈴木美由紀

キラキラ光る子供達の未来を全身全霊でサポート

三十一年間、教育業界に身を置き沢山の子供達を見つめ続けてきた鈴木美由紀さん。本当に子供達のためになることは何なのか。試行錯誤の日々の中、新たなステージへと進化を遂げようとしています。

塾での仕事を通して人生の目的と使命に出逢う

私の人生の目的は、「教育を通して困っている目の前の子供達を助けること」そして理念は「生徒の成績を上げて生徒の人生に貢献すること」を掲げています。子供達が幸せになることだけを考えて仕事をしています。苦しんでいる子供達や、悩みを抱えている子供達に温かく愛のある言葉や前向きな言葉をかけていき、教育を通して生きる勇気と前向きな心を育むことが私の使命なのだ、と思いながら毎日、子供達と向き合っています。教育を通して子供達の人生の成功に寄与するために、子供達一人一人がどんな夢や希望を持っているのかを聞き、その夢や希望を叶えるために、今、勉強をしなければならないのだ、と話しています。勉強はあくまでも手段であることや、先に夢や希望を持つことが大切であると伝えています。その夢を叶えるために努力を惜しんではいけない、ということも併せて伝えています。子供達の個性を重んじ、自信を育み、日々のスモールステップで達成感を持たせ、「やればできる！」ということを体得してもらい、「生きていくって素晴らしい」と心から思ってもらえるように関わり続けています。子供達の成長、成功が私の喜びであり生き甲斐なのです。ですから私は生涯、教育を通して子供達の未来のために自分の人生を捧げると決めています。

勉強が好きだった子供時代。それが高じて塾講師に

子供達には一人一人、無限の可能性があります。必ずみんなキラキラと光るものを持っています。そのことを伝え、気付かせてあげる仕事を三十一年間続けてきました。

なぜ塾の仕事を選んだのか、それは子供時代に遡ります。小学生の頃、同級生達がピアノやそろばん、習字を習うのが当たり前だった時代に、商社マンだった父親から、『将来通訳無しで人々が海外へ行く時代が来るから英会話を習いなさい』と言われ英会話教室に通わされていました。当時はまだ、海外に行く人も限られていて、沖縄に行くにもパスポートが必要な頃。友達に「英会話教室に通っているんだよ」と話すと『なにそれ？』と聞き返されるような時代でした。ところが中学校に入学し、一番はじめの英語の授業で教科書を読むように先生から言われ、読んでいたら教室中がどよめいたのです。『外国人みたいだ！』『すごい！』などクラスメイトが騒ぎ出し、私自身がその反応に驚きました。その時、初めて『英会話を習いなさい』と父が言い続けてきた意味を理解し、英会話を

MIYUKI SUZUKI

家庭教師のトライから生まれた個別指導塾・トライプラス東川口校・新座駅前校・３号店開校予定。教育コンサルタント / 生活指導アドバイザー。現在事業を拡大中。生徒一人一人の夢実現を責務とし、トライプラスの最先端 AI コンテンツと個別指導の両輪で子供達の成績を上げ、志望校合格へと導く。子供たちの未来が、夢と希望でいっぱいのワクワクするものであることをイメージしてもらい、勉強を自らやりたいと思ってもらう言葉かけとコーチング技術で取り組み、指導生徒数は３１年間で５０００人を超える。

習ってきたことへの感謝を感じたのでした。それから英語が大好きになり、勉強が好きになりました。

ですから、その自分自身の経験を活かして働きたいと思い塾講師の道を選びました。塾講師となり子供達に伝えたいことを沢山話していこう、そう考えました。本来勉強は楽しいものであること。わからないことがわかったときの喜び。解けない問題が解けるようになった嬉しさ。なかなか覚えられない英単語や漢字を一生懸命ノートに書いて暗記できた時の感激。生徒が、一問でもできたら褒めてあげて頑張ったことを承認してあげることや、わかる、できる、もっとやりたくなる。そんな良い循環を作ってあげたい。そんな気持ちで生徒達と関わりたいと強く思い塾講師を選びました。

塾激戦区で勝ち抜くため独自の工夫を盛り込んだ経営

私は現在、「家庭教師のトライから生まれた個別指導塾　トライプラス」の経営をしています。東川口校、新座駅前校、そして三号店開校を予定しております。指導生徒は小学生から高校3年生まで。幅広い年齢層の子供達がいます。もともと子供が大好きなので、沢山の子供達に囲まれている毎日がとても楽しく充実しています。子供達の笑顔が私の原動力となっています。

最初に開校した東川口校は、近隣に20校以上の塾があります。その激戦区の中、多くのご家庭から選んでいただけているのは、家庭教師のトライのネームバリューとコンテンツの良さ、そして講師陣のクオリティの高さのおかげだと思っています。また、私自身の工夫としては、教室中に観葉植物や綺麗なお花などを沢山飾り、受験生がピリピリしていたり、不安で押しつぶされそうになっている気持ちを少しでも和らげることができればいいな、と思い教室内を温かい雰囲気にすることを心掛けています。また、壁には海辺や、青空、花々の写真を飾り、目で見て心が落ち着ける空間を演出しています。

指導内容に関しては、生徒や保護者が本当に求めているものは何かを考え抜き、内申点や偏差値ごとにテキストを選び、各生徒の実力にピッタリのカリキュラムを組んでいます。特に受験生には志望校から逆算して、今何をすべきかを的確に伝え第一志望校合格への道筋を示していきます。その内容は三十一年教育業界に身を置いた私ならではの経験に基づくものです。もちろん保護者面談も年三回以上行い、保護者と生徒、そして塾で三位一体となって必ず成績を上げる！という思いをお互いに強くして受験で合格を勝ち取ります。それがお母さま方のクチコミで広がり、ご紹介が増え毎年百名以上の生徒達で教室内は賑わっています。

保護者面談では子育ての悩み相談以外にご主人とのお悩み、お姑さんとのお悩み、職場でのお悩みを受けることもたくさんあります。私が女性だからこそお話してくださっているのだと感じます。私にも家族がおりますので、お母さんの悩みは他人事ではありません。一緒に話しながら泣いてしまうこともあります。そんなお話ができるのも女性ならではと自負しております。

女性であるが故に？開業資金の調達に苦戦

開業するにあたって大変だったのは、フランチャイズに加盟する際の加盟金や開業資金でした。一千万円以上の資金調達をどうすればいいのか、これが一番の難題でした。

当時、長男が大学の歯学部に通っており三千万円ほど学費を借入していました。また、家のローンもあったため、いくつか銀行を回ったのですが、なかなかいいお返事をいただけませんでした。その時、銀行の融資の方から言われた言葉は今でも忘れられません。

『女性が起業してうまくいくのは厳しい』『女性にそんな金額を貸すのは無理です』

そんな風に『女性が、女性は、』という枕詞が付いていました。女性が起業するのは難しいことなんだなと痛感しました。

このことをトライプラスに相談すると、本部の方が親身になってくださり、銀行に提出する書類の書き方や面接での受け答えなどを丁寧に指導してくれました。それをもとに、再度チャレンジしたところ、一週間後にようやく銀行から融資ＯＫの連絡がきました。

この時、起業するには融資が必要で、その融資を通すためにはきちんと数字を細かく見せることや面接での話す内容の大切さを学ぶことができました。

子供達の未来を守る。新たな目標へ

三十一年間変わらないこと、それは子供達への想いです。

目の前の子供達のためにできることは何かを本気で考え、子供達や保護者の喜ぶ笑顔を想像しながら、真摯に誠実に経営をしていくこと。そうすれば必ず周りの人が見てくれている。私を信頼してくれる。そう思いながら仕事をしています。

「勉強は手段であり、目的は将来より良く生きることである」それを一人でも多くの子供達に伝えていきたい。私と縁ある全ての子供達のために精一杯のことをしてあげたい、利他の心で関わりたい、そう思っています。

五千人以上の生徒達と関わる中で、

忘れられない生徒達がいます。

　親に虐待されて体中、あざだらけの生徒、ネグレクトに合い二日間食事を摂っておらず教室で倒れてしまった生徒、父親に母娘で暴力を受け、夏休みに公園で野宿していた生徒、親の暴言に合い、引きこもりになってしまった生徒、親の虐待により、その反動で近隣の動物、犬や猫などに殴る蹴るを繰り返す生徒、友達のいじめに合い学校に行けなくなってしまった生徒、心の病気になってしまった生徒、万引きが止められないで何度も警察に捕まってしまう生徒など沢山の苦しい状況の生徒達と関わりました。そんな時、この子達を守る場所がないのか？　野宿している母娘を守る場所はないのか、と私も悩みました。そんな彼らを救いたい。そんな長年の想いを具現化するため、今、私の新たな目標は「ＳＯＳハウス子供未来館」を創設することです。虐待やいじめで苦しんでいる子供達を救う場所。安心して保護される場所、宿泊もできる場所。カウンセラーが常駐し、カウンセリングも受けられる。小児科医と連携して心のケアも身体も診てもらえる場所。勉強ももちろんできる。ピアノを弾いて楽しんだり、絵を描きたい子は絵も描ける。沢山の本を図書館のように並べ、いつでも読める。ゆっくり心を休めながら自分のやりたいことを少しずつやり、心に生きる活力を再び蘇らせる場所として創設したいと考えています。

　女性だからこそできることがある、女性ならではの視点で考えられることがある。そう信じて私はこれからも子供達の未来を創る仕事を続けていきたいと思っています。

大切な生徒達をいつも笑顔で迎えるように心掛けております

開放的な空間で環境面でも生徒達ををサポートしたい

COMPANY DATA

会社名 株式会社フロンティアエデュケーショナルパートナー
代表者名：代表取締役社長　鈴木美由紀
所在地：埼玉県
業種：教育業
事業内容：家庭教師のトライから生まれた個別指導塾・トライプラス東川口校、
新座駅前校、３号店開校予定

WEBSITE・SNS

BEAUTYART.LAB

代表取締役

田中昭子

美容を通じた自分磨きで 〝笑顔で自律する人〟を生み出す

日本を代表するメイクアップアーティストとして、ヴィダルサスーンなど世界基準の舞台を支える田中昭子さん。美容を通じて女性の未来を拓く彼女の活躍は目ざましいもの。バイタリティの源はどこにあるのでしょうか。

"色"の魅力にときめいた日々がメイクアップの仕事に結びついた

「灰梅（はいうめ）」「鴇鼠（ときねず）」「青白橡（あおしろつるばみ）」「水浅葱（みずあさぎ）」――日本では、色に様々な名前が付けられています。人間が把握できる色にはすべて名前がある。そのことに気付いたときから、私は「色」が大好きになりました。そうして色好きが高じた結果、化粧品会社へ。色はもとより、香りやテクスチャーといった、女性を美しく見せるために必要なコスメという"女性を美しく魅せる色"のすべてが好きになっていったんです。

美容歴はウン十年。教育関係の部署で仕事をしたり、マーチャンダイジングの一端を担当したりと、長く化粧品会社で勤めましたが、ひとつの会社にいたら、自分の会社のコスメにしか関われない。自社のものも良いけれど、あのメーカーのあの色はきっとあの人に似合う。この人には別のメーカーのものが似合うんだけどな。そう思った時に「私、フリーのメイクアップアーティストになるべき！」と感じ、勤めていた会社を辞め、メイクアップの道に飛び込みました。

もちろん、メイクが好き！という気持ちだけで活躍できるほど、現実は甘くはありません。とくに私がメイクアップに転身した時代、日本ではメイクアップだけで通用する場面は少なくヘアメイクができることが当たり前のように求められました。化粧品会社にいたので髪の毛の構造は理解していたのですが、ヘアアレンジなんてまるでできなくて、はじめのうちは見よう見まねでやっていましたが「男性をおばあちゃんにしてください」って言われたときに、「ああ、下地がきちんとしていなければダメなんだ」と実感。そこからは、とにかく練習、練習、練習の日々。自宅にたくさんのウィッグを用意し、ひたすらカラーで髪を巻いたり、ヘアアレンジのレシピ作成を繰り返したり。そうして少しずつ少しずつ、ヘアアレンジも好きになっていきました。

時にはとんでもない失敗も!? プロの道は厳しく険しかった

根が楽天家のためか、ヘアメイクアップアーティストとして自立してから苦労らしい苦労はしていないのですが、失敗してしまったことは多々あります。今でも記憶に残っているのは、博多華丸大吉さんのメイクを担当したときのこと。リクイドファンデーションを塗る際、スルッとファンデーションのボトルが手から落ちてしまい、衣装にファンデーションがかかってしまったんです。華丸さんが笑顔で「大

AKIKO TANAKA

美のスタイルプロデューサー。一万人以上の方々へ美容セミナー・研修会・人材育成に努め、自身もステージメイクアップアーティストでもある。メディアを通じて美容力のすばらしさを発信。化粧品ブランドの開発やコンサルタントも手掛ける。今後は美容を通じ、自分磨きによって笑顔と自律する人を生み出す『美身スタイル学』の発展を目指す。

丈夫ですよ」っておっしゃってくださったのですが、あの瞬間、頭の中は真っ白になっていました。

女性タレントの髪をホットカーラーで巻く際にすごく細かい指示を出され、カールがきれいにできなくて叱られたりしたこともあります。でも、こうした失敗の繰り返しから、プロとはどうあるべきかを学ぶことができました。

私の流儀 プロフェッショナルについて

求められたときに、求められた以上のことが提案できる。それがプロフェッショナル。ヘアでもメイクでも、相手の感性を掴みとらなければならない。クライアントが何を欲しているかを明確にし、その要求にスピード力、対応力、状況判断力、そして先見力を持って対応をする。それが、プロフェッショナルの条件なのだと思っています。

私は「ヴィダルサスーン」の日本におけるステージのチームリーダーを20年近く務めさせていただいているのですが、ヴィダルサスーンにはステージごとに細かく決められたレシピがあるんです。でも、レシピには載っていない相手の感性を掴み、クリエイティブチームが何を望んでいるのかを掴まなければなりません。それも、短時間で、正確に。プロだからこその厳しい壁が待ち受けていますが、それを経験と感性で超えられるのがプロなんですよね。

メイクというのは、一種の「錯覚」の世界。わずか数ミリの違いで異なる印象に仕上がります。また、同じモデルさんであっても、その日の体調や気分によって肌は大きく変わります。そうした「一期一会」のものであるからこそ難しく、また魅力的であると思います。何万回やっても「完璧！」って思えることがない。それくらい奥深いんです。いつまで第一線に立っていられるか分かりませんが、求められる限りは求められる以上の成果を上げ続けていきたいと思っています。

私には、今も昔も必ずしていることがあります。それは、仕事を通じて繋がった方々にお礼の手紙を３日以内に送るということ。手紙に香りを添えたり、アイシャドウを使って絵を描いて私らしさを伝えたり。出会えたことに対して感謝をすること。これは、経営者になっても忘れてはならない気持ちだと思っています。もちろん、仕事を頂いたら全力投球。ひとつひとつは小さな努力ですが、積み重なれば――いつか山になりますから！

「美身スタイル学」の理念を提唱 「錯覚」から本来の「美しさ」へ

メイクアップアーティストとしての仕事の他、美容家や肌鑑定士として、１万人以上の女性たちにキャリアアップセミナー、メイクセミナー、就活セミナーなどを含めて講演や研修などを行ってきました。現在は、ヘアメイクとしての仕事よりも、こうしたセミナーや化粧品会社のコンサル、顧問等をメインに活動しています。

これまでは化粧品ひとつでも百貨店へ買いに行くのが当たり前で、美容部員の方とお話をしながら、自分に合ったコスメを選ぶことができました。しかしこのコロナ禍でそうしたこともできなくなってしまい、本当に自分に似合うものは何だろうか?と、迷っている方が増えています。そうした方に、自分らしさや、新たな可能性を見つけることができる提案をしたいと思い、これまでの経験を踏まえて「美身スタイル学」を考案。今後は、メイクとともに自身のメソッドを提唱していきたいと思っています。

私が考える「美身スタイル学」とは、「自分らしいスタイルを持ち、自分表現の構築ができること」「自分磨きに時間をかけられるようになること」このふたつを目的にし、７つの具体的項目で確実に自分の変化を楽しむ、「自分のおしゃれ」＝「自己表現」として楽しみながら、〝自律〟した女性を目指すメソッドです。美容というキーワードに溢れかえった世界の中で、テクニックや方法ではなく、自分らしさを追求し、「自身が一番にハッピーで、楽しんで、もっと笑顔になれる」ために、個であることを意識付けたオリジナリティーを磨くことを目的にしていることが、他の美容メソッドとは大きく異なる部分でしょう。

リーダーに求められることは、人間力

起業してから今に至るまで、クライアントしかり、スタッフしかり、相手のことをよく観察するようにしています。どんなことにも当てはまることなのでしょうけれど、人にはそれぞれにクセがあります。合う・合わないで相手を区別するのではなく、相手のクセに合わせていくことで相手の長所を見つけることができますし、相手を褒めることができるようになります。そうしてコミュニケーションをとることは、会社を動かす上で欠かせないことでしょう。

また、リーダーとしては人間力や行動力が必要だと思っています。あとはタイミングと決断力。やりたいことや方向性について98％は決まっているけれど、残り２％が決まらないというとき、他人に話して気持ちを整理することってありますよね。タイミングを逃さず、きちんと決断することがリーダーには必要だと思います。

これから起業を考えていらっしゃる方にはぜひ、「絶対にやれる！」と自分を信じ、自分を褒め、決断力を養っていただきたいと思います。今日やろうと思ったことは、すぐに行動に移しましょう。それができたら「やったね！」と自分を褒めてあげてください。私自身も、毎日のように「よくやった！やったね、私！」と自分に言い聞かせ、前進中です。

完全燃焼できる人生に向け、意欲を燃やす日々

あれこれとやりたいことがあふれてきて追い付いていないのですが、今後は福祉理美容にも着手したいと思っています。老いることが怖いと感じる女性も多いことでしょう。でも、自分らしく美しく老いることができたら、加齢なんて怖くなくなります。

以前、シニア向けの雑誌のヘアメイクをさせていただいたことがあるのですが、鏡の前でどんどん変わっていく自分を見ているだけで、モデルさんの中に自信が満ち溢れていくのを感じることができました。自分らしい美しさを見つけ出し、磨き、アップしていく。それによって自信が持てれば余裕ができ、笑顔にあふれる人生を送ることができるのです。

今は「感性」の時代。自分らしくあるためのおしゃれ、自分であるがためのおしゃれをし、自分の持つ良さを受け入れて自律することが求められていきます。

美容を通じて様々な方のお手伝いをし、多くの女性の未来を応援し、一緒に成長していきたい。そう願っています。

世界基準の美を支える美のスタイルプロデューサー 田中昭子氏

（上）メディア撮影を受ける田中氏
（下）パーソナルヒストリーをビジュアライズ

COMPANY DATA

会社名：BEAUTYART.LAB　ビューティアートラボ
代表者名：田中昭子
所在地：福岡県
業種：美容研究家
事業内容：美容セミナー・研修事業・化粧品ブランド開発及びコンサルタント事業・「美身スタイル学」事業
メールアドレス：beauty.art.lab@tau.bbiq.jp

医療法人社団 彩祥会 中島皮フ科

理事長兼院長

中島知賀子

医療とエステの融合で、患者さんの悩みを解決したい

肌のトラブルは見た目にもわかるため、悩んでいる人はたくさんいます。そんな患者さんが心から笑顔になれるよう、皮膚科の診療はもちろん、メディカルエステ、さらには美容産婦人科にも力を入れていきたいですね。

妊娠3カ月のときに突如、開業を決めた

1997年、27歳の時に東京・赤羽に中島皮フ科を開業しました。双子を出産して半年後のことです。

北里大学医学部を卒業し日本医科大学附属病院の皮膚科に入局、そして結婚。2年間の研修を終え、出産を機に退職しました。そのときは開業を視野に入れていたわけではありません。妊娠3カ月ぐらいになったときふと、「開業しよう」と思いつき、開業することにしました。夫は寝耳に水だったからでしょう。「本当に開業するの」と何度も聞かれました。ですが、私のやりたいことなので、ちゃんとサポートしてくれる人だったので安心して開業準備を進めることができました。

実は医学部に進んだときも、当初から「医師になりたい」という思いがあったわけではなかったのです。「手に職があればいいな」と思い、指定校推薦で医学部に進学しました。皮膚科を選んだのは、皮膚科の仕事が面白いと思ったから。例えば内科であれば検査しないと病名がつきません。ですが、皮膚科は診察すると病名がつき、すぐ治療に入れます。そこに面白みを感じたことと、結婚が決まっていたこともあり、当直があまりない科ということもあり、皮膚科を選びました。

出産半年で開業。最初の1年は集患に苦労

子どもを産んで半年で開業できたのは、夫のサポートがあっただけではありません。私の両親が全面的に協力してくれました。というのも子どもが生まれた年に父が定年退職したので、私が診療している間は、父に子育てを任せることにしました。母は飲食店経営の経験を活かして、当院の受付を担当してくれました。

最初の1年は患者さんがこなくて苦労しました。患者さんが来ない時間、教科書を読んだりして勉強する時間に充てていました。一方、受付を担当している母はチラシを作って、ポスティングをしてくれました。それが功を奏したのでしょう。私と同世代の子どもを持つ女性が来院し、その方の夫、親というように、口コミでどんどん患者さんが増えていき、1年を過ぎるころには軌道に乗りました。

ポスティングに加え、患者さんが増えたもう一つのフックとなったのが、強酸性水を無料で配布したこと。強酸性水は殺菌・化粧水作用のある美肌の水。歯科医の姉が「皮膚にもいいらしい」と教えてくれたのです。今ではスーパーなどでも無料で水がもらえるので珍しくないかもしれませんが、当時は「無料で水がもらえる」ことも珍しく、

CHIKAKO NAKASHIMA
「美」はコミュニケーションのスタートにとても大事な要素です。私は、その、とても大切なスタートに「美」を提供することで、一人一人の人生に貢献します。
肌が綺麗になると嬉しくなり、心から明るく笑顔になれます。
「あらゆる皮膚トラブルの解決により、一人一人が潜在能力を発揮できる社会を作る」ことをミッションに、肌だけではなく、心も体も綺麗になるサポートをすることを目指し、中島皮膚科グループでクリニックなどを経営しています。また、精神的・経済的に自立できる女性育成や障害のある方のサポートをしてゆきたいと思っています。休日は、温泉に行ったりグルメ会に参加するのが好きで、世界遺産巡りが夢です。

それも来院者を増やすことにつながったのだと思います。その他、ブログで積極的に発信したのも良かったのだと思います。だんだん見てくれる人が増え、それも患者さん、来院者に結びつきました。

美容皮膚科を始めた きっかけは患者さんからの声

現在は、ニキビ・アトピーなどの一般皮膚疾患の診療業務を中心に、美容を目的とした美容皮膚科に従事する一方で、4年前からは医療とエステを融合させた「美肌サロン」をプロデュース。昨年の3月に「アイムビューティーメディカルクリニック」、今年1月に男性向けアートメークを提供する美容クリニック「メディカルフォーメン」をオープン。美容皮膚科を始めたきっかけは、エステをしている患者さんからケミカルピーリングを教えてもらったことがきっかけでした。皮膚科医として美容医療に携わるのなら、効果があるものでなければなりません。そこで効果のあるニキビのケミカルピーリングから始めることにしたのです。ニキビで悩んでいる患者さんにケミカルピーリングを施したり、さらにシミで悩んでいる年配の患者さんにシミ治療を施したりすると、キレイになった姿を見て笑顔になるんです。そこにやりがいを感じ、力を入れるようになりました。

予防が大事という観点から メディカルエステを提供

ですが、美容皮膚科はシミやくすみ、ニキビなどができた方が来られます。せっかく治ってもうまくケアしなければ、また肌の状態が悪くなってしまいます。そうしないためにはエステが必要です。そこで立ち上げたのが美肌サロンです。メディカルエステとは医師の監修の元に行うエステのこと。現在、美肌サロンは本院の近くにある赤羽店のほか、東中野店（東京都中野区）、白金高輪店（東京都港区）を設けるなど、フランチャイズ展開も始めています。

コロナ禍で365日休みなく 働いていたワケ

コロナ禍はさまざまな業界・業種に影響を及ぼしました。本院も診療に訪れる方は多少減りましたが、私自身は非常に忙しく過ごしていました。一番の要因は新しくクリニックを立ち上げたこと。昨年の3月に「アイムビューティーメディカルクリニック」、今年1月に「メディカルフォーメン」とあえてコロナ禍にオープンしました。さらにオンライン診療の仕組みを導入していたことがコロナ禍ではタイムリーな診療となりました。皮膚科は目に見える疾患のため、人前に出たくないという人も少なからずいます。そういう患者さんのニーズに寄り添う仕組みとしてかなり前から運用していたのです。ビデオ通話で対話し、患部の写真を送ってもらったりして診療しました。処方箋も配送することができるので、自宅に居ながらにして来院しなくても加療できる仕組みを導入。そのためコロナ禍においては複数のお医者さんから、オンライン診療に関する質問や問い合わせなどをいただきました。

コロナ禍でも通常通り、対面で診療して欲しいという患者さんもいます。一般的に皮膚科というと待合室で待たされるというイメージがあるかと思いますが、当院では以前から優先予約制を採用し、待合室が混雑しない状態をつくってきました。コロナ禍ではその予約数を削減。受付には飛沫感染対策としてアクリル板を設置したり、支払い手段にスマホ決済を導入したりして、できるだけ非接触な環境をつくることで、患者さんが安心して来院できるようにしました。

開業医は経営者。そのため 知識習得も欠かさない

医師として心がけていることは、患者さんがどんなことに悩んでいるのか、気持ちを理解してあげられるよう、話を丁寧に聞くこと。小さい頃から人の話を聞くことが好きだったので、これは私の得意分野と言えるかもしれません。開業医は医師という顔だけではなく、経営者という顔も持っています。今赤羽には受付4人、看護師4人、エステティシャン4人、泉岳寺には受付2人、看護師4人、エステティシャン2人、中野は受付一人、看護師2人の合計3人で運営しています。このようにそれなりの人数の人材を雇用しているので、経営がうまくいかず、万一、クリニックが潰れることになったら、その人たちにも大きな影響を与えてしまいます。開業医は経営や人事、労務、経理、マーケティングなど、ビジネスパーソンとしての知識も不可欠なんです。そのための勉強をするため、M・A・Fに参加しています。M・A・Fは開業医による開業医のための日本最大のコミュニティ。同コミュニティが開催している3カ月に一度の経営セミナーに参加しています。集患、仕組み化、スタッフ教育、権限委譲、ブランディング、ES（従業員満足）向上、リーダー育成、時間管理というコンテンツが用意されており、学んだことがちゃんと理解できているか、小グループに分かれて発表する機会も提供されているのもいいところです。

〝おまた〟エステなど フェムテック分野に力を入れたい

これからもやりたいことはたくさんありますが、今、最も注力したいと思っているのがフェムテックです。フェムテックとは女性が抱える健康課題をテクノロジーで解決する商品やサービスのこと。美容産婦人科といった方が伝わりやすいかもしれませんね。今泉岳寺ではフェムテック分野の施術の提供を始めています。その一つが外陰部エステや膣のオイルマッサージという、女性のデリケートゾーン（おまた）の悩みを解消するエステ。またまた骨盤低筋群を鍛える治療では、尿漏れ、ダイエットのしすぎで流産しやすいという人の悩みの解消をサポートします。特に前者の〝おまた〟エステは日本の女性に広めたいと考えており、洗浄剤や、非生理時に使用する布ナプキン、膣オイルなどの商品開発を進めています。正しい知識を提供するための電子書籍の出版も考えています。

異なる業界の人たちと対話、人と人とのつながりを大事に

それほど大きな苦労をすることなく、今に至った私ですが、子どもが小学生の時一度だけ、異業種のセミナーや勉強会に通ったことがあります。そこにいたのは考え方の違う人たち。その人たちに相談することで新しい発見がありました。グルメ会や日本酒会、ワイン会などに参加しているのですが、自分とは異なる業界・業種の人たちとの話は視野を広げます。そして人と人とのつながりを大切にする。そういう人とのつながりがあれば、何か困ったことが起こっても一人で抱えることなく、相談できると思うのです。

最後に女性が自立するためにも、もっと起業して欲しい。そういう人たちを医師、経営者として応援したいと思います。

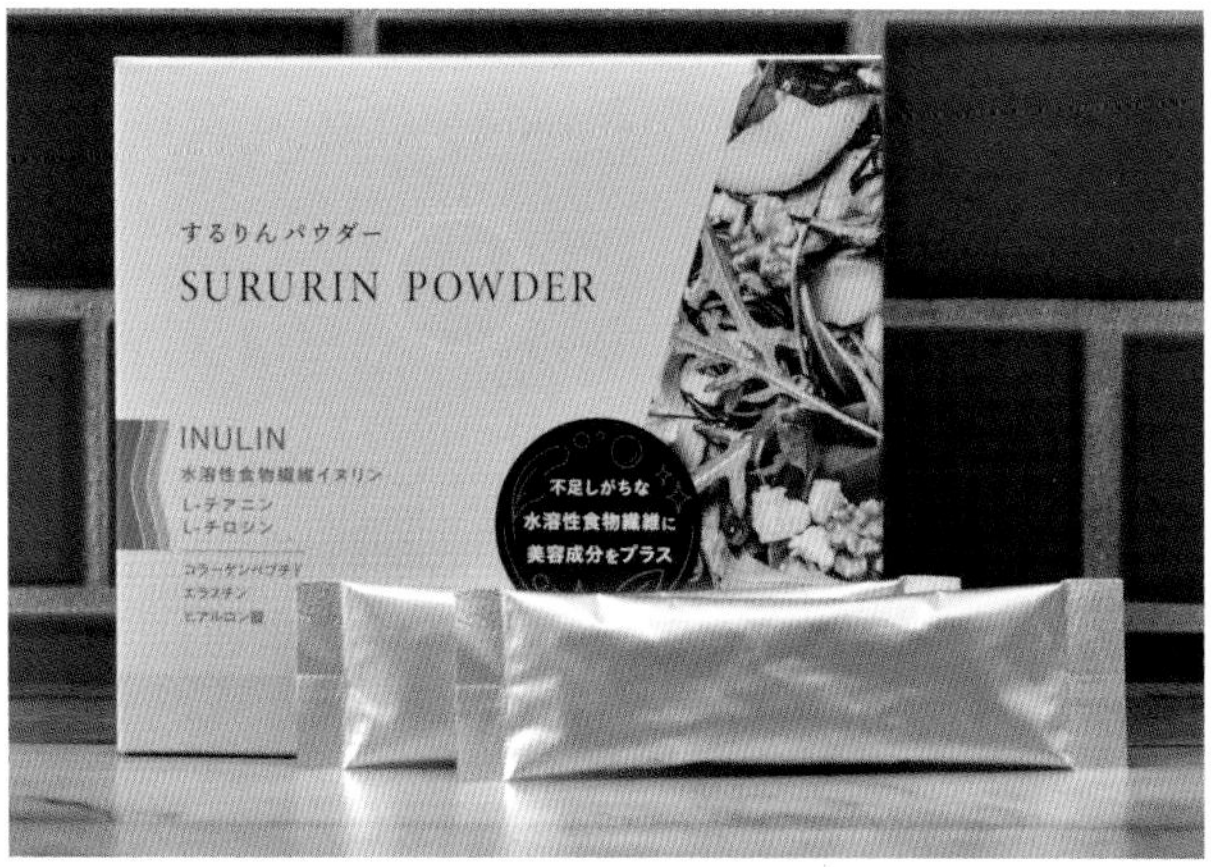

（上）いつも素敵な笑顔の中島知賀子先生
（左下）出張看護サービスの画像（中央下）プレミアムオールインワンエッセンス
（右下）するりんパウダー

COMPANY DATA

会社名：医療法人社団　彩祥会
代表者名：理事長兼院長　中島知賀子
所在地：東京都北区赤羽 2-23-2
業種：医療・エステ
事業内容：中島皮フ科・AIM beauty medical clinic・Medical 4 m en clinic・東中野 PCR 検査センター・美肌サロン produced by nakashimahifuka・放課後デイサービス　サポート・障害者グループホーム事業・“美と健康”出張点滴サービス
メールアドレス：saisyoukai.ryang@gmail.com

WEBSITE・SNS

a.lino
代表
中嶋飛鳥

もう「9K」なんて言わせない。
美容看護師の地位向上を目指して

汚い、危険、休暇が取れない、規則が厳しい……
「3K」を超えて「9K」とも「14K」とも呼ばれる看護師。
医療の最前線にいる彼女たちが少しでも楽しく働ける社会を作りたい
中嶋さんは目標を掲げ、邁進しています。

看護師だからできる、看護師へのサポートを目指して

仕事において私が何より嬉しいと思うこと。それは、クライアントから
「飛鳥さんだからお願いしたい」

「飛鳥さんにお願いしてよかった」

「飛鳥さんに出会えてよかった」

そう言ってもらえることです。そのためにはまず、自分のできること、自分のできないこと、自分のやりたくないことを軸に自己を分析。自分自身の強みを、自信を持って提供できるようにしています。また「飛鳥さんだからこそ、一緒に組んで仕事がしたい」と言ってもらえるような、唯一無二の存在になれるように日々アンテナを広げ知識・技術のアップグレードをしています。こう考えるようになったのは「プロフェッショナル＝対価を得ること」だと考えているため。お悩みを抱えていらっしゃる方にお話を伺うと「資格を取得して実際にサロンを始めたけれど、お客様から相当の対価をいただくことができない」「いつも割引ばかりで最終的にはボランティアのように対価がゼロになってしまった」と、知識や技術の提供をしているにも関わらず対価をいただけていない方が多くいらっしゃいます。対価がなければビジネスは成り立ちません。プロとして提供する価値に対して対価をいただくことは大切なこと。プライドをもって仕事ができるよう、ご自身がプロフェッショナルとなられるよう指導をさせていただくとともに、私自身もプロフェッショナルとして、進化を止めないよう努力を続けているのです。


「中嶋さんって、いろいろなことをやっていて、本当は何をしている人なのか分からない」などと言われることもありますが、現在私が行っているのは、

・一般向け講師事業
・医療従事者向け講師事業
・自費診療運営サポート事業
・皮膚科、美容皮膚科運営サポート事業
・ブランディングサポート事業
・マーケティングサポート事業
・美容看護師育成事業
・美容カウンセラー育成事業
・看護師起業サポート事業
・メイクアップアーティスト事業
・モデル、タレント育成サポート事業

になります。同業他社との大きな違いは、現役看護師としてリアルな実践の知識・技術の提供を行うこと。また、豊富な資格（50種類以上の資格を取得しております）や、これまでの経験によりご提案できる知的創造力の幅だと感じています。

また、私自身がモットーとして行っているのは「プラスワンのギフトを送

ASUKA NAKASHIMA

自分自身の肌コンプレックスを医学的エビデンスをもとに綺麗にしたいと思ったことをきっかけに美の道に志しました。

出逢った方を心も身体も綺麗に輝かせたいと多様化されたお悩みに答えるべく必要だと感じたものはすぐに専門性を追究し、１０年間国内外で、約50個の資格を活かして活動してきました。

自身の専門性とプロデュース力を活かすべく現役看護師として美容看護師の育成を行なっています。

また、モデル・タレント・コンテスト経験を活かし、次世代育成として内外面の美にも力を入れて指導しています。骨格メイクや艶肌メイクを得意とし、現在は女体書道®専属メイクアップアーティストとしても活動中です。

る」ということ。治療中や施術中に行うのですが、相手に触れ、話し、声や肌質、髪質などすべてを見て、例えばたんぱく質が足りなさそうであれば食生活に関するアドバイスを行うなど、医師には出来ないギフトを行っています。看護師と医師との大きな違いは、医師は〝病〟を見ますが、看護師は〝人〟を見るということ。誰かのためにお役に立つことがプロの看護師だと思っていますので——私の天職なんでしょうね。看護師って。

事業の柱となるのは美容看護師の地位向上と〝嘘〟の払拭

様々な事業を行う私ですが、一貫して言い続けていることが3つあります。ひとつは【あたりはずれのないクリニックを作りたい】ということ。お客様からのお声として「あのクリニックは良かった／ダメだった」というものがありますが、美容医療業界全体を活性化させていくためには、そうしたことは本来あってはならないこと。お客様からの満足度は、接客ひとつで大きく変わりますので、医者はもちろんですが、美容看護師ひとりひとりがモチベーションを上げ、スキルを磨くことでそうした声をなくすことができるはずなのです。

ふたつめは【胡散臭い人・ペテン師をなくしたい】ということ。美容と健康についてはともすればあやふやな情報が多く、上澄みだけを見て語られてしまうことがあります。本来美容と健康は切り離せないもので、健康があって美容が成り立ちます。しかし、美容だけが独り歩きしているのが現状で、胡散臭い情報をまことしやかに語り、明らかに効果が無い製品を売ってお金を荒稼ぎしている方が多いもの。そのためにエビデンスがあり、本当に効果がある製品が風評被害を被ってしまうこともあるのです。正しい情報を届け、正しい知識を消費者が選択できるよう、美容業界の暗部を正していきたい。これが私の信条でもあります。

そして3つめ。これは現役看護師として働いていることもあってことさら声を大にして言いたいことなのですが【「看護師」という幸せのパスポートを取得した有資格者の皆様が、多様性を活かして活躍できる社会を作りたい】と考えています。看護師と聞くと、きつい、厳しい、大変なのに給料が安い、そういった汚れ仕事のように思われる方もいらっしゃることでしょう。でも看護師はなくてはならない仕事であり、プライドをもって働いていらっしゃる方も多いもの。「看護師＝ブラックな仕事」ではなく、様々な活躍の場があり、高給を稼いでいる方もいらっしゃいます。そうした「事実」を看護師の皆さんにお伝えし、いきいきと働いていけるよう、社会の仕組みはもとより、モチベーションを高めていきたいと思っています。

また、そうして看護師のモチベーションを高めるとともに、地位向上も目指していきたいと考えています。とくに「美容看護師」は、まだまだ言葉自体になじみがなく、私自身「病棟で通用しなかったクズ看護師がなるものでしょ？」などと言われてとても悲しい思いをした経験があります。美容医療はきらびやかで、通常の病棟で働く看護師さんから見たら「ラクしていてずるい」と思うのかもしれません。でも、美容看護師には専門のスキルが必要ですし、それと同時に接客のスキルも兼ね備えています。決してラクなものではありません。こうした負のイメージを払拭するためにも、正しい情報を広めていきたいと思っています。

現役看護師だからこそできることをしたかった

幼少期から祖父母や父など起業している人が周りに多く、起業自体について特別なものと考えたことはありませんでした。かといって、どこかの企業に就職して働くことが「当たり前」という考えもなかったように思います。看護師として働き、その後、私のスキルが必要だと言われた際に「だったら会社にしないとダメなのかな？」くらいの気持ちで起業したように思います。対価が発生する時点で制度の問題として、開業届を出さなければいけないとの認識でしたからね。「起業しよう！」と一大噴気したのでなく、困っている方が目の前にいて「私だったら〇〇のお手伝いができます」と伝えたそのひと言で「じゃぁ、この期間で、これくらいの報酬でお願いできる？」と言われたことが、起業のきっかけと言えばきっかけでしょうか。

ありがたいことに、とてもたくさんのお仕事を頂いています。周囲の方に恵まれたということもあるのでしょう。また、情報がある時代に生まれたことも、助けになっていると思います。今やインターネットで調べればどんなことも分かりますし、無料のコンテンツで学ぶことができます。こうしたありがたい時代に生まれたことを強みにしたことで、ストレスなく起業できたのかもしれません。

美容看護師に向けた「教科書作り」も野望のひとつ

これを言うと驚かれることが多いのですが、私は誰からもビジネスを教えてもらったことがありません。起業し、仕事を順風満帆に行えている理由は「看護師として学んできたすべてが仕事につながっている」ことにあると信じています。

看護学校に通われた方ならご存知かと思うのですが、看護学校では「関連図」の作り方を学びます。関連図というのは、患者さんの病態や家庭環境、生活環境など様々な情報を書き出し、矢印でつないだシステムリソースのようなもので、関連図を書き起こすことで、それまで見えなかった病気の原因や、今後の看護の方向性などが見えるようになるのです。私は関連図を作れることが、他の誰にもまねできない看護師ならではの強みだと思っています。なぜなら、関連図の中身をそのままビジネスシーンに置き換えることができるからです。今までやってきたこと、先生が教えてくれたことを、すべてビジネスに転換すればいいだけ。自分の未来のために関連図を描き出し、それに沿ってビジネスを展開すればいいのですから、看護師ほどビジネスに向く職業はありません。

もちろん、足りない面も多々あります。そこで近々の目標として、美容看護師の皆さんに向けた教科書を作りたいと思っています。患者さんがクリニックに来てお帰りになるまでの一連の流れの中で、大切にすべきことがたくさん存在します。言葉遣いはもちろんですが、電話応対、お会計など様々なシーンに対応しなければなりません。問診票を手渡す所作ひとつとっても、バインダーに手を添える、目線を下げて寄り添う、そうした接客スキルについて学べる機会が少ないのが現状なのです。また、医師の補助だけではなく、悩まれているお客様への提案力なども鍛えなければならないのですが、「見て覚えろ」と突き放されてしまっています。そうした部分を改善し、ひとりひとりが輝きながら働ける場を築いていければ——看護師の、そして女性の、未来が明るく拓けるものと信じています。

（左上）ニューヨークにてメイクアップコンテストに出場、上位入賞　（右上）国内メイクアップコンテストにて上位入賞作品
（左下）福島の方々をアートで勇気付ける活動を行っている　（右下）お子様にも優しく語りかけ、丁寧にネイルを施す“飛鳥さん”

COMPANY DATA

会社名：a.lino
代表者名：中嶋飛鳥
所在地：東京都
業種：医療関連専門サービス業
事業内容：一般向け講師事業 / 医療従事者向け講師事業 / 自費診療運営サポート事業 / 皮膚科・美容皮膚科運営サポート事業 / ブランディングサポート事業 / マーケティングサポート事業 / 美容看護師育成事業 / 美容カウンセラー育成事業 / 看護師起業サポート事業 / メイクアップアーティスト事業
メールアドレス：a.lino.asuka@gmail.com

WEBSITE・SNS

糀 ASOBI

オーナー

中山　緑

日本古来の発酵食文化を継承していきたい

こだわりの富山県産素材と日本古来の糀を使った洋菓子が
話題の糀スイーツ専門店「糀 ASOBI」。
コロナ禍でお取り寄せグルメの需要が高まる中、
ますます注目を浴びています。
オーナーの中山緑さんに糀スイーツを
考案した経緯や今後の展望について伺いました。

糀との出会いは妹のお土産がきっかけだった!?

子どもが生まれたのをきっかけに、家族の食事に気を遣うようになりました。そんな中、発酵について学べる「発酵食大学」に通っていた妹が、塩糀につけた豚肉を自宅に持ってきてくれました。それを焼いて食べてみると、普通の豚肉なのに、柔らかく旨味もあって、衝撃的な美味しさでした。そして、すぐに発酵食大学の事を調べ、入学を決めました。

和食の調味料として使われている醤油、味噌、味醂や酢などが、全て糀から作られていることを知り、その奥深さに驚きました。また、たまたま姪の付き添いで行ったスイーツ専門学校で世界的パティシエ・辻口博啓さんが綺麗なケーキを作っておられ、「茶道や華道のように『菓子道』があってもいいのではないか」という、ご自身のお考えを聞かせて頂き、一流で活躍されていらっしゃる方の発想力に感銘を受け、「私も何かスイーツを作ってみたい!」という衝動に駆られました。その際、何か日本にしかないものを使いたいと思い、浮かんだのが糀でした。

糀は美味しいだけじゃなく、体にもやさしい!

昔は冷蔵庫がなかったため、保存食としての発酵食文化が主流でした。塩を多く入れて発酵させて漬物にしたり、糀と大豆等から味噌を作ったりしていました。近年では腸内環境を整えるなど、その機能性もフォーカスされ、見直されていますよね。糀には酵素がたくさん含まれていて、たんぱく質を分解してアミノ酸等の旨味成分にしたり、でんぷんを分解してブドウ糖にしてくれたりします。普通に食事を摂ると、唾液で消化され、胃液で消化され、腸内でも消化され……という工程が体内で行われるのですが、それらは体に負担がかかります。でも、糀を使えば酵素の働きでそれらの工程を、食物に対して事前消化してくれて、体に負担をかけずに栄養素を摂取することができます。

１０００人以上が試食!? ４年の歳月を経てロールケーキが完成!

当店で一番人気のロールケーキの素材には、とことんこだわっています。いろいろなものを試した結果、地元の富山にはたくさん美味しいものがあることが判りました。米粉だけで15社くらい試し、黒部のコシヒカリを使っています。卵は、富山県産の米粉を食べて育った鶏のもの、塩は水深３３３ｍからくみ上げた海洋深層水から作られたもの、豆乳は世界遺産・五箇山の名物である堅豆腐のものと厳

MIDORI NAKAYAMA

出産を機に、食の大切さに気付き、日本古来の糀の魅力にたどり着く。

発酵食大学（石川県金沢市）にて、発酵全般を学び、糀を使ったスイーツを世に広めよう！と思い立ち、起業を決意。４年間の試行錯誤の月日をかけ、およそ1000人に試食してもらい、2017年３月に塩糀ロールケーキ専門店「糀ＡＳＯＢＩ」をオープン。

持前のガッツとアイデアの豊かさで、子育てとお店の切り盛りの両立に専念し、商品の幅も順調に広げる。また、その味覚のセンスの高さから、地元の方々をはじめ、食への意識の高い全国の方々に好評を博している。

選品ばかりです。そして肝心な糀は、北陸唯一の種麹屋「石黒種麹店」のものを使用しています。江戸時代から続く一子相伝の技は日本最古のバイオテクノロジーといえる特別な糀だと思います。

ただ、素材が決まっても、もっと美味しくするには、何をどう変えればよいのか試行錯誤の日々は続きました。ありがたいことに、たくさんの友達や知り合いに試作品を食べていただける機会に恵まれました。「おいしいね」と言ってもらえるのですが、それに甘えてしまうと進化できないので、毎日毎日作って、試作品は３００本を超えました。おそらく１０００人以上に食べていただいたと思います。オープンしてからも、クリームの配合を少し変えるなど、試行錯誤の日々は続きました。そんな時、たまたまホテルニューオータニの総料理長をしていらっしゃった伊佐シェフという方に食べていただくご縁に恵まれました。なんと95点という高評価をいただき、「やったー！」と嬉しくなったのですが、冷静に考えてみると「あと５点足りない！」と思い、伊佐シェフにその点を伺ったところ、「せっかく糀を使っているのだからクリームの色を真っ白にしたら？」とか「生クリームのパーセンテージを少しずつ下げて、生地とクリームがきちんと溶け合うところまでやってごらん」などと具体的なアドバイスをいただけ、やっと完成形にこぎつけました。なかなかそういった方に食べていただく機会はないので、本当にラッキーだったと思います。

当店のオープン前後は子育てとの両立が大変！

子どもが３人いるので、２０１７年３月の当店のオープン前後は仕事と育児の両立が一番大変でした。それまで専業主婦をしていたので、子ども達は私にべったりでした。

子ども達中心の生活が１８０度変わり、オープン当時は開店時間の10時に間に合うように、朝３時くらいに起きロールケーキ作り、上の子の小学校の準備や、下二人の保育園の支度と時間がバラバラなのでスケジュールを組むのに苦労しました。私の体も当店のオープン1週間くらいでヘトヘトになってしまいました。子ども達は寂しくて泣くし、一番上の子は「ママは仕事、仕事、仕事！」と言うようになってしまって……。私の母はもう亡くなっていて頼れず、頼みの綱にと思っていた義母も前年に急逝していました。主人は、全国各地への出張で忙しくしていたのですが、私の状況を見て、半年くらい仕事をセーブして子育てを手伝ってくれました。店頭にも立ってくれて、本当に感謝しかありません。

人との出会いに恵まれていると

実は、幼いころは歌手を目指していたこともありました。ＮＨＫのど自慢に出場し、チャンピオン大会に出させていただいたこともあります。有名な作曲家の先生にスカウトされたこともありましたが、両親の反対があり歌手にはなれませんでした。それを後悔してくすぶっていた時期もありましたが、状況を受け止めて、次につなげてもっとよくなりたいという思いが人より強いと思います。そして、先程述べた辻口さんや伊佐さんなど人との出会いにもとても恵まれていると思います。

出会いといえば、当店を開業したいと思っていた時期に「子どもがいるからどこまでできるかはわからない」という趣旨のことを、ある方にポロっと言ってしまったことがあり、「今の一言でダメなイメージがつくよ」と言われてしまいました。ハッ！としましたね。それからは一切、「子どもがいるから」とか「主婦だから」とか言い訳をしないと決め、ずっと前に突き進むと決めました。そう決めると物事がすごいスピードで進み始めました。これも一つの出会いだし、いいお言葉を頂戴したとありがたく思っています。

お取り寄せスイーツの富山県代表！に選ばれました

先ほどお話した厳選素材のほか、当店のお菓子にはすべて糀を使用していること、なるべく食品添加物を使用しないこと、グルテンフリー（小麦粉不使用）であることが他店と大きく違う部分です。その思いがお客様にもご理解いただけたようで、先日は地元富山の北日本放送にスイーツお取り寄せ企画の富山県代表に選んでいただき、取材をしていただきました。「素材がいい」というご意見が多かったそうで、妥協せずにこだわってきて本当によかったと思いました。

コロナ禍でお取り寄せグルメの需要は３倍くらいになっているそうで、今日も東京の雑誌にお声がけをいただきました。アフターコロナにおいても、お取り寄せ文化は定着していると思いますので、より一層ＥＣサイトでの販売を強化していく予定です。

糀は日本にしかない日本独自の文化です

私の座右の銘は「情熱さえあれば不可能なし」という言葉です。何かを見つけたときはつかめばいいし、それをとことんやりきることが成功の道だと思っています。私がやりたいのは糀の発酵文化を絶やすことなく伝承していくこと。今ご好評いただいている糀を使ったロールケーキは、糀を伝えるための手段のひとつです。今後も糀や発酵食のよさを伝えていきたいので、生産を増やすべく、来年あたりに工場を建てる計画があり進めているところです。2階をスクールにして、食の大切さや発酵食品と糀を使った料理の啓蒙をするためのスクール事業を手掛けたいと思っています。発酵調味料やペットフードの開発、移動販売、ケータリング事業などやりたいことはどんどん出てきてしまいます（笑）。

また、海外の料理でも糀を取り入れるとより美味しくなるので、海外で糀を紹介して、いろんな国の方に日本の良さを知ってもらいたいという思いも強いです。それは糀が日本にしかない日本の文化だからです。何十年後かに糀の文化が家庭に根付いていたら嬉しいですし、そうなるようこれからも邁進していきたいです。

高道ロール：こだわりの富山県産素材を使って1本1本丁寧に焼き上げた、無添加で甘さ控えめ、しっとりふんわり柔らかい"極醸"の塩糀ロールケーキ

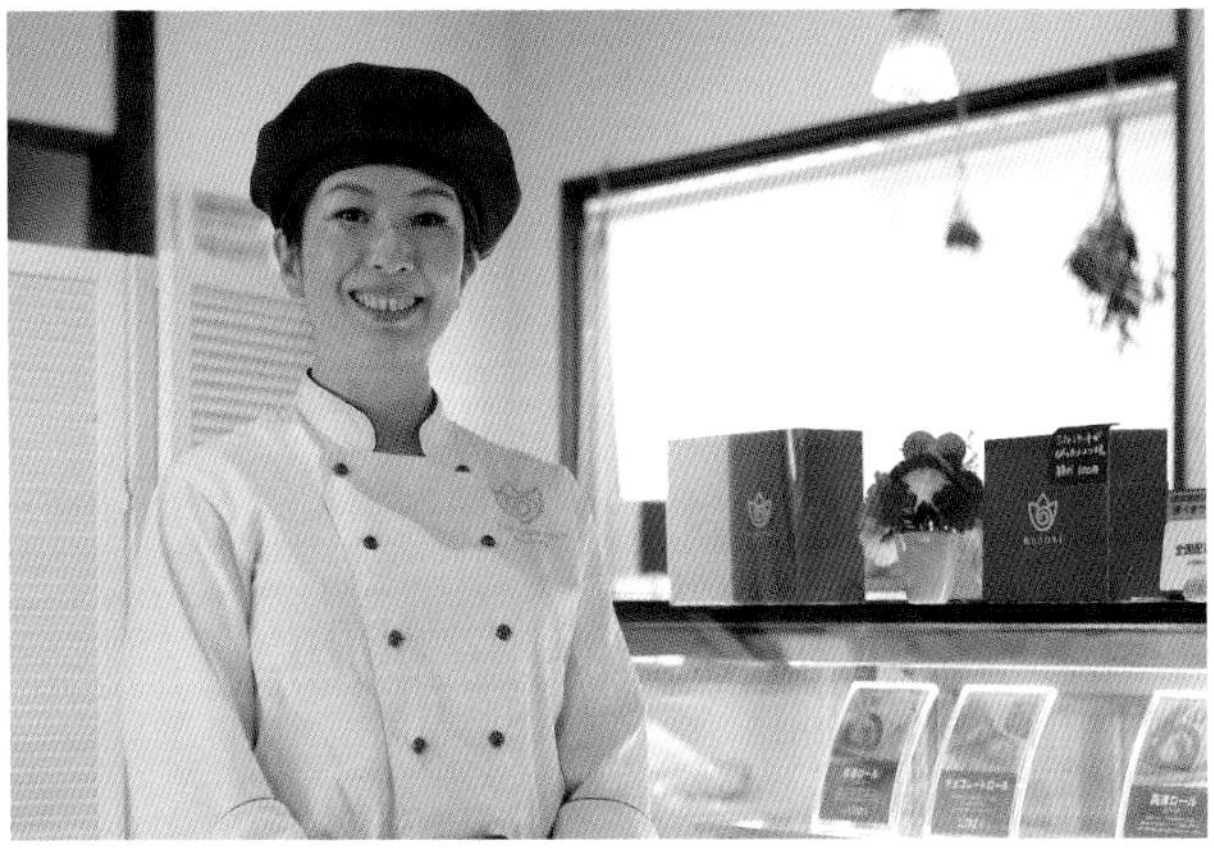
コロナ禍でも遠方からのお客様も多く、笑顔でおもてなしをする中山緑さん

高道プリン：富山県産米を食べて育った鶏の卵、富山県産牛乳、特製の米麹から作った"甘酒"がたっぷり入った栄養満点のプリン

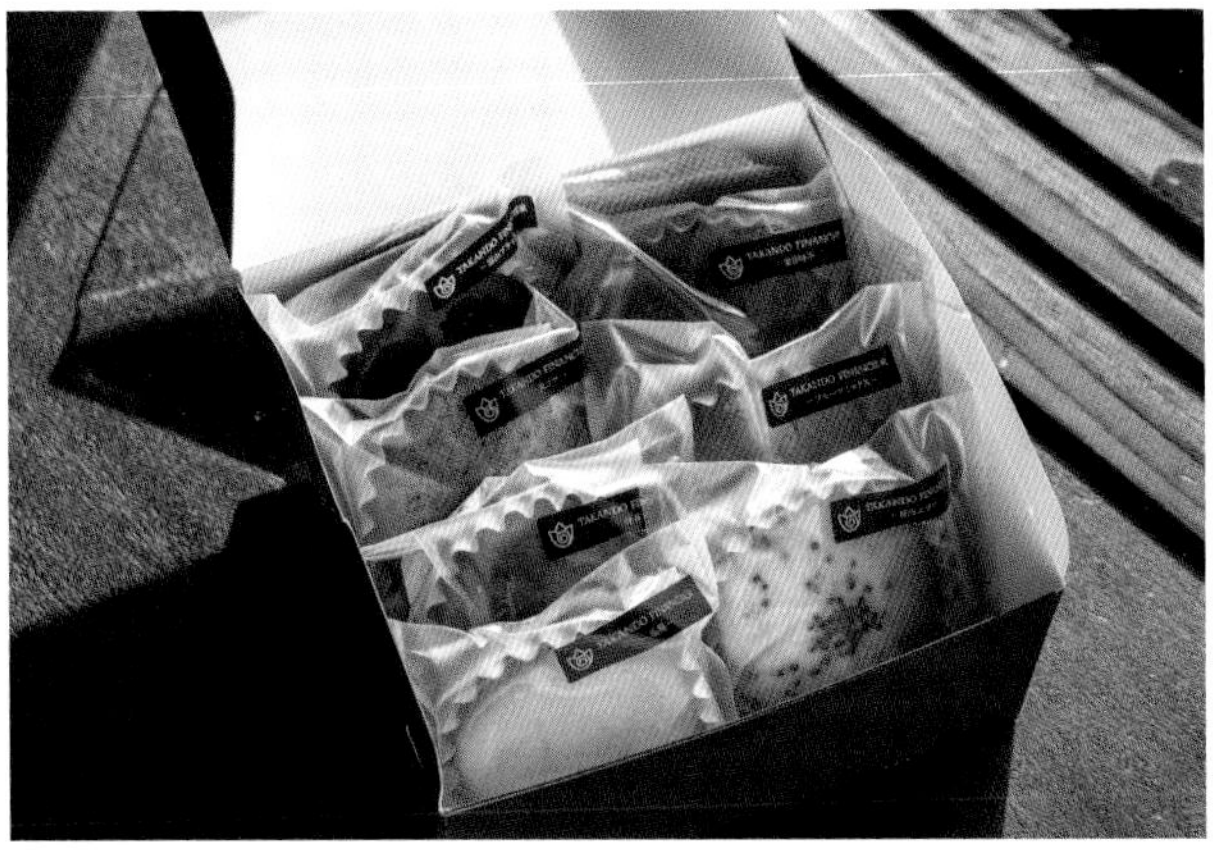
高道フィナンシェ：バターを使わず、米粉と米油でしっとり焼き上げた、米糀と厳選した富山県産素材を使用した焼き菓子

COMPANY DATA

会社名：糀 ASOBI

代表者名：中山　緑

所在地：富山県砺波市高道 53-2（OPEN：10:00 〜 15:00　CLOSED：月曜日）

業種：製菓業

事業内容：菓子製造・販売

メールアドレス：kojiasobi@kojiasobi.jp

WEBSITE・SNS

Esplendor88／王妃覚醒アカデミー主宰

代表
エスプレンドールフミコ

ひとりひとりが本来持つ輝きを取り戻すサポートが使命

自分の人生のかじ取りを他人にまかせず、自分の力で生き、自分に望むことを許し、人生を謳歌してほしい——その人らしい輝きを放つための〝気付き〟を与え、変化を促すこと。それがエスプレンドールフミコさんの使命です。

どんな女性も、自ら輝く才能を持っている

辛い思いをしている方、苦しい思いをしている方、自分に自信が持てずにいる方……この不遇な世の中で、悩みを抱えている女性はたくさんいらっしゃいます。でも、どんな女性もその内面には何かしら輝かしい才能を持って生まれてきています。そのことを自覚していただき、誰かの人生ではなく自分自身の人生を生きていただくこと、それをサポートするのが私の仕事であり使命であると信じています。

現在、私の仕事はビジネスやライフスタイルのコンサル業と、エジプトに関連したアイテムの販売業、このふたつを柱にしています。コンサル業では「王妃覚醒アカデミー」をメインに、心理学、量子力学、脳科学をベースに潜在意識の書き換えなどを使ってマインドをリセットしつつ、オリジナルのサービス構築からブランディング、SNSを使った集客の仕組み化まで全面的にサポートをするマンツーマン講座を行っています。他のコンサルとの違いとしては、ビジネスのやり方を単純に指導するのではなく、どうやったらその人らしく光ることができるのかを常に念頭に置いて行っているということ。そのために、なぜ？　どうして？　いつからそうなった？——そうした会話をたくさん行い、聞き取りし、掘り起こし、内面を探り、ひとりひとりが本当に欲していた言葉や、必要な解決策を提案させていただくのです。また、数秘術を使って、本来持っている素質などもお伝えし、そこからブレているから苦しくなっていることなどもアドバイスさせていただいております。

ビジネスというのは、仕組み作りがとても大事ですが、それ以上にマインドが大事。多くの方から「エスプレンドールフミコさんのようになるにはどうすればいいですか？」と聞かれるのですが、その際はマインドをリセットし、本当に自分の魅力を引き出す方法をお教えしています。またパートナーシップに詰りがある方も多く、そういうプライベートな部分の解決策も提案して、ビジネスが向上するようサポートしています。潜在意識を掘り起こし、心地よい形に上書きし、整えていく。私独自のメソッドで数秘鑑定も含めるとこれまで300人以上の方を見させていただいていますが、多くの方に喜んでいただいております。

エジプト好きが高じ、仕事の一環に

もうひとつの柱となるのは、エジプト香油、オリジナルアクセサリー、エジプトドレスの通信販売です。小さい

ESPLENDOR FUMIKO
（沼尻芙美子）

ネットショップにて、数秘術を使ってその方のカラーを導き出し、才能を引き出し幸運を呼ぶオリジナルのソウタシエアクセサリーを制作・販売している。また、最高級レベルのエジプト香油やエジプトドレスも販売。コンサルタント、コーチとしても、【王妃覚醒アカデミー（女性限定講座）】を主宰し、日々多くの方のサービス構築や導線整理・構築、その方の素質や才能、経験を活かした自分ビジネスのサポートを行っている。また、女性に人気の【リッチLife数秘ごきげんライフコンサルタント養成講座】を開講している。自身も、半年に1回エジプトを旅し、人生を謳歌し、【本来の自分を生きる】を提唱中。

頃からなぜかは分からないのですがエジプトが好きで、エジプトの遺産を紹介する本を、手垢が付くほど読み込んでいました。好きが高じ、エジプトに関わるものを販売するに至ったのです。

エジプト香油はまだまだ日本ではなじみが少ないものですが、香水のように揮発性の強いアルコールを使わないため、香りが長く続くことが特徴になっています。自然素材で作られ、大変濃厚です。古代エジプトにおいて香油は「魂の食事」と呼ばれていました。また、エジプト香油は、ブレンドレシピが壁画やヒエログリフ記されているとのことで、当時はファラオや位の高い人しか使うことができませんでした。取り扱っているのは、アラブの王族御用達の香油を取り扱っている一般社団法人日本香油協会認定の最高級レベルのものですので、安心してお使いいただけます。アクセサリーは「Soutache（ソウタシエ）」と呼ばれるヨーロッパの伝統的な紐飾りのピアスで、「Soutache d'UDOU」というアトリエを営む佐藤加奈さんにオーダーし、ひとつひとつ手作りしていただいております。色使いやデザインなどは数秘術での鑑定と私自身に降りてきた感覚をもとにしてご提案させていただいています。幸運を引き寄せたい、ステージを高めたい、そう願う女性から多くのオーダーをいただいています。

エジプトドレスは、私自身が単純にゴージャスで「色鮮やかなもの」が好きで取り扱うようになりました。すべて現地から買い付けていて、すべてがオンリーワンのものになります。色にはパワーがあり、そうしたパワーにあふれたドレスを身に着けることで、女性にエネルギーがもたらされます。また、美しいドレスをまとうことでモチベーションが高まり、自分を好きになれるとともに、自分自身を認めることができるようになります。不思議なことに、自分を認め、自分らしさを取り戻すと、周囲で起こることも変わっていくんです。オカルトのように感じられるかもしれませんが、これらはすべて現実のこと。お客様の中には、実際に着られる方はもちろん、飾って楽しまれている方も多くいらっしゃいます。現在はコロナ禍で自身で買い付けられないのが悩みの種ですが、世界が落ち着いたら、さらに素敵なドレスをたくさん皆様にお届けしたいと思っています。

アスリートから教師、そして今の〝私〟へ——

高校、大学、社会人と、私は長きにわたってフェンシングの選手として活動してきました。大学は日本体育大学に進み、卒業後は教師になろうと思っていたのですが、フェンシングという競技が特殊なこともあり、採用試験になかなか受かりませんでした。役所の臨時職員として働いたり、エアロビクスのインストラクターをしたり。その間もフェンシングは続け、若い人たちの指導に当たったりもしていたんです。大学を卒業してから10年。ようやく念願の教師になり、高校生を指導することになりました。この頃の私は「女性であること」を捨てていたように思います。毎日忙しく、土日はフェンシングの指導で東奔西走。人が成長すること、変化することに関わりたくて教師になったはずなのに、部活以外はパソコンにばかり向かうかけ離れた毎日で、10年間で教師生活に終止符を打ったんです。それからは、自然化粧品の代理店としてサロンの運営なども行いましたが、だんだんと、「サロンに来てくださるお客様にとって大切なのは、化粧品ではなく、コンサルなのでは？」と思い始めたんです。そこで、2020年に思い切って起業し、実働9日で79万円を売り上げ、その後ビジネスコンサルタントとしても起業、最高月商300万円を達成するまでになることができました。

大学時代はアスリート向けの心理の研究室に所属し、イメージトレーニングのやり方やアファメーションなどを学びました。当時の私は無名な選手で、日体大への進学もスポーツ推薦ではありませんでした。でも、心理学を学び、自分自身のマインドをリセットする方法を覚えたことで、インカレでは個人団体とも優勝、国体でも優勝するまでになれたのです。意識の使い方ひとつで、結果は大きく変わります。身をもって学んだその経験も、コンサルティングの場でも役に立っています。

教師を辞めて化粧品販売の道に入った際、もっとも苦労したのは集客でした。何しろ公務員でしたから。商売をするのは初めての経験で、先輩のやり方を見て覚えはしましたが、ビジネスの基本を知らないままだったので、集客も売上アップもなかなか上手く行かず、自転車操業のようになってしまったこともあります。そこで阿部容子さんの起業塾をオンラインで受講。8ヶ月かけてビジネスの基本やSNS集客の導線構築を学んだことで、ビジネスを仕組み化することができ、収入が大きく向上しました。このあたりの部分も、コンサル業に活かしています。

地元・山形県米沢市で、女性が輝ける場を展開——

今後の展開としては、仲間と共に2022年春の完成を目指し、山形県米沢市に女性が光を与え、光をもらい、共に輝ける場所を作り上げる予定でおります。すでに建設に入っているのですが、１階にはレストランと私のサロンを。２階にはボディケアとイベント等が行えるフリースペースをご用意。上階には、ラグジュアリー感を楽しんでいただけるようなホテルを併設する計画になっています。外観にもこだわってデザイン性を高め、訪れていただいた女性の方が「来てよかった」と思っていただける場に整う予定です。

私のサロンは有料会員制でスタートし、コンサルやイベントを行う予定になっています。様々な先生をお呼びして勉強会を行ったり、お取り寄せの会を開いたり、人生を楽しめるようなサロン活動を計画しております。事業詳細はまだこれから詰めていくことになりますが、集い、学び、食べ、地域に貢献できる、輝きたい女性のためのすべてが詰まったものになる予定です。お近くの方も、もちろん遠方の方も、ぜひ一度、足を運んでみていただきたいと思います。

また、こちらは世界情勢が落ち着いてからのことになりますがエジプトでの「リトリートツアー」も企画したいと思っています。リトリートとは、日常生活や仕事で疲れた心と体を癒し、整えること。私なりに選んだエジプトのパワースポットを巡り、笑顔になり、エネルギーチャージして日本へ帰ってこられるようなツアーを企画できたら素晴らしいですね。以前、藤本さきこさんとサナーさんのおふたりが企画したエジプトリトリートツアーに参加させていただいたことがあるんです。ピラミッドの中に入り、王の墓に手を伸ばし触れた瞬間「おかえり」っていう声が聞こえてきたんですよ。その後「そのままで生きていきなさい」と背中を押すような言葉も聞こえ、その後、私の人生は様々なことが好転しました。私と同じような経験を、リトリートツアーを通じてぜひ皆様にもしていただけたら……そう願うばかりです。これまで思いつくままにお話しさせていただきましたが、すべては、女性が太陽のように輝ける日本を作るため。これからも、私ができることをコツコツと続けていきたいと思っております。

（左）色鮮やかなエジプトドレスを着こなすエスプレンドールフミコさん（中）アクセサリー（右）エジプト香油

COMPANY DATA

会社名：Esplendor88

代表者名：エスプレンドールフミコ（沼尻芙美子）

所在地：山形県東置賜郡高畠町大字柏木目 373-22

業種：小売、コンサルティング、コーチ

事業内容：オリジナルアクセサリー、エジプト香油、エジプトドレスの販売、【王妃覚醒アカデミー】として、長期コンサルティング、コーチング事業、2022 年春より会員制サロン経営

メールアドレス：8.8esplendor88@gmail.com

WEBSITE・SNS

ミリオネアマインドセットマスターコーチ

TAE

人生はいつからでも、どれだけでも変えることができる

勉強も努力も大嫌い。そんな私が全米トップクラスのパフォーマンスコーチ、リー・ミルティアの教えに出会ったことで、人生が大きく変わりました。心から望むことが見つかれば、人はいつからでも変われるんです。

Taeko Hirota

コーチングとの出会いで人生が変わる

現在、私はシンガポールに在住し、日本の経営者や起業家、スポーツ選手、アーティストなど、ビジネスパーソンにかかわらず、これから起業を考えている人、成功したい、人生を変えたい、夢を叶えたいと思っている方へ向け、パフォーマンスをアップするコーチングやコンサルティングを行っています。

私がコーチングに出会ったのは2013年。夫が「これ聞いてみたら？」と、全米トップクラスのパフォーマンスコーチ、リー・ミルティアのオーディオブックを勧めてくれたのがきっかけでした。当時の私は自己啓発には全く興味がなく、「忙しいからいいや」と断っていたのです。ですが、「人生変わるから、聞いてみなよ」と熱心に言われ、「そんなにも言うなら聞いてみようかな」という軽い気持ちで聞いてみたのです。夫の言葉は大げさではなく、まさしく私が求めていたものでした。そのオーディオブックを毎日聞くことはもちろん、リーのメルマガも購読。自己洗脳しつつ、日々の行動にリーの教えを取り入れることで新たな気づきがたくさんありました。こうしてリーの教えを実践して、私の人生は大きく変わったのです。

勉強も努力も大嫌い。好きだから続いた

リーのようなコーチになりたい、そしてリーの教えを広めたいと思った私は、リー本人にアプローチ。直接オンラインを通じ、憧れの彼女から教えを受けられました。2019年5月には日本にリーを招致し、「ミリオネア・マインドセット認定コーチ養成講座」を主宰。リーの教えを広めることに貢献したということで、日本で唯一のミリオネア・マインドセット・マスターコーチの称号をいただきました。

今でこそビジネスパーソン相手にコーチングやコンサルティングをしていますが、学生の頃の私は勉強が大嫌いで、努力することも継続することも苦手でした。そんな私がなぜ、コーチになれたのか。それは心の底からコーチングが好きだったからです。

結婚・引っ越しを機に起業を決意

愛知県のある短期大学を卒業し、商社で営業アシスタントを務めた後、大手百貨店ブランドショップ販売員、人材派遣会社のコーディネーター、大手メーカーの営業職と、会社員として働いてきました。会社を辞めたのは、結婚を機に名古屋から神奈川県へ引っ越すことになったからです。コミュニ

TAEKO HIROTA

TAE（タエ）日本で唯一のミリオネア・マインドセット・マスターコーチ。人材派遣会社でコーディネーター、メーカーでの営業職を通じてコミュニケーションスキルを磨く。2015年にチームフロープロコーチ養成スクールを卒業。これまでに延べ3000人以上を指導。実績として、起業して8か月で年収が1億円超！　ゼロからの新規事業が2年弱で月商1億円！　赤字店舗が1年で年商1億円超え！　起業から3年で売上100億円を達成！など、“ミリオネア量産コーチ”として活躍中。YouTubeにて、ミリオネア・マインドセットをわかりやすく楽しく解説した動画を配信している。アメリカのカリスマ講師リー・ミルティアに師事し、日本人として唯一人「ミリオネア・マインドセット・マスターコーチ」の称号を与えられる。著書に、『100倍の富を引き寄せるミリオネア・マインドセット』（ビジネス社）がある。

ケーションを取ることは昔から得意で、お客様からの信頼が厚かったため、最後の職場の上司から、「横浜に転勤させてあげる」と言われました。大変有難いお話でしたが、一度きりの人生です。見知らぬ地への転居。これは人生を変える好機だと思いました。自分のやりたいことで豊かに成功したい！　思い切って起業することにしました。

昔からスピリチュアルに興味関心を持ち、学びを深めていた私は、スピリチュアルを仕事にしようと考えました。スピリチュアルな考えを広め、生きやすく、豊かで幸せな人を増やすことは自分の使命だと思ったからです。

ブログを毎日更新し、集客につなげる

起業したのは娘を出産してすぐ。起業したからといって、すぐクライアントが付いたわけではありません。クライアントを獲得するため、私が行ったのはブログを毎日更新すること。ブログでメッセージを発信すると共に、いただいたコメントには丁寧に返信しました。そうしているうちに、クライアントが徐々に集まるだけではなく、ブログが縁でそのブログ主とコラボしたり、異業種の方と交流することでチャンスを広げていきました。交流会やセミナー、お茶会など起業家たちが集まる場に積極的に出かけ、視野を広げることを大切にしましたね。営業職では新規顧客の獲得に飛び込み営業の経験が長くあったため、フットワーク軽く動けたのだと思いますが、何より好きなこと、やりたいことだから、無我夢中になれた。努力や忍耐という言葉とは無縁の世界だからこそ、ブログで楽しく自分の想いを継続し、発信できたのです。

コーチングのスクールに半年通う

リーの教えに触れるうちに、スピリチュアルに加え、もっとロジカルな部分も必要ということに気づきました。そのロジカルな部分を担うのがコーチングです。娘が２歳になった２０１５年に、コーチングを学ぶべく、半年間スクールに通うことにしました。スクールがあるのは東京・赤坂。小田原から通うには新幹線を使っても１時間半はかかります。９時に家を出て、戻るのは22時。しかも半年間。夫からは当初「何も赤坂のスクールに通わなくても、通信講座ではダメなの？」「もっと短期のコースで良いのでは」などと言われました。夫も起業したばかりで余裕がなかったですし、娘のことが心配だったのです。しかし、どうしてもそこに通いたかった私は、娘を預ける保育園に交渉し、夜間の託児先も見つけました。やっとの思いでコーチングスクールへ通えるよう、段取りをしたのです。

無我夢中ほど強いものはありません。人間は心の底からやりたいことを見つけたとき、想像できないような力を発揮できるんです。平々凡々だった人生を送ってきましたが、スイッチが入るとこんなにも人は変われるんだということを、自らの経験を通して知ることができたのです。これは大きな驚きとともに喜びでした。

セミナーを開催すれば常にSOLD OUT

ベビーシッターや家事代行を積極活用

「子どもが小さいながらもスクールに通えたり、起業できたのは、夫が理解者だったからでしょ」と思う方もいらっしゃるかもしれません。多くの女性は結婚や出産でキャリアや夢を諦めたり、妥協したりします。ですが、諦めずに無我夢中になれば、助けてくれる人は必ず出てきます。大事なことは自分で何もかも抱え込まないこと、できない自分を責めないことです。子どもに手がかかるから起業できないのであれば、ベビーシッターを、家事に手がかかるのであれば、家事代行を頼めばよいのです。最初はマイナスでも自己投資と割り切る。起業がうまくいけば、ハイリターンとして返ってくる。私も多くの人にたくさん助けてもらいました。現在も家事代行をうまく活用して集中する時間を捻出していますよ。

今後はオンラインが主流になる

コロナ禍により、多くの人がビジネスに大きな影響を受けました。幸い、シンガポールに移住していた私は、コロナ前からオンラインでコーチング講座やコーチングセッション、オンラインサロンの主催をしており、影響を受けることはありませんでした。

これからはますますオンラインが主流になっていきます。そこで重要になるのが、信頼。すなわち丁寧なコミュニケーションです。そして集合意識を感じられるコミュニティ。

コーチングといってもライフコーチ

ングやビジネスコーチング、エグゼクティブコーチング、ヘルスコーチングなどいろいろありますが、私が得意としているのはビジネスコーチング。達成したい夢の実現をサポートする、ハイパフォーマンスアップコーチです。だからこそ、クライアントの未来をクライアント以上に信じること、クライアントの一番の応援団長としてサポートすることを信条としています。クライアントの潜在能力を見出し、お伝えし、潜在意識に落とし込む。その際に活用するのがスピリチュアル。スピリチュアルは潜在意識を活性化させるために非常に有効です。スピリチュアルとリアルの融合こそが成功の秘訣。私自身が実践し、たくさんの結果を出してきました。

今後の事業展開

新しい事業展開も考えています。第一がスピリチュアルとリアルを融合したスピリチュアルコーチングのリリース。まだ形にはなっていませんが、1年以内に再現性の高いコンテンツを広めていきたいです。第二に小さな子どもを持つお母さんたちが安心して預けられる託児施設を作る。そこで働いてもらうのはシングルマザーやシルバー人材。昔でいうところの「寺子屋」。こういう施設を3年以内に設立したいですね。小さな子どもを持ちながら、働きたいママのお役に立ちたいのです。第三にさまざまな業種の方々とコラボレーションのプラットフォームになるような、オンラインサロンを発足させたいと考えています。現在のオンラインサロンでも外部から個性豊かな講師陣を呼ぶなどしていますが、今後はさらにその枠を広げ、マーケティングやSNS集客などさまざまな講師を集め、専門性の高く、参加型のサロンをつくっていきたいと考えています。これもスピリチュアルコーチングと同じ1年以内にリリースしたいと考えています。同じ目的を持つ仲間が集まることで、集合意識の上昇気流が生まれる場所になると思うからです。人生はいつからでも、どこからでも変えることができます。人生の主役は自分自身。一度きりの人生です。他人のためではなく、自分のために生きましょう！

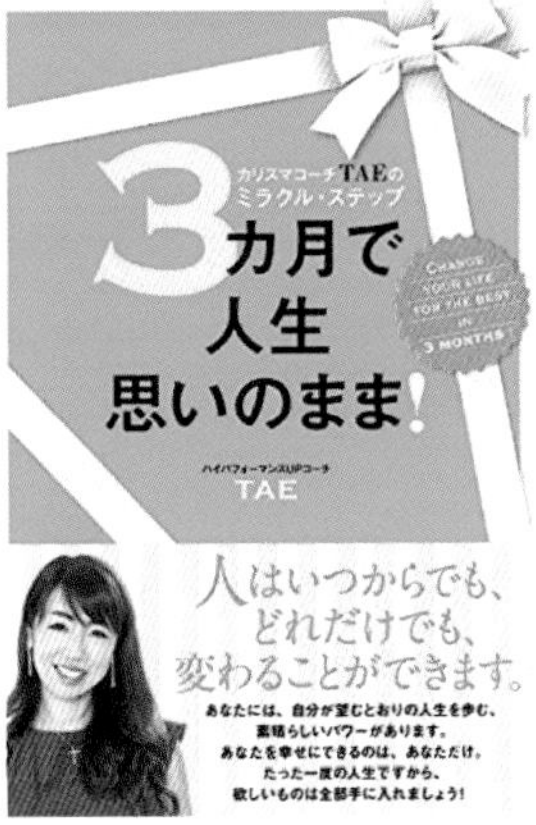

(左上) 日々笑顔でご機嫌に過ごす事を一番大切にしている　(右下) 毎回熱気溢れる大人気のセミナー、リピート率は90%以上！
(左下) 著書：3カ月で人生思いのまま！カリスマコーチTAEのミラクル・ステップ
(中央下) 著書：稼ぐ男のパートナーVS稼げない男のパートナー

COMPANY DATA

代表者名：広田多恵子（ミリオネア・マインドセット・マスターコーチ）
所在地：シンガポール
業種：著者、コンサルティング、コーチ
事業内容：自己啓発セミナー・オンラインサロン運営
メールアドレス：tae.angelcoach@gmail.com

WEBSITE・SNS

松尾成美写真事務所・ビジョンセラピスト

松尾成美

写真とカウンセリング。ふたつの方法で成りたい未来を描く

商業カメラマンとして活躍し、5000人以上の撮影を手掛けてきた松尾さん。現在は「成りたい自分像」を引き出すプロフィール写真を撮影するとともに、メンタルカウンセリングを通じ思い通りの未来を手にするサポートを行っています。

自分の心にブレーキをかけている人が増加中

私は今、写真家とメンタルセラピストという、趣の異なる二つの仕事をしております。仕事を通じて様々な方と接していく中で、表面的なもの、内面的なものを観察する機会がありました。そうして分かったことは、多くの方が「心の中、で自分自身に制限を付けてしまっている」ということ。その「制限」を、写真撮影やセラピーを通して外していくことが現在の私のメインのお仕事になっておりますので、自身を「ビジョンセラピスト」と称させていただいております。

人は大なり小なりトラウマを抱えています。その多くがご両親など近しい親族との関係の中で作られてしまっているのですが、7歳くらいまでの潜在意識と顕在意識があいまいなうちに、トラウマを植え付けられてしまう場合がほとんどです。子どもって、とても悲しいことに、なんとかして親に愛されようと間違った方向に努力をしてしまうんですよね。愛されるために仕方なく仮面をかぶってトラウマを隠し、その仮面を付けたまま大人になってしまう。ある程度までは仮面をかぶったままでもうまくいくのですが、年をとるにつれて、うまくいかないことが起こってくる。これが「仮面を外せ」という合図だったりするのですが、それに気付くことができず、また、自分自身で外すことが難しいんです。

トラウマが制限となり、実際はもっと冒険できて、もっと大胆に生きられるはずが、「どうせ私なんて何をやってもダメなんだ……」とブレーキをかけてしまうのですが、今現在、自分が思っていたような仕事に就けていない方や、収入、環境、そうしたものが考えていたのと違うという方は、確実に、自分の心にブレーキをかけていらっしゃいます。

面白いんですよ。ビジョンセラピーにより、少しずつそうした制限を外していくのですが、ブレーキを外したとたん、どんな方も思い描いていた通りの人生を歩み始めるんです。

とある方のお話ですが、プロフィール写真を撮ってもらいたいけれど撮影代のことで躊躇している方がいらっしゃいました。たまたま同行する機会があったので、手持ちの一眼レフカメラで撮影をさせていただいたのですが、その後、彼は収入1億円を超える成功を収めたのです。もちろん、私がビジョンセラピーを行ったから、ということだけではないでしょう。彼自身がそれだけの努力をしたことに成功の理由はあるでしょう。けれど――心の制限が外れると、人はそれくらい変われるのです！

NARUMI MATSUO

公益法人日本広告写真家協会正会員。フリーの写真家として、広告や雑誌等の仕事で34年のキャリアと5000人以上の撮影を手がけ、最近は一般の方のプロフィール撮影にも力を入れている。
Spiritual Anatomy® のオフィシャルシニアプラクティショナー。
メンタルセラピストとしては、ロンドン在住のMOMOYOさんに師事し、ロンドンに通いながら心理学、エネルギーワークを学ぶ。
内面（メンタル）と外見（プロフィール撮影）の両面からのアプローチすることを「ビジョンセラピー」と称し、その人の「望む未来の自分像」を写し出すお手伝いをしています。
また、写真の講座やセミナーなど講師活動も行なっています。

実家の写真館を継ぐために上京したはずが――

私は長崎県佐世保市の出身で、両親は地元で写真館を営んでいました。その跡を継ぐべく、東京の写真学校に入学。その後、アートセンターや有栖川スタジオなどでスタジオマンとして働き、写真家の泉純氏に師事。以後、フリーランスのフォトグラファーとなって３年間、延べ５０００人以上の方の撮影に携わりました。泉氏は、20世紀の巨匠と呼ばれ、ＶＯＧＵＥやＥｇｏｙｓｔｅなど数々のファッション誌で活躍したアメリカの写真家リチャード・アヴェドン氏のアシスタントをされていた方で、泉氏の撮影に初めて立ち会った際、稲妻に打たれるような衝撃を受けました。爆音でロックが流れるスタジオで、英語でモデルに指示を飛ばしていく。日本ではなくニューヨークそのものといった撮影現場があまりに格好良かったのです。その後、私は泉氏のファーストアシスタントとなり、結果、家業を継ぐことなくファッション撮影の道へ。後継を望んで東京に送り出してくれた両親には大変申し訳ないことをしましたが、弟が実家を継いでくれたので丸く収まったことにしましょうか。

現在はプロフィール写真をメインに撮影をさせていただいておりますが、このお仕事につながったのもひとつの「ご縁」からでした。師匠である泉氏から、年間１２００人分に及ぶ成人式の前撮り撮影の仕事を与えられたのです。それまでは俳優、女優、モデルといったプロだけを相手にしていたので、撮影自体はとても楽でした。それはそうですよね。自分自身がいちばんきれいに見えるポーズを、相手が勝手に作ってくれるのですから。でも、これが素人さん相手になると勝手が違います。「私、写真がヘタになった!?」と悩んでしまうほど、はじめのうちはうまくいきませんでした。でも、１００人、２００人と撮影を行ううちに鍛えられたんです。

「私、写真が嫌いなんです」と言っていた若い人たちが、撮影した画像を見て「盛れてる!」と笑顔になり、自己肯定感を高めていく。たった1枚の写真が、人にエールを送る。そのことを知り、プロフィール写真の大切さに気付きました。なお、現在多くのクライアントから支持を頂いている「ステージアップ プロフィール撮影」では、メンタル面でカウンセリングを行い、制限を外し、成りたい未来に沿ったプロフィール写真の撮影を行っています。プロフィール写真は、会う前の「第ゼロ印象」をアップするもの。写真が良くなればそれだけで、良い仕事・良い人脈を引き寄せつながっていきます。そのことを皆さんにはぜひ知っておいていただきたいですね。

ＭＯＭＯＹＯさんとの出会いが人生を拓いた

さて。フリーランスのフォトグラファーになったばかりの頃は、商業カメラマンとしてファッション撮影を主に手掛けていました。たまたま作品撮りの際に衣装をお借りしていたアパレルの会社から雑誌広告のお仕事をいただくようになりそれを機に独立。しかし、収入も含め、先のことを考えると不安ばかりの毎日でした。フリーランスの写真家というと聞こえはいいですが、今月あった仕事が来月もあるとは限りません。そうした不安で心がブレブレにならないよう、様々なことを学び始めました。

心理学、成功哲学、潜在意識、心霊、占い、キネシオロジー、宇宙意識とのチャネリングやアカシックリーディング、引き寄せ……ありとあらゆることを学び、自分の中で「私は大丈夫」という根拠のない自信や、「きっとなんとかなる!」という揺るがない気持ちを育てるようになり、ようやく、不安に苛まれない生活を手に入れたのです。

スピリチュアルの方向に進んだのは、高校生の頃、西洋医学では解明できない体調不良に陥ったことがきっかけです。様々な病院で検査を受けましたが原因はわからないまま。すがるような思いで母親が探してきたのが、心霊を扱う方だったのです。不思議と体調が整い、目には見えないけれど、人にとって大切な世界があることを理解しました。

先に述べたように様々なことを学び、講師の資格も取得しましたが、そのころはすべてのベクトルが「自分のため」ということに向いていたように思います。あるとき、ロンドン在住でサイキックカウンセリングを行うＭＯＭＯＹＯさんと出会い、そうした意識がガラリと変わりました。私がこれまで学んできたことは、自分のためではなく、悩み苦しんでいる方を救うためだったんだ。人のためにお役に立つことが、私の仕事だったんだ。そう思った日から、新たな使命が私の中に生まれました。

それからは、ロンドンに通いながらＭＯＭＯＹＯさんのメソッド「Ｓｐｉｒｉｔｕａｌ Ａｎａｔｏｍｙ®」を学習。心理学とエネルギーワークを兼ね備えたメソッドは、心の内側と身体の外側、双方からアプローチを行うので結果が出やすいんです。傷を負い、トラウマを抱えた心を癒し制限を外すのに、これほど合ったメソッドは無いでしょう。ＭＯＭＯＹＯさんのメソッドを行える方はまだ日本では少ないため、コロナ禍で撮影の仕事は減りましたが、ありがたいことにメンタルカウンセリングのお仕事は忙しくなりました。

物事は、ただ起きているだけ。そこに意味付けや解釈をするのは私たちのマインドです。たとえば水が半分だけ入ったコップを見て「半分しか無い！」と嘆く人もいれば「半分もある！」と喜ぶ人がいます。どちらが幸せな人生を送っている人なのかは言わずもがなで、ネガティブな考えに傾いていらっしゃる方は、どこかで心を深く傷つけてしまっているため、人生においてもうまくいかない道を引き寄せてしまいがちです。そうした部分に気付いてもらい、どのように行動すればいいかをお伝えするのが、私のビジョンカウンセラーとしてのお仕事の一端。もしも今、辛い思いを抱えていらっしゃるのであれば、ご自身の中のパンドラの箱を開くために、ぜひカウンセリングを受けてみてください。

今後は書籍の出版や映像展開も視野に

これからの事業展開ですが、現在はビジョンセラピストとして1対1でやらせていただいていますが、今後は「1対多」の展開も行えるのでは？と思っております。その一環として書籍の出版も考えているのですが、コロナ禍でストップをかけているところなんですよ。また、今後は映像など、時代に沿った展開を行うことも視野にいれております。私らしい感覚や感性で撮影した映像を制作し、どんなにネガティブに見えることでも、乗り越えてみれば壁ではなく階段でしかないことなど、様々なことをお伝えしていけたらいいですね。

（上）世界基準のフォトグラファー　松尾成美氏

（下）アーティスティックなポートレート作品

COMPANY DATA

会社名：松尾成美写真事務所

代表者名：松尾成美

所在地：東京都

業種：写真撮影、個人セッション

事業内容：プロフィール写真撮影・人物を中心とした写真撮影・個人セッション（メンタルセラピー＆ヒーリング）・写真の講座・セミナー・講演

メールアドレス：naru-naru@rapid.ocn.ne.jp

WEBSITE・SNS

beauty stock SPROU/cafe Grace Garden

代表

三井みづほ

数秘術から統合治療院まで、人を元気にするすべてを仕事に

20代で算命学に出会い、自分の勘を信じて歩んだ結果、いつしか〝人を救う道〟へ。持前のバイタリティと信念を元に、歩みを止めることなく突き進む三井みづほさん。その数奇な人生を語っていただきました。

20代で算命学に出会い その後運命が変わった

子どもの頃から体育会系でこれといった特徴が無かった私。何か向いていることがあるんだろうか？　そう思いながらも、海外留学に行くなど、好奇心のおもむくままに暮していました。20代のとき、何の気なしに見てもらったのが算命学でした。自分の人生を見てもらったら、これまで起こった出来事が全てつながっていて、気持ち悪いくらい言い当てられてびっくり。その時感じたのは「起こることがあらかじめ分かっていたら、人生有利でしょ!?」ということ。そこから「知りたい!!」という知的好奇心が抑えられなくなり、占いの道へ。占星術、カラーセラピー、数秘術などを学び「運命」を扱うカウンセラーとして仕事を始めました。それまでの自分は、本当に地味なイメージの女の子だったんですよ。カラフルな服も、アクセサリーも一切身に着けず、化粧も控えめでチークやリップなんてもってのほかで、髪も黒いまま。なんていうか、人の目を気にして生きていたんですよね。実は小さな頃からスピリチュアルな感覚が強かったんです。人と違うことが分かってしまうと嫌われるんじゃないか？　相容れないのではないか？　そう思ってしまって、自分を常に抑え、周囲に合わせるようにして生きてきたんです。でも、占いと出会い、人と違ってもいい。私は自分の人生を生きよう。そう思ってから人生が大きく変わったように思います。不思議なもので、服やメイク、アクセサリー、そうしたアイテムで自分自身に色を取り入れるようになってから、どんどん自分が変わっていきました。アイディアや発想が無尽蔵に湧き出るようになったといいますか。以前の私は内に篭り思ったことも言えず、必要以上に他人と関わることを避けていました。でも、全てに色を付けたとたん、新しい人生をやり直したかのようにすべてが変わりました。昔の友人に会うと「この20年で何があったの!?」と驚かれます。いま、今の私が本当の私なんですけどね。

「ピン！」ときた運命を確実に手にする。それが勝利の法則

ご縁は生もの。すぐに使わないと腐る！　――私はそう思っています。やるかやらないかはすべて自分の直感にまかせていて「ピン！」と来たらやる。来なかったらやらない。この原則を守っています。不思議なもので、この「ピン！」を無視するとおかしくなるんですよ。歯車がかみ合わなくなるというか。もちろん、ピン！と来たら秒速で実行。新しい人生を始めてから

MIZUHO MITSUI

beauty stock SPROU
cafe Grace Garden 代表

整体電波 CS60 セラピスト
JEOS Association
（上級スタイリスト）
一般社団法人日本美腸協会認定講師
NPO 法人がんコントロール協会会員
TC カラーセラピスト
フレームカラーセラピスト
オーラライトカラーセラピスト
数秘 & カラーセラピスト
ヒプノセラピスト

事業内容
統合治療をメインとし、発酵食やホルミシスルーム、数秘術や占星術などを用いて心身ともに健康になる方法を提供している。

は、一事が万事、超速で行うようにしています。地元で開業したのは、29歳のとき。これも「ピン！」でした。それまで店を持つことなく姓名判断や占星術の診断を行っていたのですが、私、性格的なものもあってか、結果をストレートにズバッと言ってしまうんですよね。そのためお客様から「そんなことまで言われたくなかった」「余計なことまで知りたくなかった」と言われてしまうことがあって。

　でも、私が伝えたいのは知っておいた方が良いことだし、対処した方が良いことばかり。相手に言葉で伝えられないなら、どうやって伝えればいいんだろう。悩んだときに浮かんだのがパワーストーンだったんです。その後すぐにパワーストーンを取り入れたところ、カウンセリングのお客様が増加。そのうち、相手の名前と生年月日を見ただけで、その人に必要な石が脳裏に浮かぶようになっていきました。会ったこともない相手から手紙で依頼を受けた際、浮かんできた石の名前とメッセージを書いて送ったら相手が号泣。その時「あ、これ、イケる」ってピン！と来て。それで開業するに至ったんです。もちろん最初はマンションの一角の小さな店。クチコミであっという間に噂が広がったようで、ずいぶんと忙しく過ごさせていただきました。

ご主人との運命の出会いをきっかけに、地元・石川県へ

　その後大阪で店を開いたのですが、多くお客様を見ているうちにあることに気付いたんです。それは、カウンセリングを受けに来る方の多くが、身体になんらかの不調を抱えているということでした。リフレクソロジーの資格を取ったり、漢方茶を取り入れたりして対応していたのですが、思うような効果が上がらず。そんなとき、ふと浮かんだのが「鍼灸」という言葉でした。今すぐにでも鍼灸師の資格を取ろうと思って調べると、国家試験に受かっても、鍼灸師としてものになるまで最低5年はかかると聞いて「それじゃ間に合わない！」と断念。だったら鍼灸師と出会えばいい！と思い、その日から、朝昼晩と住吉大社に通って「鍼灸師と出会わせてください」ってお願いをしました。その際、神様に「志」も伝えたんです。この願いは自分勝手なものではなく、困っている人を助けたいから願っているということ。そして、望んでいる相手も、自分の人生をかけて技術を習得し、今後も成長を続けられる人であること。

　そうこうするうちに、夫が店に来たんです。職業は何ですか？と尋ねたら「鍼灸師です」って言われて、「待ってました！」とばかりに食いついてしまい、それから夫が毎日お店に通うようになったある日、突然「あれ？　私この人と結婚するのかな？」と思い、いつも同じ直感を受けている母に電話して、

「私三井さんと結婚するのかな？」と言うと母は、「今頃気づいたの？ママ一目見てすぐわかったよ」と言われました（笑）。でも、そういえば相手にまったく確認してなかった！と思い、その日の夜に夫を飲みに誘いました。夫はとうに気付いていたらしく「一緒に、人の役に立つ人生を送りましょう！」ということで、その一年後に結婚。まさかの交際期間ゼロで一緒になりました。

地元に移り、カフェを開業そして美腸の道へ——

　夫と結婚して地元・石川へ。まずは地元への貢献を——と思い、夫の治療院と、それに併設するカフェを開業しました。これも不思議なことに、急にカフェがやりたくなったんですよ。調理免許を持っているわけでも、カフェに詳しいわけでもなかったんですけどね。はじめのうちはオムライスやビーフシチューを提供する普通のカフェだったのですが、グルメ通の妹から酷評されたことから方向を転換。妹に1年だけアドバイザーとして店に入ってもらい、メニューや見せ方、インテリアなどを改革。そのおかげで、地元でも有名な繁盛店になることができたんです。治療院が隣にあるため、患者さんがカフェに来ることが多かったのですが、そうした中で葛藤が生まれるようになりました。どんなに治療する鍼灸師の腕が良くても、相手の食生活が整っていなければ思うような効果が上がらない。同じ治療をしても、治る人と治らない人がいる。そうした人たちをどうすれば平等に健康へと導けるのか。どうすれば治療の効果を高めることができるのか。あれこれ考えているうちに今度は頭に「腸内環境」という言葉が浮かびました。その場ですぐにネットで検索。「美腸協会」の講師の方と縁があり、電話をかけた翌日にお会いすることになりました。それからは早かったですね。すぐさま腸の勉強をはじめて認定講師に。カフェのスタッフにモデルになってもらって施術をしたら、その後1週間で宿便が大量に出て、なんと9kgも痩せてしまったんです。腸の状態が改善すると、ひどかった生理痛が収まり、鼻炎で年中詰まっていた鼻が通るようになりました。腸って全身を司っているのだと、その時にはっきりと気付いたんです。

癌や難病の患者さんの治療のために本格的に解毒と栄養を学ぶ

腸内環境を整えれば、多くの人を健康にできる。その信念のもと、カフェのメニューを発酵食に変えました。しかしそれでは終わらず、逆に学ぶことが増えていきました。というのも、難病の方やがんの方、そうした消化能力が落ちている方にとって、発酵食は難しいんです。そうした方に少しでも健康になってほしくて、本格的に解毒と栄養を学ぼうと思い「がんコントロール協会」に参加しました。世界の最先端医療を学ぶとともに、栄養学を元になぜ細胞が奇形化してしまうのか、身体を元の状態に戻すために何が必要か、そうしたことを現在進行形で学んでいます。

体の中から迷走電流を抜きとってミトコンドリアを活性化させるCS60による特殊治療や、身体の冷えている患者さんが多いことから、湯治で有名な秋田の玉川温泉の岩盤を人工的に再現した「温熱ホルミシスルーム」の経営にも着手。元のオーナーさんから無料で譲り受けることができたのですが、これも運命の出会いでしたね。

カラーセラピーや数秘術、占星術などセラピーやカウンセリングにより患者さんのメンタル面のサポート、解毒や栄養、鍼灸、CS60治療、ホルミシス療法などで免疫を上げて自然治癒力をサポートをする。

ピン！と来たことを積み重ねた結果、私たちの治療院＆発酵食カフェを「統合治療院」と呼べる存在に高めることができました。突拍子もないことを言い出す私に付いてきてくれるスタッフたちには、今も感謝してやみません。でも、世の中に貢献することを目標にしていれば、スタッフは付いてきてくれるのだと実感しています。これからも「ピン！」を頼りに手を広げていくと思いますが――これも私らしい生き方なのかな、と。そう思っています。

（上）いつもアクティブな三井みづほさん
（左下）ホルミシス岩盤浴　（中央下）CS60（生体電流整流器）（右下）鍼灸治療

COMPANY DATA

会社名：beauty stock SPROU/cafe Grace Garden
代表者名：三井みづほ
所在地：石川県小松市末広町 83（beauty stock SPROU）
石川県小松市須天町 2-263-1（cafe Grace Garden）
業種：医療・飲食
事業内容：統合治療院 / 発酵食カフェ
メールアドレス：gracegarden2012@gmail.com

WEBSITE・SNS

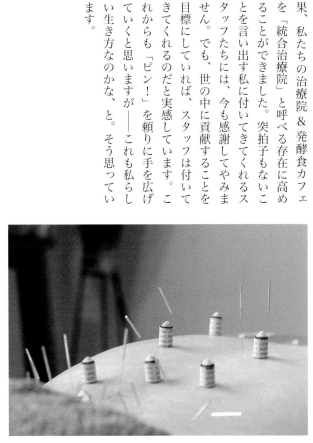

株式会社エターナリア
代表取締役
宮下律江

ＩＴで事業の発展を支援、そして人のチカラを活かせる社会へ

ＪＡＬグループＩＴ企業初の女性役員として、数々のプロジェクトを成功させてきた宮下律江氏。古巣を離れ、独立起業した理由とは。ＩＴだけでなく、以前より取り組んできたＳＤＧｓの知見にも需要が高まる今、目指す理想の社会について伺いました。

大手企業で30年間培った経験をもとに独立

2018年12月、㈱エターナリアを立ち上げました。主な事業としては、ITコンサルティングとSDGs企業研修を行っています。JALグループに在籍していた約30年間で得られた、様々な経験やスキルを多くの人に伝え、共により良い社会を目指すことを目標にしています。社名のエターナリアは永遠を表す"エターナル"と国々を表す接続詞"ia"を組み合わせたもの。「人と社会の永続的な幸せのために尽くす」という願いを込めています。

波乱万丈な会社員時代。私を成長させた転機とは

私がJALグループに入社したのは、男女雇用機会均等法が施行されて間もない頃。当時、女性は自宅から通うことが条件という企業が多い中、男女平等で働ける会社がいいなと思い就職活動をしていました。その中で「この会社ならITという新しい分野で、スキルを磨けば性別関係なく活躍できそう」と魅力を感じたのを覚えています。ところが実際入社してみると周りは理系の人ばかり。文学部出身の私は、出された課題を人の何倍もの時間をかけてもクリアできない、完全な落ちこぼれでした。皆に追いつきたいと毎日必死でしたね。

そんな私ですが徐々に仕事を覚え、いちエンジニアからマネージャーへと役割が変わっていきます。

キャリアを形成していく上でいくつかの転機があったのですが、その1つ目が外資系IT企業から出向してきた上司との出会いでした。それまでの仕事の進め方とは全く違う方法、"目標に対してコミット"する結果に責任を持つ考え方に、当時漫然と目の前の仕事をやっていた私は大変な衝撃を受けました。その上司のもとで働くうちにマネージャーとしての基礎ができたように思います。

次なる転機は、皆様もご存知のJALの破綻です。2010年のことでした。それまでは企業が破綻する、ましてや自分の会社がそうなることなど夢にも思っていませんでした。再生機構の人がやってきて、私たちは「一体これからどうなるのだろう……」と不安でいっぱいに。同時に、周りから聞こえる「こんなだから破綻するんだ」という声……。今までやってきたことへの自信も誇りも失われていきました。

そこへ再建の救世主として現れたのが稲盛和夫氏です。私から語るまでもなく、日本を代表する経営者ですが、稲盛氏が提唱する"フィロソフィー"と"アメーバ経営"を信じ、社員一丸

RITSUE MIYASHITA
株式会社エターナリア
代表取締役
JALグループIT企業初の女性役員としてJAL再生に大きく貢献。
ワーキングマザーの先駆けとして女性の活躍推進、働き方改革にも尽力。独立後はITコンサルティングや企業研修を中心に展開。SDGsにいち早く取り組み、その知見が多くの企業から求められている。

となって、経営再建に取り組んでいきました。

その渦中、２０１１年３月11日に東日本大震災が起こります。すぐにＪＡＬ内に対策本部が設置され、東北に救援物資や人員を送るべく臨時便を飛ばす決断がなされます。しかし仙台空港は津波で甚大な被害を受け機能不全に。東北、東京共に混乱の中、「翌朝8時に飛ばそう」を合言葉に、組織の垣根を越え各部署が一丸となって様々な調整をしていくのです。

私もシステム担当として不眠不休で奔走し、翌朝、朝陽の中を飛び立つ飛行機をモニターで見たときは、心から安堵しました。そして同時に「みんなで力を合わせればどんな困難なことも乗り越えられるんだ」という自信につながりました。

一大プロジェクトを8年かけて成功へ導く

そのような大きな経験を経て、ＪＡＬは無事再上場を果たしながらも、まだ1つ大きなミッションが残されていました。それが航空会社の屋台骨を支える基幹システムの刷新です。これまで3度挑戦しながらも達成できなかった大きな課題を、私がＩＴのプロジェクトマネージャーとして取り組むことになりました。採用するシステムは海外製品。しかも１２００人を超えるチームをまとめるのは、これまでの経験をはるかに超えていました。再生計画の中では「刷新なくして事業の成長なし」との位置づけで、絶対に失敗できない、会社の未来のためにも完遂しなければならず、相当なプレッシャーがありました。海外ベンダーは日本の〝常識〟が通じないし、１００以上もシステムがあると毎日1つの問題がクリアできたと思ったら、また違うトラブルが発生する。絶対絶命の大ピンチも発生し、眠れない日々もありました。そんな中で、みんなと共に、稲盛氏から学んだ「不屈の精神」で最後まで走り完遂しました。リーダーとして心がけていたのが、「どんな問題も言える安心安全なチーム作り」。多くの人が一緒に動き、連携し合っていたので、１人の問題がほころびとなって全体に派生するリスクがある。それを防ぐためには些細なことでもすぐ報告してもらうことが必要です。ところが人間というものは、マイナスなことは言いづらいもの。そこで私はどんな報告に対しても一旦は受け止め、起こってしまったことを責めるのではなく、「どうしたら解決できる？」という未来志向の対話を続けました。そうすることでとにかく前を向いてゴールを目指し、ここまで大きなチームをまとめることができました。

そして足かけ7年……3年目に大きな挫折もありましたが、それも乗り越え２０１７年に遂に新システムに移行することができました。その日の初便のドアがクローズされ、滑走路を飛び立ったのを見て、いつもと変わらない風景にこれほどまでに感動し、共に築き上げたメンバーへの感謝の気持ちが沸き上がったことを鮮明に覚えています。

会社の安定を見て次なるステージへ行こうと決意

このプロジェクトの成功により、日経「ＩＴ ＡＷＡＲＤ ２０１８」という賞もいただき、大きな達成感を得た私は、自分の将来について改めて考えるようになりました。会社はもう自分がいなくても成長していけるだろう、それならば私はネクストチャレンジとして何ができるのだろうか。他の企業からのお声掛けもあったのですが、ここまで活かしてもらえたことに社会への恩返しがしたく、独立の道を選びました。

ところが組織での経験はあっても、どんなサービスをどのように提供して収益を上げていけばよいのか明確なノウハウが足りないことに独立してから気づくというありさま。

リーダーシップやチームマネジメントの企業研修を軸に、手探り状態で事業を始め、軌道に乗りかけていたところに、コロナ感染拡大の影響で研修が全てなくなってしまいました。

そんなときに、とある方から企業のＩＴ部門の企画支援のご相談が舞い込みました。「私でよければお手伝いします」と始めてみると、お客様のやりたいことが手に取るようにわかり、自分で言うのもおかしいですが、ＩＴスペシャリストしての能力が覚醒してきたのです。しかも、単にＩＴの仕組みだけを考えるのではなく、それを使うユーザーのパフォーマンス改善や経費削減、事業への貢献など、ＩＴで実現できる〝人と企業の成長〟に寄り添ったご支援をすることで、お客様に喜んでいただき、自分が既に持っているスキルがお客様のお役に立てることに気づきました。

そして今ではＩＴコンサルは事業の大きな柱になりました。

アフターコロナの次なる一手は「ＤＸ促進」

こうした中、ＩＴプロジェクトを進める企業をご支援する「プロスケット」というサービスを始めました。

〝ＩＴの２０２５年問題〟を前にＩＴ化を促進する企業が増えていますが、「推進するＩＴ担当が忙しくて手が回らない」「ベンダーに丸投げはよくないがどう対応したらよいか。間に入ってくれる橋渡しが欲しい」「プロジェクトの遅れ、どうにかしたい」等、推進企業のお悩みを、〝プロの助っ人〟〝プロジェクトの助っ人〟が入り、解決するサービスです。

企業にとっては、IT化することが目的ではなく、ITは事業を支えるツールであり、目的は〝事業の成功〟であり、〝企業の成長〟です。そんなユーザー企業側の思いに寄り添ったサービスを提供します。

さらに一緒にやっていくサービスの中心の〝助っ人〟メンバーにも特徴があります。

起用するのは、これまで酸いも甘いも経験し、熱意とスキルに溢れる、主に50代以上のベテランエンジニアの方々。必要とされている〝力〟を、必要とされている場に届けて、世の中のDX（デジタル・トランスフォーメーション）を支えていきたいと思っています。

いち早く取り組んできたSDGsも事業の柱に

さらにもう1つの事業として急速に拡大しているのが、SDGs企業研修です。2015年に国連でSDGsが採択され、JALグループに在籍していたときから、女性活躍推進やダイバーシティ促進を中心に関わってきました。加えて近年の異常気象等で、すでに生命が脅かされる事象が起こっていることに対し、なんとかしなければならないと思い、企業人としてだけでなく1人の人間としての想いも持ちながら取り組んできました。そんな中、新型コロナウイルスで世界中が多大な影響を受け、これまでリスク要素と捉えられていたことが現実化し、社会での危機感が強くなり、SDGsへの関心が高まりました。

それに伴って研修のご依頼も増え、先日も300人を超える社員様に向けてオンラインセミナーを実施させていただきました。

人々が笑顔で過ごせるために尽力したい

様々お話してきましたが、私はどんな時でも「人のチカラはすごい」と信じています。人のチカラを結集すれば奇跡は起こる。今はコロナ禍で、苦境にある企業も多いと思います。大企業の破綻、そして復活を経験してきた私だからお役に立てることがきっとあるはず。培ってきた経験とスキルを活かして、多くの人を笑顔にするためにこれからも尽力していきたいと思っています。

（左）SDGsに関するセミナーにて登壇　（右）ロシアでの講演の様子
JALでの役員経験・ITスキルに多くの需要があり、講演活動に忙しい宮下律江氏

COMPANY DATA

会社名：株式会社エターナリア
代表者名：宮下律江
所在地：東京都港区新橋1-18-21　第一日比谷ビル5F
業種：コンサルティング
事業内容：ITコンサルティングサービス
メールアドレス：r.miyashita@eternalia.co.jp

株式会社シンシア

代表取締役

宮田朋子

「美」は女性にとって一番の幸せ。幸せになるお手伝いを続けたい

供給過多の美容市場。そしてコロナ禍による集客難でネイル・アイラッシュサロンの倒産が増加する中、骨太の経営で事業拡大を狙うシンシアの宮田さん。会社が元気な理由は、技術に特化しお客様のニーズを的確に掴む実践型の経営にありました。

ネイルとアイラッシュが柱 コロナ禍が追い風に

弊社はネイル・アイラッシュサロンの運営を行っています。現在、店舗数は3つ。渋谷、新宿、銀座と、すべてターミナル駅を中心に出店しております。2008年の開業当時は渋谷店のみ。こちらはネイル専門店（全11席・個室有）で、全席マッサージチェアでの施術を行っているのが特徴です。これはオープン当初からお客様に喜ばれているサービスになります。ネイルは、長い方だと4時間ほどかかるもの。施術の間、なるべくリラックスしていただきたいと思い導入しました。ショッピングの後にご来店いただく場合も多いので、マッサージチェアはすべてフットマッサージができるタイプを入れています。歩いてパンパンになった足をネイルをしながら癒し、美しくなったネイルと共にお食事などにお出かけしていただけたら嬉しいですね。そうそう、休憩時間にはスタッフもマッサージチェアに座ることがあり、福利厚生にも役立っています。

新宿店（12席）と銀座店（10席）は、ネイルとアイラッシュを同時に受けていただける複合店。実はアイラッシュは、コロナ禍でとても需要が高まりました。職場でマスクを外さないので、マツエクだけ付けてアイメイクはしない、という方も多くいらっしゃいます。またテレワークでモニター上だとアイラッシュをしていればノーメイクでもわかりません。ネイルとアイラッシュが同時に受けられれば時短になる。そう思って始めたサービスですが、思わぬ追い風になりました。

来客数は3店舗合計で、月間4000名以上。お客様のリピート率は80％を超え、年代層も多岐にわたります。近年では男性のネイル・マツエクの需要が増えています。メンズマツエクの場合、自然な感じで目力を付けたい、目元の印象がキツいので優しい目元にしたいなどのニーズがあるようです。また、同様に男性から人気が集まっているのが眉毛の施術。余分な眉毛をワックス脱毛で取り除き整えるのですが、それだけでまったく印象が変わりますから。

成人式シーズンにはお母様が息子さんを連れていらっしゃる、というシチュエーションも増えます。マツエクと眉毛をオーダーされる方が多いのですが、中には「ラッシュリフト（自まつげを立ち上げる施術）」を希望される方も。一重まぶたが二重になることもあり、かなり印象が変わり、写真映えが叶うようになります。男性も美意識が高くなっていることを実感する出来事でした。

TOMOKO MIYATA

起業前はエステやリラクゼーションサロンの立ち上げ・マネジメントに従事。店舗運営の経験を活かし15年程前にジェルネイルブーム到来のタイミングで起業、ネイル業界に参入。当時はネイルサロンの数も少なく、技術面・接客面共に十分に満足できるサロンも少なかったので、今までの経験を活かし、ユーザー視点で業界の状況を入念に分析。独自の観点で、ハイクオリティ・スピーディー・リーズナブルなサービスを確立。初年度から順調に経営を展開し、店舗数を拡大中。また、ネイリスト・アイリストの育成にも尽力し、未経験からプロフェッショナルを育成する教育カリキュラムを構築。今後は少子化の影響もあり、スキルある技術者の確保が難しくなっていくことが予想されるため、業界全体の活性化を視野に入れ活動している。

飽和状態の美容業界　他社との違いを明確にし成功

ネイル・アイラッシュサロン市場は拡大を続け、店舗数が4万店を超えるなど、ある意味飽和状態となり、競争が激化しています。そうした中で生き残るため、弊社ではＩＴをフル活用しています。予約システム・顧客情報・カルテの管理やネイルアートサンプルのカタログアプリを独自開発。

弊社のネイルは開店当初から、アートがウリ。多くのネイルサロンでは「この中から選んでください」と、サンプルチップを出して見せることが多いと思います。弊社も以前はそのスタイルでしたが、店舗数が増え、3店舗分同じ物を作るのは大変な労力と時間がかかります。そこですべてのネイルアートをデータ化し、タブレットで共有することにいたしました。デザインや色、季節、イベントなどのカテゴリで絞り込み検索でき、サンプル総数は1万点以上。ここまで多数のサンプルを保有するネイルサロンは他にはないのではないでしょうか。

メールアドレスを登録していただくと、好きなネイルアートをずっと保存できるシステムになっております。ですので、たとえば今回はこのネイルアートをするけれど、次回はコレをやりたい。そう思ったアートを保存しておくことができるよう工夫しているのですが、お客様から大変好評をいただいております。

月に約50種類の新作アートをリリースし、スタッフの名前を付けて掲載。ホームページにもＵＰしているので、そちらをご覧になり指名来店される方も増え、スタッフのやる気にもつながっております。

美容業界はブラックという　悪評から脱却

残念なことに、美容業界は雇用環境が悪く、いわゆるブラックな会社がとても多いもの。個人事業主契約で給与が歩合制だったり、社会保険すら加入していなかったりするサロンが多数存在しております。そうしたお店にありがちなのですが、先行きの不安から早期退職、スタッフの意識やモチベーションが上がらないと技術力も上がりません。弊社はそうした「スタッフの不利益」も「お客様の不利益」につながるものとしてすべてクリアーにしております。

社労士の先生に顧問についていただき、すべてにおいて労働基準法順守。残業代もきっちり支給します。女性従業員の多い職場ですので、もちろん産休・育児休暇も整備。ここまでした理由は、ひとえにスタッフに安心して長く働いていただける環境を作りたかったため。スタッフを守ることは経営者の使命だと考えています。どうやら、弊社のような会社はまだ少ないようで、美容専門学校の先生から信頼いただいており、優秀な生徒さんをＴｅｒｒａに就職させたいと数多くの学生さんをご紹介くださいます。会社を正しく運営することは、人材の確保にもつながるのだと改めて認識させていただきました。

技術向上のため月に約30回の　練習会を実施

また、弊社ではスタッフの教育にも力を入れています。一定以上の技術・接客クオリティを保つ必要がある仕事ですので、研修制度がいちばん重要になってくると思っております。そこで行っているのが、学校のような形で朝の練習会を開催しています。新しい技術の習得やクレームが出た際のフォローアップ研修を行っています。

こうした研修を行うのは、スタッフの経験年数による技術格差をなくす狙いもあります。美容専門学校を卒業し、実務未経験で入社いただいた方の多くが、学校で習ったことと実際のサロンワークとの違いに戸惑われます。とくに難しいのがカウンセリングです。

ネイルもマツエクもお客様のご希望をヒアリングしデザインを提案していく力を育てるのは難しいもの。爪やまつげのお悩みなども細かく聞き取りし、可能な限り悩みを解消してさし上げるのがプロフェッショナルの仕事です。やはりそこは経験が必要なので、新卒だとなかなか即戦力にはならないのが現状。そういったところを一人前まで育てる研修も行うべく、オリジナルのカリキュラムを作っています。

経営者としての　プロフェッショナルを貫く

先ほど「プロフェッショナル」という言葉が出ましたが、私は技術者ではなく経営者ですので、技術力を高める必要はありません。その分、お客様の立場に立ち「どの技術者が担当しても安心して任せられる、長く通い続けたい」と思えるサロンづくりに努めております。商売である以上、収益を上げることも大切です。でも、それは後からついてくるもの。ご来店くださったお客様が心地よくサービスを受けられて、スタッフが楽しみながら働くことができ、双方が満足してはじめてビジネスが成り立ちます。

また、クレームには真摯に対応。技術的なクレームを受けたスタッフは練習会に参加していただき、一から技術の見直しをいたします。また、いただいたクレームは報告書にまとめ、全店・全スタッフに共有。こうして徹底的に周知させることで、同じミスが起こらないよう予防線を張っております。

今後は、少しずつ店舗展開を行っていく予定です。まずは東京都内にて店舗を増やし、ゆくゆくは全国・海外展開もしていきたいですね。

そのためにはまず、人材の確保を。現在は専門学校を卒業した新卒と経験者の中途採用を行っていますが、これからはまったくネイルやマツエクの勉強をしていない方に教えられるようなノウハウづくりも行っていく予定です。実践的なテクニックを教えることで、技術力・接客力のあるプロフェッショナルなネイリスト・アイリストを育てたいです。方法はまだ模索中ですが、少子化が叫ばれる中、何もせず受け身になっているだけではダメかなと。

起業のために経営セミナーや交流会へ

私は起業する前から経営セミナーに参加し、先輩経営者の話をお聞きし、多くの刺激を受けました。たくさん気付きをいただけ、また人脈も広げることができるので、そうした会にはなるべく顔を出したいと思っております。もちろん、知り合ったらそれで終わりではなく、必ず情報共有を。良い情報を手に入れたら出し惜しみせず提供することで、良い出会い・良いつながりを継続していくことができます。これも経営者として大切な仕事のひとつですから。これから起業を考えているのであれば、まずは身近なセミナーや交流会から参加をしてみると視野が広がると思います。

（上）新宿店（左下）渋谷店（右下）銀座店

いずれも広々としたスペースを設け、お客様に癒しを提供している

COMPANY DATA

会社名：株式会社シンシア
代表者名：宮田朋子
所在地：東京都
業種：美容
事業内容：ネイル・アイラッシュサロンの運営
メールアドレス：info@sincere-co.com

WEBSITE・SNS

オレンジ歯科

院長

村上明日香

訪問歯科と家庭教師。2つの職業から見る未来

東京・足立区で「オレンジ歯科」を経営する村上明日香氏。

訪問歯科医師として飛び回りながら、家庭教師としての側面も持つ彼女ならではの、令和の働き方提案とは。また歯科医院の枠を越えて描く、未来のしくみづくりについても聞きました。

交通事故がきっかけで訪問歯科診療に出合う

足立区梅田で地域密着型の「オレンジ歯科」を開業したのは２０１５年。外来だけでなく、訪問診療にも力を入れており、歯科医師14名、歯科衛生士12名、助手５名と共に地域医療に貢献すべく毎日奮闘しております。

私が訪問診療に出合ったのは、交通事故がきっかけでした。歯科医師を目指し、昭和大学歯学部を卒業した私は研修医の後、大学院に通っていました。大学院1年目の夏のある日、トラックに追突され両手が動かなくなってしまったんです。手が動かせないことは歯科医師にとって致命傷、未来がいきなり絶たれてしまうような絶望を味わいました。

それでも陸上部で培われた体力と精神力を持ってリハビリに励みながら、大学院での講師や家庭教師をし、教育分野での未来を模索していたところ「明日香さん、訪問診療をしませんか」と後輩から提案があったのです。手が思うようには動かせない状況を説明すると、訪問診療は口腔ケアがメインで細かい作業はあまりないと。それなら自分にもできるかもしれないということで、思い切って1歩を踏み出しました。

当初は主に患者さんのお口の中を拝見し、歯科衛生士さんに処置を指導するというような立場で参加していたのですが、徐々に患者さんの置かれている状況が良くないことに気付いていきました。

訪問先は特別養護老人ホームや介護老人保健施設だったのですが、私は口腔ケアメインで、虫歯や入れ歯の治療は別の担当医がいらっしゃる。でも私が虫歯を見つけて職員さんに報告しても、次に行ったときにも治療がされていないことが度々あって。逆に職員さんに「先生がやってくれませんか」とお願いされて。そうして治療を始めると、徐々に手も動かせるようになっていったんです。

歯の大切さを伝えたい。オレンジ歯科の開業へ

たくさんの施設を訪れ治療をしていく中で、患者さんたちがよくおっしゃるのが「もっと歯を大事にしておけばよかった」「歯磨きがこんなに大切だとは知らなかった」ということ。歯は失ってからは取り戻せないけど、自分自身でケアができる唯一の臓器です。それを啓蒙するためには、訪問診療だけでは限界があると考えるようになっていた頃、様々な事情が重なり独立をすることになりました。それが「オレンジ歯科」の誕生です。

開院当初は訪問診療メインのスター

ASUKA MURAKAMI

オレンジ歯科 院長

鹿児島県出身。
昭和大学歯科学部大学院卒業
歯学博士

2015年東京足立区に「オレンジ歯科」を開業。
地元密着型で地域の人々に親しまれる。訪問診療は外来と同レベルの設備と技術をもって行うのがポリシー。

16kmの規制範囲内限界まで赴く。

トでした。その後、外来の設備も整えて「さぁ、頑張るぞ」と思うも、患者さんはほとんど来ません。当然ですよね、1年ぐらいずっとほぼシャッターを閉めて訪問に出掛けていたのですから。そこで私は訪問診療を他のドクターにお願いして、なるべくクリニックに常駐するようにしました。診療やレジ打ちなどすべてを1人でこなしながらも、小学生の患者さんのお母さんが迎えに来るまで一緒に時間を過ごしたり、来てくれた方が居心地よく感じてくれるように心がけていった結果、1人また1人と患者さんが増えていきました。

クオリティーの高い訪問診療で患者のQOLを上げる

独立後の訪問診療は、施設以外の一般宅へ行く機会も増えました。すると様々な理由で家から出られない人というのは高齢者だけでないということを知ります。施設の患者さんでは、口を開けていられない方や認知のひどい方が多く、治療と言っても対処療法や第一選択が抜歯というものが多かったのですが、一般宅にいらっしゃる方は脳梗塞などで麻痺の残った若い方であったり、ご高齢でも足が悪い以外はしっかりされている方だったりで、その方々の求める治療は一般の外来で行われる治療であることが分かりました。よって、訪問診療でも外来と同レベルの治療を行うには設備が必要だと考え、ポータブルユニットをはじめ、ポータブルレントゲンやレーザー、摂食嚥下の検査用に内視鏡など最新の設備を揃え、外来と同じクオリティーの診療を受けることができるようにしました。病気やその後遺症で苦しむ患者さんの歯の問題を解決することでQOLの向上が見込めますし、その結果リハビリが上手くいったり社会復帰に繋がればいいなと思いながら、治療に取り組んでいます。

歯科医師と家庭教師2足のわらじを続ける理由

そんな中でも辞めなかったのが、家庭教師です。よく〝2足のわらじで大変そう〟と言われますが、この2つは似ているというのが私の考えです。家庭教師も訪問診療も共に、相手の家庭へ入っていって困り事を解決する仕事です。長年どちらもやっていると家庭内の問題、特に親子関係について共通することが多いなと感じます。親子だとギスギスしてしまうことも、私という存在がクッションになって問題解決ができると本当に良かったなと思いますし、どちらも天職だなと感じています。

また近年、歯科医院は過剰供給といわれており、未来を不安視するような発言をする医師もいます。私は歯科医師を目指す学生には「歯科医師は社会に必要不可欠な存在だし、経営もやり方次第でまだまだ発展できる。自分が他の仕事にも興味があるなら仕事の兼任だっていいんだよ」と伝えています。家庭教師もしている私だからこそ、説得力を持って聞いてもらえているのではないでしょうか。自分たちの力で未来を切り開き、いい日本を作ってもらいたい、それが教育者としての私の願いです。

歯科医師の働き方改革にも取り組む

新しい時代の歯科医院での働き方として、もう1つ取り組んでいることがあります。それはママさんスタッフの積極採用です。今までの常識だと、歯科医師は常勤でないと復帰しにくいものでした。当院では多くの非常勤スタッフを採用することで、一人ひとりの負担を減らしています。基本の勤務時間は8時半から18時までなのですが、保育園の送迎がある人は遅れても早退もOKです。さらに子どもの発熱など突発的な休みも、周りがフォローすることになっています。スタッフからは「こんなに都合良く働ける歯医者があるなんて思ってなかった」と言ってもらえています。

なぜこのような取り組みをしているか。それはやはり、自分自身が子育て中であるのと同時に、家庭教師をする中で家庭にこもりがちな母親のストレスを見ているからだと思います。子育ては素晴らしいことですが、母親自身が社会とつながり、充足感を持って働いている方がストレスは少ない。母親のイキイキしている姿は子どもにもよい影響を与えると考えています。

0ではなく0・5でも仕事に携わればいつでも1にできる、これも私の考えです。0から1にするのは大変ですからね……。

また経験上、ママさんドクターは訪問診療に向いていることが多いと思っています。当院で働く医師には外来と訪問どちらもやってもらっていますが、ママさんドクターは相手の気持ちを察したり、受け止める能力に長けていると感じています。

大事にしているのは「思いやり」という言葉

私はよく〝思いやり〟という言葉を使います。当院で働くスタッフにも「思いやりをもって患者さんと接してください」と伝えています。外来に来る人、訪問診療を待っている人、バックグラウンドは様々。治療に対しても、高額でもいいから良いものを使って欲しい人、保険内で収めたい人それぞれ希望は異なります。私たちが一人ひとりに向き合い、思いやりを持って接する。そのことが信頼につながると考えています。

この夏、ご縁があり新たな土地で診療所を運営することになりました。世田谷区の上町というところなのですが、ここにあった歯科医院を引き継ぐことになったとき、私たちの想いをダイレクトに伝えるには〝思いやり〟という言葉を使いたいと思い「世田谷思いやり歯科」と名付けました。

訪問歯科診療はクリニックから地図上で半径16kmの圏内と法律で定められています。足立区に加えて世田谷区という新たな拠点ができることで、私たちの「思いやり」の診療がさらに広まっていくことを期待しています。

1つのカルテで全世代をトータルでサポートしたい

2つの拠点を軸に、歯科医院としてできることを考えながらも、実はもっと大きな夢があります。それはあらゆる世代の人が幸せに暮らせる1ストップのサービスです。元々、家庭教師をしていたので、起業するなら教育関連だと思っていました。そこで構想したのが1つのビルにカフェや歯科医院、託児所、塾などがあり、子どもたちをトータルでケアする場所。母親が朝、そこに子ども預けて仕事に行けば、迎えに来たときにはすべてが完了しているというしくみです。そんなことを考えていたら、今度は訪問診療で高齢者と接する機会が増えました。すると高齢者は生きがいの欠如や、自分が亡くなったあとの葬儀やお墓の心配など、また別の悩みを持っていることが分かりました。私の配偶者は僧侶をしているのですが、革新的な考え方を持っており、従来の檀家制度や葬儀のあり方ではない方法、宗派に囚われない新しい「仏教」の形を模索しています。また、訪問診療に「臨床僧侶」として同行してくれることがあるのですが、患者さんやその家族の悩みを聞きアドバイスをしている様子を見ると、医師にはできないことをしてくれていると感じます。2人で話していると、子どもビルの1階を高齢者と子育て世代が集う場所にしたらいいかもしれないなど、構想はどんどん膨らんでいきますし、実際に当院の2階に小さなお寺を構えるなど徐々に実行に移しています。

歯科医師、家庭教師をするなかで出会った多くの人たち、そしてこれから出会う人たちが幸せな暮らしをしていけるしくみづくりに挑戦していきたいです。

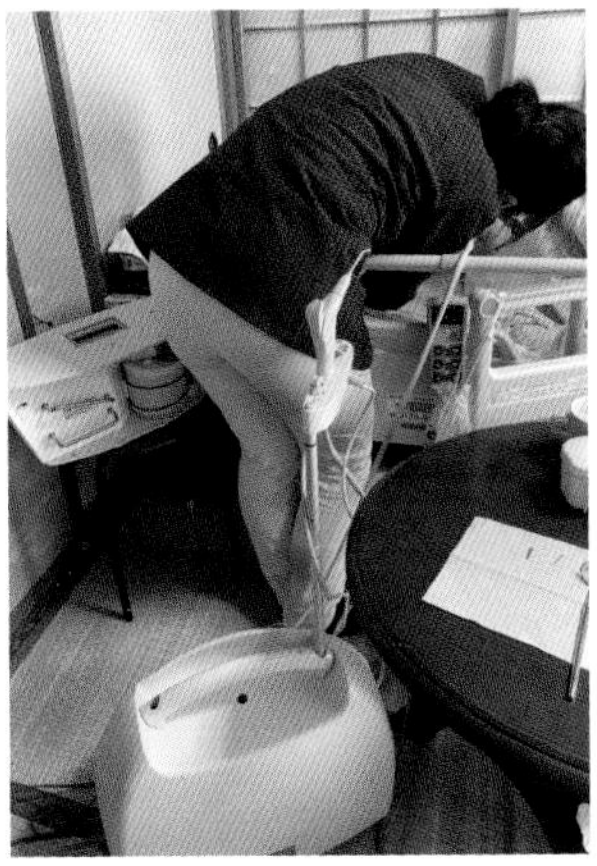

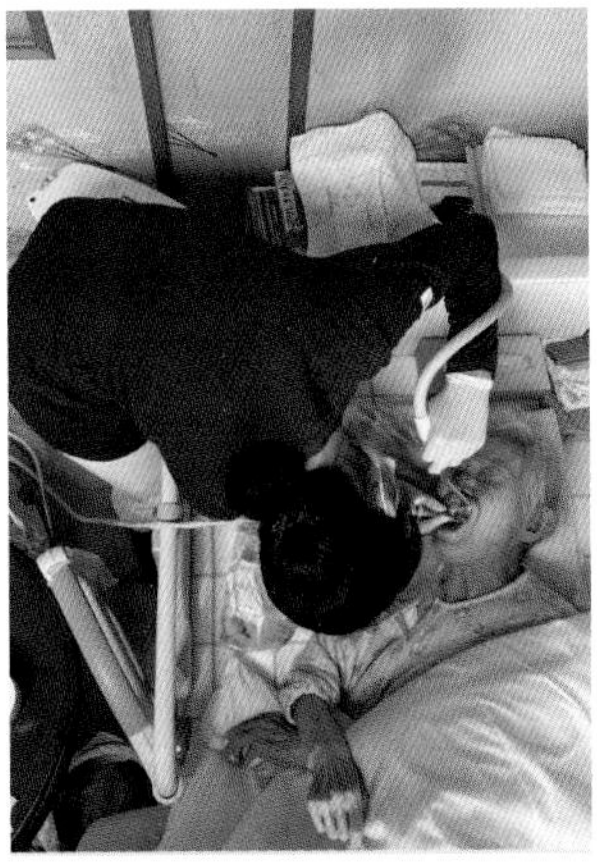

（左・中）訪問歯科を行う村上明日香先生　（右）訪問歯科に止まらず、関わる方の力になりたい思いが村上先生を突き動かす

COMPANY DATA

会社名：オレンジ歯科
代表者名：村上明日香
所在地：東京都足立区梅田７丁目 10-7 オレンジルーム 1F
業種：歯科
事業内容：一般歯科 / 小児歯科 / 訪問歯科
メールアドレス：asuka-m410@i.softbank.jp

WEBSITE・SNS

株式会社スタディオパラディソ

代表取締役

森山暎子

ウェルネスを通してチャーミングな地域社会の創造に貢献

企業や医療機関、教育現場等へ実技を交えた講演・レクチャーを行ってきた森山暎子さん。彼女が「グループフィットネス」というプログラムを通じて届けたいものは、健康的でバランスの取れた笑顔になれる社会の実現でした。

「0次予防」の視点でプログラムをデザイン

当社では、フィットネスやウェルネスプログラムの提供を行っています。中でも独自性が高いと思うのは、健康づくりのためのグループフィットネス。続けやすいように、誰もが行えるように、だけどしっかり効果が出せるようにプログラムづくりと仕掛けづくりを丁寧に行っています。提供先は自社スタジオをはじめ企業やクリニックや高齢者施設、大学などの教育機関。提供方法は、指導者派遣とオンラインレッスン配信と社内インストラクターの養成です。先ほども少しお話しましたが、プログラムと仕掛けづくりはとにかく丁寧に行います。クライアントのご要望やお悩みをお聞きしながら、これまでの弊社の知見を合わせて作ります。例えば、医療機関。クライアントからのオーダーの根底にあるのは「予防医学」で、運動、栄養、休養をコントロールする「一次予防」の重要性を、私たちのフィットネスを通して伝えられています。どんな人でも共通していえることは「身体活動量を増やしたほうがいい」ということ。日本は70年代頃から車の台数が増え、便利な文明が発達し、以前と比べて身体を動かすことが少なくなり、その弊害が、メタボリックシンドロームやロコモティブシンドロームをはじめ、心身の不調者が増えています。いつのまにか健康行動になるような環境づくり、つまり「0次予防」の視点が大切だと考え、そういう場を提供できるよう、自治体や企業やクリニックやまちづくり団体と連携で活動していきたいと考えています。

オリジナルプログラムの開発にも余念なし

私たちパラディソが生み出すフィットネスは、運動生理学、機能解剖学、行動心理学、ティーチング&コーチング等様々な知見を取り入れています。ただ、あまり真面目が過ぎると煙たがられることがあるので、こうしなければダメ、ああしなければダメ、というようなことは一切言いません。音楽に合わせて楽しく身体を動かす。そうしてストレスを払拭することも、予防医学につながります。

私は大学で歴史学を専攻する傍ら、流行りはじめたばかりのエアロビックダンスのインストラクターとして稼いでいました。当時はとにかくハードで、このままのやり方を続けていたら身体がおかしくなる、そう思ったんです。そこで、身体の一ヶ所だけに負担をかけないようにするということ。たとえ健康に良いとされる運動でも、やり過ぎや偏った動きばかりではダメ。そこ

HIDEKO MORIYAMA

大学で日本史を学ぶ傍ら、エアロビックダンスインストラクターとなる。卒業後渡米し、日本人初アメリカの団体の指導者資格を取得し起業。

運動が苦手な人や低体力者対象の「パラディソ体操®」を開発。

また、2009年九州大学大学院ユーザー感性学で、勤労者の運動促進として考案の「10分ランチフィットネス®」を、福岡市・まちづくり団体・企業の協働事業で行い、8000人の知見や調査研究のエビデンスをもとに広げている。一般社団法人10分ランチフィットネス協会代表理事・公益社団法人日本フィットネス協会参与・NPO法人福岡市レクリエーション副会長・福岡大学スポーツ科学部非常勤講師。

で、運動メニューの選択と順番と身体の使い方を模索していきました。

難しかったですね。当時はインターネットのない時代。そこで、日本古来の舞踊や舞踏の本を読んだり、多くのボディーワークを受けたりして、「立腰・丹田」の姿勢で行うフィットネスを考えるに至りました。

現在提供している「パラディソ体操®」は音楽を使ったグループフィットネスで、運動が苦手な人でも低体力者でもできるエアロビックダンスをベースにしています。身体感覚と科学性を掛け合わせたプログラムは、静と動のバランスを考えており大変人気です。からだほぐし、有酸素運動、筋肉強化、そしてストレッチング、マインドフルネス瞑想の構成です。有酸素運動は、福岡大学の医学部とスポーツ科学部が協働で生み出した「ニコニコペース®」の運動強度で、生活習慣病や認知症をはじめ予防や改善のエビデンスがあります。体験された方の多くが笑顔になってくださっています。

2009年から開発を重ねた「10分ランチフィットネス®」は、スポーツウェアに着替えることなくより簡単に、短時間で行える運動プログラム。オリジナルの音楽に合わせて、先のパラディソ体操®をもとにつくった型のある振り付けで体を動かします。

健康経営を支援するプログラムへと発展

先ほど紹介した「10分ランチフィットネス®」を開発したきっかけは、2009年に福岡市から勤労者の運動推進についてヒアリングを受けたことに端を発します。当時、大学院に入学して高齢者の運動について研究予定でしたが、これ幸いと飛びつき、ランチタイムにまちの公開空地で行う「10分ランチフィットネス®」を提案。福岡市とまちづくり団体、企業との共働で実施し、延べ8000人もの、参加者とそれをたまたま通りがかりで見た非参加者の声を集め、プログラムと仕組みを作りました。

2015年から、株式会社正興電機製作所や西日本高速道路株式会社等で、昼休みや就業時間中に職場単位で週に2回の10分ランチフィットネス®を行う「アクティブブレスト®」について、産業医科大学に調査研究を依頼。睡眠の質の向上や、生産性やコミュニケーションや活力が上がるという結果が得られました。2017年に米国産業医学誌にも掲載されました。

もしも職場の雰囲気を変えたい、そう願うのであれば――こうしたフィットネスを取り入れることを一つの選択肢として考えていただきたいですね。グループフィットネスという分野を通じ、誰もが働きやすく笑顔になれる社会が作れたらいい。みんながHAPPYになれたらいい。そう思っています。

経営のノウハウもなく起業。当時は苦労の連続

現在はコロナ禍にあって影響は大きく、この活動を継続したいという想いで、創業当時のように未来に向けての投資として銀行から借り入れを起こしています。20代で起業した当時は、スタッフの結婚や出産による退職や自分の子育てなど時間に追われ事業計画作成もなく、行き当たりばったりだったので、まさに、バタバタ貧乏、つまりバタ貧でした。スタッフはできず、私にしかできていないことはなんだろう？　そう考えたときに浮かんだのが「経営」という言葉。そこで初めて経営を学ぼうと決意したんです。

ランチェスター経営の勉強会を知人から薦めていただき、そこでようやく、経営には戦術と戦略があること、なんでもかんでもやろうしてはならないことを知りました。ごく当たり前のことでしょ？なんて思われるかもしれませんが、本当に、そうしたことすら知らずに起業してしまったんですよ。スタジオをつくれば人は集まると信じていました。若気の至りです。

起業のきっかけは、エアロビクスという造語の生みの親、ケネス・H・クーパー博士の本。どうせやるなら源流を見たいと考え渡米をしました。当時のアメリカには雨後のたけのこのようにエアロビックダンススタジオが乱立していたので、スタジオをイエローページ（アメリカの電話帳）で調べてレッスンを受けました。日本人として初めてアメリカのエアロビクス協会認定資格の試験を受けて合格。帰国後、文化サークルや企業や公民館のサークルなど口コミで面白いほど仕事が増えました。そうこうするうちに企画に関わった超個性的な建築物でスタジオを持つということでパラディソが誕生しました。

当時はいわゆる「バブル景気」が始まった頃。今だったらとても考えられないのですが、まったく実績のない私に対し、銀行が2000万円を融資してくれました。1000万円を保証金にし、1000万円で内装を整えたのはいいのですが、運転資金のことなどまるで考えてなくて。やれば人が集まると本気で信じていたんです。でも、時代が良かったんですよね。流行でもあったし、たくさん取材を受け、TVや映画のロケでスタジオが使われたこともあり、知名度が高まり、多くの人が集まってくださったんです。

起業して35年の今、想いを新たに

「売り手よし・買い手よし・世間（社会）よし」の近江商人の考え方をご存じですか？　まずは、売り手よしなんですよね。まずは、自分を信じる。つまり自信を持ち、自分軸を持ち整える必要があります。尊敬する経営者は、自分の健康づくりはもとより、ともに働く従業員の健康的な環境づくりには積極的です。買い手には、満足度の行くサービスを提供するのは当然で、さらに、自分が経営する生態系が社会に意味のある事で、貢献しているのかということです。今後は、環境問題に配慮している事業でないと、投資はしてくれません。

ところで、このコロナ禍でリフレーミングした時に、多様な人々と本質的なものを問い続け、新しい変化を重ねる「不易流行」の考え方の大切さを実感するとともに、関わる全てに感謝の気持ちが溢れてきました。

私たちの存在目的は、「身体・心・精神性」のバランスをとるしなやかさを開花させた人々とともに、チャーミングな地域社会づくりに貢献することです。そして、激動する世界をしなやかに生き抜く人が増え、未来に向けて挑戦するコミュニティーが広がり、生き生きと躍動的な世界が広がっていくビジョンを共にするチームで活動を続けたいという想いを新たにしました。

（左上）スタディオパラディソにていつも元気なメンバー達と
（左下）“グループフィットネス”で社会貢献がミッションです
（右上）常に笑顔でハツラツとされている森山暎子さん
（右下）博多駅前広場での10分ランチフィットネス®

COMPANY DATA

会社名：株式会社スタディオパラディソ 一般社団法人10分ランチフィットネス協会
代表者名：森山暎子
所在地：福岡県　業種：ウエルネス関連サービス業
事業内容：0次予防の観点で、その人らしくウエルエイジングできるチャーミングな環境創造が理念。現在は、健康経営を目指す企業に、職場のコミュニケーション・活力・パフォーマンス向上のエビデンス（米国産業医学誌掲載）を持つ「アクティブレスト®」サービス提供に注力。
メールアドレス：info@paradiso.ne.jp

WEBSITE・SNS

山田麻美税理士事務所

代表取締役

山田麻美

お客さまと一緒に成長できる税理士事務所を目指す

「将来どうなっていきたいのか」。過去会計だけではなく、未来からお客様の将来を考える未来会計を提案。お客さまが悩んでいる際に、右腕として頼ってもらえる、そんな税理士事務所に育てていきたいですね。

高校在学中に日商簿記検定１級を取得

個人の山田麻美税理士事務所を初めて開業したのは２０１４年２月。その後２０１９年４月に未来創造税理士法人を設立しましたが、２０２１年１月に解散し、改めて個人事業にて山田麻美税理士事務所に戻しました。主なお客さまは中小企業や経理を置いていない中小零細企業。そういった企業の税務会計顧問として、税務相談や決算、税務申告、月次記帳代行業務、キャッシュフロー経営や管理会計、部門別採算制度の導入支援、事業承継、相続税申告などのサービスを提供しています。

税理士を目指したきっかけは商業高校に進学し、在学中に日商簿記検定１級を取得したこと。その後、専門学校に進学し、税理士か公認会計士の道を選ぶこととなりました。税理士を選んだのは、公認会計士よりも資格取得の難易度が下がるため取得しやすいことや家業が職人だったことで税理士の方が身近だったから。というのも公認会計士は、国家資格の中でも最難関といわれる資格で、試験は短答式試験と論文式試験の２段階選抜。短答式試験の合格有効期間は２年間という期限付きです。一方の税理士は会計学に属する２科目と税法に属する科目のうち３科目の合計５科目に合格すれば資格を取得できます。すべての科目は一度に合格する必要がなく、１科目ずつの合格科目が生涯有効なため働きながらの資格取得が可能なことも魅力でした。

大手企業、個人の税理士事務所、税理士法人で経験を積み独立

専門学校卒業後、まずは大手企業の経理業務の仕事に興味があり、東急電鉄の財務戦略子会社に就職。事業部の採算管理や部門別の管理会計、連結グループ子会社の決算書をとりまとめる連結決算業務などを経験しました。やりがいもあったのですが、組織の中で属しているよりも、やはり、もっと個人の能力を活かせる税理士として活躍することを選び、個人の税理士事務所、大手税理士法人に転職。そこで税理士試験の資格取得に励みながら、実務経験を積みました。税理士法人に勤務をしているときは、上場している大手企業から中小企業まで様々な規模や業種の会計税務業務に従事しました。やりがいもあり、居心地もよかったのですが、税理士登録をした２０１１年以降は、一担当者としてだけではなく、もっとお客さまに頼られる存在として仕事をしたいと思うようになりました。税理士法人の担当者として安定して働けるという心地よさはあります

ASAMI YAMADA
税理士の山田麻美です。
中小企業の税務顧問や個人のお客様の確定申告や相続税の申告を行なっています。事務所の所在地は中央区日本橋にあり、とても便利で洗練された街並みが特徴的です。
私は高校の時に日商簿記検定の１級に合格したことがきっかけで税理士を目指しました。もともと数字に強く、中小企業経営者の経営のお役に立てるよう、サポートを行なっています。

が、このまま長く働いていても10年先、20年先の明るい未来が思い描けないような気がして、独立を考え始めました。

独立に際しては、フリーランスや個人事業主として活躍している先輩税理士たちに相談しました。「独立してみたいんだけど」と話をすると、皆「なんとかなるよ」と言うんです。両親にももちろん相談。心配すると思っていましたが、「いいんじゃない」と後押ししてくれました。父をはじめ、近しい親戚に会社員がいなかったから、理解が早かった理由かもしれません。これらの言葉に勇気をもらい、独立を思いついてから1年もかけずに独立しました。

独立後、顧客の開拓と求人に苦労

もちろん、これまで担当したお客さまを持ってでるわけにはいきません。お客さまの開拓はゼロからです。独立する際に知り合いの司法書士の先生に設立したばかりの会社や独立志向の個人事業主を紹介してもらったり、独立を支援してくれた税理士事務所の手伝いをしたりして、徐々にお客さまを獲得していきました。

ただ、求人には苦労しましたね。事務所を構えたのは東京・西新宿。最寄り駅から少し、離れていることもあり、求人媒体に広告を出してもなかなか応募がありませんでした。今、事務所があるのは東京・日本橋。JR東京駅八重洲中央口より徒歩3分、東京メトロ日本橋駅より徒歩1分と非常にアクセスが良い。ここに移転してからは、求人にも苦労することがなくなりました。立地は非常に大事だと実感しましたね。

より事務所を成長させるために従業員を増やす

これまでずっと従業員4人の壁が越えられなかったのですが、今年思い切って2人採用し、6人体制としました。4人という小規模な組織だと、人材の定着が難しいということもありますが、人材を増やさないと組織として先が広がらないと考えたからです。

現在は法人の顧問税理士として経理や会計、給与計算などのサービスだけではなく、総務や経理、人事などバックオフィス系の機能をすべて請け負うことも本格的に始めています。というのも私の事務所と同じように、個人で立ち上げ徐々に人を増やしている段階の会社では、バックオフィス系の人材をすべて揃えるのは難しいからです。その部分のその会社の右腕として支援して、その会社と共に当事務所も成長をしていく。事務所が発展する理想の形だと考えています。

とはいえ、会計や税理に関する知識はありますが、総務や人事となると勉強が必要です。最初は私がOJTで教えましたが今ではこの事務所で3〜4年働いている社員が新しい社員にOJTで教えるという循環ができており、この事務所においても人を育てる環境が整いつつあります。

未来から考える「未来会計」を提案

当事務所の特徴はバックオフィス系の機能をトータルで提供できるだけではありません。お客さまに「未来会計」という考え方を採用したサービスを提供していること。一般的な税理士事務所が提供しているサービスは過去会計と呼ばれます。つまり過去会計とは税務署への書類を作成したり、過去の財務情報を分析して、解決すべき財務上の課題を抽出したりすることです。一方、未来会計とは、お客さまが描いている未来像と現在の位置を確認して、未来像に到達するための課題を抽出して、その課題を解決するための具体策を経営者と共に考えていくサービスです。つまり当事務所では過去会計はもちろん、未来会計のサービスも提供しているのです。将来、自分の会社がどんな風になっていたいのか。未来を考えることは、ビジョンを明確に定めることにもつながります。明確に定めてビジョンと今を比べ、その間をどう埋めていくのか。それが事業計画となる。「将来、どうなりたいか」という未来から考えることの大事さをお客さまには提案しています。

徐々に権限委譲し、人脈作りに注力

今、経営者に未来会計という考え方の提案をしているのは主に私ですが、従業員にも経営者と話しをする機会を増やしているところです。経営者が悩んでいることに答えるには、接する機会を増やさないと気がつかないからです。もし、経営者の悩みに答えられることができれば、「お客さまの役に立った」という大きなやりがいが得られます。一担当者ではなく、自分がその会社の右腕なんだという意識で業務に携わって欲しいと思うからです。それだけではありません。今、あらゆる業務の自動化が進んでいるように、帳簿付けなど、今税理士が請け負っている業務も自動化が進むからです。そうなったときに、どこで税理士として付加価値を提供できるかというと、経営者の悩んでいることに対してソリューションを提供していくことだと思うからです。

従業員に経営者と話す機会を増やすため、今、私が注力しているのは人脈作りです。過去会計に関する実務は従業員に任せ、さらに抱えている案件も徐々に権限委譲することで時間を捻出し、積極的に経営者が集まる交流会やセミナーに出かけるなどして、顧客開拓に取り組んでいます。顧客が増えれば、人材も増やすことができます。5年後の2026年には従業員30人まで増やすことを目標としています。人脈作りが苦手な人もいるかと思いますが、私はまったく苦ではありません。むしろこうして外に出ていろんな人と交流したかったから、独立したのかもしれません。

コロナ禍では大きな影響を受けず

飲食業を中心に大きな影響を与えているコロナ禍ですが、当事務所にはそれほど影響はありませんでした。飲食店のお客さまが少なかったこともありますが、コロナ禍による経営悪化で解約に至るようなお客さまがなかったことは幸いしました。またコロナ禍により多くの企業で働き方改革が進んでいます。当事務所でも昨年緊急事態宣言が発出されたときに、テレワークを試みましたが、難しいと感じました。お客さまから預かった大事な資料を従業員の家に持って帰るということは、セキュリティ上のリスクがありすぎるからです。従業員に感染予防を徹底してもらうことで、なんとか乗り切っています。

これからも会計業務だけではなく、お客さまのあらゆる悩みに答え、その解決を通して共に成長できる税理士事務所を目指して邁進していきたいと思います。

もっと女性の皆さんが前のめりに起業する世界になってほしい

実は女性で独立する税理士は意外に少なく、多くは税理士法人や個人の税理士事務所に勤務している人が多いんです。ですが、税理士は女性が独立して開業するのにはいい職業だと思います。資格があるので、どんなスキルを持っており、どんなことができるのかがわかりやすいからです。しかも開業する際の初期投資はかなり少ない。私の場合、初期投資にかかったのはレンタルオフィスの家賃と、ノートPCと会計ソフトや税務申告のソフト。つまり小さな資金でも開業できるのです。もっともっと女性の皆さんが前のめりに起業できる世界になって欲しい。起業後、何か悩みがあればぜひ、ご相談ください。

(左) 日々笑顔で過ごし、従業員が働きやすい環境を作り出している　(右) クライアントに向けてプレゼンテーションを行う山田麻美さん

COMPANY DATA

会社名：山田麻美税理士事務所
代表者名：山田麻美
所在地：東京都中央区日本橋 3-3-5NS 日本橋ビル 5 階
業種：税理士
事業内容：企業の財務及び税務の顧問・毎月の会計帳簿作成・給与計算・資金繰り支援
メールアドレス：yamada@ya-taxoffice.com

WEBSITE・SNS

一般社団法人ライズリーナ

代表

山田和子

〝教えない〟ピアノレッスンで生きていく力を育む

米国発のペース・メソッドという学習法をもとに考案したオリジナルのピアノレッスン『教えない♪レッスン』で、多くの子どもたちを指導してきた山田和子氏。近年はこの指導法をオンラインで学べる講師向けのスクールにも力を入れています。

自分に自信がなかった私が、独自のレッスンを考案するまで

音大を卒業してピアノ講師になり44年ほどが経ちました。オリジナルの指導法を『教えない♪レッスン』と名付けて謳い始めたのは2000年頃。"先生が教えるのではなく子どもの能力を引き出すことで自立と成長を目指すレッスン"ということでネーミングしました。

今では他にはない指導法とたくさんの方に興味を持っていただいていますが、この指導法にたどり着いたのには、根本に"自分への自信のなさ"があったからというと驚かれるでしょうか。私はピアノを習い始めたのが小学4年生からと遅く、高校生で音大を目指すことになるまで数年のブランクもあり、音大に入ると周りはすごい人ばかり。実力の差を痛感しました。学校を卒業しピアノ講師になってみたものの、こんな私が教えていいのかな？という想いを持ち続けていました。

ピアノの指導というのは"伝授"つまり、講師の持つ技術や表現力をそのまま生徒に教えるのが主流でした。ですが、自分に自信のない私はそれをしたくない。そこでどうしたら良いか模索する中で出会ったのが「ペース・メソッド」という学習法でした。

これはアメリカ・コロンビア大学の名誉教授、ロバート・ペース博士が考案したピアノ学習法なのですが、ピアノが上手くなるだけでなく、人間形成にも関与することに感銘を受けました。ピアノ専門誌でこのメソッドを知った私は「これだ！」と思い、さっそく記事が掲載された出版社に連絡を取りました。テキストはまだ日本では出版されていませんでしたが、アメリカで2度に渡りペース博士から直接ご指導を受けることができました。このことは、今でも私にとって大きな財産です。

従来とは全く異なるアプローチに刺激を受け学びを得た私は、それを日本に持ち帰りレッスン内容を一新。親御さんの中には急な方向転換に不安を持つ方もいらっしゃいましたが、徐々に受け入れられていきました。

ペース・メソッドは素晴らしい学習法だと手応えを感じながらも、実践していく中で生徒の可能性をもっと引き出すにはどうしたらいいのか……そんなことを考えるようになりました。そこで生徒とのコミュニケーションの力をつけたくコーチングを学ぶことにしました。さらにコーチングの先生がアドラー心理学にも詳しく、マインド面を併せて学ぶことで『教えない♪レッスン』の形が出来上がっていったのです。

KAZUKO YAMADA

一般社団法人ライズリーナ代表。「教えない♪レッスン」提唱者。コロンビア大学名誉教授ロバート・ペース博士の理念・アドラー心理学のマインド・コーチングのスキルから構築。海外メディアからのオファーでテレビ出演やピアノ専門誌に掲載など各方面で取り上げられる。「教えない♪レッスン」実践スクール、「資格と才能と経験を活かした」起業スクールをオンラインで開催。

子どもの生きていく力を育む『教えない♪レッスン』その内容とメリットとは

生きていく力とは「発見力・思考力・工夫力・創造力・想像力・自立心・問題解決能力」の7つ。これが『教えない♪レッスン』を通じて身につくのが最大の特徴です。一体どのようにして？と思われるかもしれませんので、少しだけ具体的な内容をお話ししましょう。

指導法は子どもの年齢によって変わります。脳のしくみや身体の成長を考えて、その時期に最も適した指導をしていきます。まずは3～4歳。知識よりも感性を育む時期なので、音そのものを感じて表現することから始めます。例えば、お空に浮かぶ雲や風に吹かれて散っていく葉っぱ。そのものになりきってピアノで表現したり、音の違いを感じてもらいます。この時期に感性を育んでおくと、先生に教わらなくても自分の力で表現していけるようになります。

4～5歳になったら短いモチーフのメロディを使って、自分で作り変えたり（変奏）色々な調性で弾いたり（移調）自由に即興をしていきます。先生から教えられたことを受け身で弾くのではなく、自ら発見し考えて工夫していくことで音楽の力が培われていきます。そして5～6歳になると楽譜を通して様々な曲を弾いていきます。それも〝ドレミを覚える〟というより、〝メロディの形〟を見て、どのように表現していくのか考えてもらうんです。これは専門用語で「アナリーゼ」というのですが、音大などで学ぶことはあっても、子どもにはあまり教えていない方法でした。具体的には「この形のメロディだったら音が盛り上がっていくな」というようなことを子どもたち自身に〝発見〟して考えてもらうんです。この方法を私は「表現読み」と名付けています。さらにそこから変奏や移調や即興をするなど、自ら沢山のアウトプットを経験することで〝創造力〟や〝問題解決能力〟を育むと共に、演奏力が身についていきます。

これらを指導するうえで大事なのが〝教えない〟ということ。子どもが自ら考えて行動することで生きていく力は育まれていきます。子どもは遊びが大好き！　自分で考えて工夫していくことにワクワクするのでしょうね。それに対して受け身でいることはキライです。教えだした途端にあくびをしだします。そうすると覚えない。教えているこちら側も「教えたのになぜ覚えないの？」とストレスになります。とはいえ、基本的な弾く技術や音楽の知識も必要です。そこで私は音楽の基礎知識は〝提供する〟と考えることにしています。知識は昔からあるもので、たまたま自分が先に知っていただけなので、教えるというのではなく提供すればいいんです。忘れられてもまた提供すればいい。そう考えれば生徒も先生もストレスがないのです。

そんなレッスンですから、面白いことが起きます。3歳の生徒さんに「これってなあに？　教えて」と私が尋ねるものですから、その子は自分の方が先生だと思っているんですよ（笑）。いつも可愛いなと思う瞬間です。さらに年齢が上がっていっても先生と生徒という縦の関係ではなく横の繋がりで接してきているので、親でもない学校の先生でもない大人として子どもの成長に関わることができます。ピアノ教室が第三の居場所と感じていただいています。

長く通ってくれる生徒の中には、学校には行きたくなくても、私のところには通ってくれるというような子もいました。

私が教えていた子どもたちは、理系の道に進むことが多いのも特徴のひとつ。ある理系の難関校に進んだ生徒の父親に「先生の教え方で、物事を考える力や応用力がつきました」と報告していただいたこともあります。

ピアノ講師向けスクールを始めたきっかけ

そんな『教えない♪レッスン』を、もっと多くの人に知ってもらいたいと思ったのは、様々な機会に知り合った大人たちの声。私がピアノを教えていると言うと「子どもの頃に習っていた」という人は多いのですが、ほとんどの人が辞めてしまっているんです。その理由を聞くと「先生が怖かった」「練習が大変だった」などネガティブなイメージが多くて……。でも私のところに通う生徒たちは、ピアノをとても楽しんでいる。ピアノレッスンの可能性を伝えたくて、１９９６年から行っていたピアノ講師を対象とした単発のセミナーを、継続して学べる『教えない♪レッスン』実践スクール」として開講。２０１９年からはオンラインでも受講できる仕組みを整えました。1年間のコースで『教えない♪レッスン』のマインドと指導法を学んでいただきます。おかげさまで3年間で72名もの受講をいただき、教えないメソッドが全国に急拡大しています。

そうして多くのピアノ講師の皆様と出会ううちに、今度は新しい課題が見えてきました。それは子どもたちの未来を応援するためには、子どもに関わる私たち大人が協力し合うことが必要だということ。そこで「音楽で子どもたちの未来を応援・子どもたちに影響を与える大人を応援」というコンセプトで『一般社団法人ライズリーナ』を仲間と共に設立しました。具体的には子どもたちが音楽の素晴らしさを体感できるイベントのほか、ピアノ講師や教育関係者の方に向けて様々なセミナーを開催しています。アドラー心理学をもとにした「勇気づけコミュニケーション講座」は、生徒との接し方に悩む講師や教師の皆様をはじめ子育てに悩まれている保護者の方に、より良いコミュニケーション方法をお伝えする講座として、大変ご好評いただいています。

社会貢献の気持ちを持って活動を広げたい

このように現在は様々な活動をさせていただいておりますが、その源は〝社会貢献をしたい〟という強い気持ち。それには忘れられない原点があります。子どもの頃、私は非常におとなしく、学校で一言も発言ができないような子どもでした。中学2年生のとき、担任の先生がそんな私を含めクラス全員に役割を与えてくれたのです。普通なら〝この仕事は◎◎委員〟というように、選ばれた生徒にしか役割がないところ、自分にも役割を与えてもらったことで私という人間の存在意義を肯定してもらえた。それは非常に大きな出来事でした。そして〝私にもクラスに貢献できることがあるんだ！〟という自己需要感も生まれたのです。この担任の先生やペース博士をはじめ、自分の人生において〝メンター〟と呼べる人が他にもいらっしゃいます。その方たちが私に与えてくれたものを、今度は私が子どもたち、そして子どもを応援する大人の方々にお返ししたい。その気持ちが私を突き動かしています。現在、新たに起業コンサルタントとしての活動をしていますが、これも他のピアノ講師さんからの相談がきっかけ。資格や才能があっても、それを活かしきれていないと感じる皆様のお役に立てればという気持ちで取り組んでいます。〝起業〟というと、お金儲けが目的と捉えられることがありますが、私の想いはそこではなく、ワクワクすることを通じてみんなで社会貢献をしていきたい、それだけなのです。子どもの生きていく力を育む教えないメソッドで、子どもに関わる保護者や様々な指導者と共に子どもをサポートし、子どもに明るい未来を見せていきたいと思っています。

（上）取材時に素晴らしい腕前を披露していただいた山田和子先生
（左下・中央下）大阪リッツカールトンにて登壇「今年ブレイクした６人の起業家の成功の秘訣」（右下）一般社団法人ライズリーナ「指導認定講座」

COMPANY DATA

会社名：一般社団法人ライズリーナ
代表者名：山田和子
所在地：大阪府堺市
業種：音楽・教育・コンサルティング
事業内容：セミナー・講演会・イベント・物販・コンサルティング「教えない♪レッスン」実践スクール
メールアドレス：hag31250@ams.odn.ne.jp

WEBSITE・SNS

和∞むすひ

天乃那美

「古事記」を通し、親子揃って輝ける時代を創生

日本最古の歴史書とされる「古事記」は、712年に編纂され時の天皇・元明天皇に献上されました。和∞むすひの天乃さんは、この「古事記」に記されている日本人らしい心を、子どもたちに伝える活動を行っています。

自分のことが嫌いだった子ども時代

わたくしは自分のことが嫌いでした。その嫌いな自分を認めることすらできずにいました。今は自己肯定感という言葉がありますが、当時はそんな言葉を知るよしもありません。そうした嫌いな自分からなかなか抜け出せなくて、もがいて、焦って、ひとりで苦悩していたように思います。すぐに感情的になる性格で、傲慢なくせに自信がなく、心の中でいつも孤独を抱えていました。誰にも言えず、結婚しても、子どもが出来ても、心の中ではひとりきり。表面上では笑っていましたが、心の中はずっと寂しさを抱えていました。子ども時代も、そしてママになってからも、誰かから無視される辛さを味わいました。でも、当時の私は、「どうして？　私の何が悪かったの？」と、誰かに聞くことも相談することもできずにいました。暫くして、長年病を患っていた母が他界しました。その時、生きるとはどういうことか、幸せとは何か、死とはどういうことか、真剣に考えるようになりました。すると不思議なことに、自分自身を変えたいという思いが湧き上がってきました。こうして、私にとって初めての人生を懸けた大きな挑戦に挑むことになりました。

學ぶにあたり、二つ決めたことがあります。一つは、人生の質を変えられる学び舎を選ぶこと。そして本を読むことです。人生の質を変えるには、人としての生き方、人間としての本質を教えてくれる場であることと思い、帝王學を学び始めました。そこを主軸として、九星気学、東洋・西洋哲学、易経、歴史、古事記、心理学、セラピー、成功哲学、自己啓発、医療、様々な分野を学びました。同時に、初めの２年間で２００冊以上の本を読みました（翌年からは、良書を選び数の拘りはなくしました）。不思議なことに、だんだんと繋がっていき、全ての過去は、今の私になるために環境を整えていてくれたのだ！と、気が付いたのです。いじめに遭った私も、傲慢だった私も、自分に自信がなかった私も、私の使命を全うするためには、必要なことだったと気付きました。そして、明確になったことは、「木」は枝葉を広げて伸びていきます。でも、最も大切なのが、「根っこ」で、たとえ、葉っぱがきれいであっても、根っこが腐っていたら早晩倒れてしまいます。大木になればなるほど、地中深く、広く、根っこを張り巡らせます。これは人間でも同じこと。「気」の根本、つまりもともと持っている気が健全じゃなければダメなんです。「元気」とは「元」の「気」と書きます。元の気であれば、病気にもならず、笑顔で生活することができるのです。

心を輝かせる成功法則「心輝学」を創設

ひとりでも多くの人を元気にしたい。元ある気に戻し、本来持つ輝きを取り戻していただきたい。そう考え、わたくしは東洋思想をベースにした日本人らしい幸せ法則「心輝学」のマスタープログラムを作りました。この「心

NAMI AMANO

帝王學、哲學、古事記や多くの東洋思想を學んだことで、学校では教えてくれない、世界一長く続く国、日本の歴史観、死生観、自然観から、日本の文化、思想、日本人の魂の素晴らしさに気づく。同時に、日本の国が自己受容できていないことを知り、子どもたちには、古事記を通じて日本の心を、そして、本来の自分に目醒めていない人に、古事記や東洋思想をベースに各種講座を通じて、日本人らしい幸せ成幸法則を伝えています。

輝学」は日本人らしさが売りです。心理学、脳科学などの分野も入っていますが、易経、神道、仏教、古事記、長年日本に根ざしている學問を主軸にして、日本人ならば誰もが少しは見聞きしたことがあるものや、理解できていない古の知恵等を解りやすく、体系化しました。易しいから徐々に難しくなる。共に考える場としています。

　現在のわたくしのメインの仕事はそうした心輝学をもとにしたコンサルで、子育てだったり、生き方だったり、結婚だったり、そうした日常の中に潜むお悩みの相談を多く受けております。先日、いわゆる「心産業」の買い物依存に陥っていた方がいらっしゃいました。ヒーリングボールとか、開運〇〇のような、まぁ、そうしたものを言われるがままに買ってしまっていたんですね。でも、私がその方を見させていただいたところ、そうして買い物をしていたことにも意味があったのです。その意味をお伝えしたところ、彼女は泣きだしてしまいました。多くは「自分が正しい」と思っていらっしゃいます。自分が一番だと思っていて、他人を正そうとしてしまうんです。

　この買い物依存の女性も同様で、自分が正しいと思っていらっしゃったので、周囲の声がまるで聞こえていませんでした。そこで私がしたことは、彼女の本質を見、本人が進んで根っこを正せるようなアドバイスです。こうすると多くの方が「もしかしたら、自分が間違えていたのかもしれない」そう気付くことができるのですが、彼女も類に漏れず。その後、彼女は買い物を止めました。

古事記を学び「教育に生かそう」と発起

　様々なことを学ぶ中で、ずっと学びたいと思っていたのが「古事記」でした。古事記は日本最古の歴史書という位置付けにありますが「浦島太郎」や「因幡の白兎」など、広く知られている童話の元となるエピソードがたくさん記されています。それくらい、日本人の生活に密接に結び付いているものなのです。でも、いかんせん書かれ方が古く難しい。そのため、なかなか読み解くことができず、書店で買い求めたものの、書棚に置いたままになっていました。そろそろきちんと古事記を学びたいと思っていたら、当時、全国で「大祓いの詩」を教えていらした(現在は、群馬県渋川八幡宮権禰宜)小野善一先生と、八百万の神様カードとのご縁を頂き、本格的に古事記を学び始めました。今まで、古事記の本は、本棚に入りっぱなしでしたが、こちらのご縁により、古事記の内容がわかり、本を読み進め、深く理解していけるようになりました。現在社会に生きている我々には、理解できない言葉や行動が出てきますが、一つひとつ考え、自分なりに答えをだしていくうちに、面白いもので「世の中」に対する見方・考え方がどんどん変わっていきました。

自分なりに解釈した「古事記」の教えを、子どもたちへ

　子どもたちに「古事記」を教えるようになってから、今年で4年になります。現代の私たちには遠いものとなってしまった日本人ならではの自然観、歴史観、死生観を古事記を通じて子どもたちに伝え、なぜ日本が世界で一番長く続いている国であるのか、単一民族でここまでうまくやれてきているのはなぜなのかを考えてもらうとともに、日本人だからこそ持つことができる〝心〟をお伝えさせていただいています。昔の日本人は、すごかったんですよ。先人からの教えをきちんと受け継ぎ、その教訓をもとに生きることで、自分たちを発展してきたのですから。でも今はなぜか、そうした教えは「古いもの」として敬遠されてしまう。英国の歴史学者アーノルド・J・トインビー氏は「神話を忘れた民族は100年以内に滅ぶ」という言葉を残しています。戦後、日本の教育現場から神話の授業がなくなりました。でも、神話の中に秘された日本の成り立ちや日本人が時間をかけて紡いできた精神を知らずして、国を良くしていくことはできません。そうしたことを、ひとりでも多くの子どもたちに伝えていきたいと考えています。また、これからは「親輝学」として、親子そろって輝くことができる社会の実現に向けた活動も行っていきたいと思っています。

　日本を元気に。子どもたちに未来ある日本としてのバトンを託したい――これが、私の切なる願いです。

(左) 八百万の神カード
(中) 個人セッションで丁寧にヒアリング
(右) セミナー登壇

COMPANY DATA

会社名：和∞むすひ
代表者名：天乃那美
所在地：東京都
業種：教育及び人材育成・コンサルティング・サービス業
事業内容：日本人らしい幸せ成幸法則・心輝學式使命探究講座 etc
メールアドレス：shinkigaku@gmail.com

WEBSITE・SNS

トータルファッションアカデミー凛

代表取締役

Rie Ikegami

経済的にも精神的にも自立した「凛美人」の育成

人はいつからでも変われる……
女性の自立がテーマのこの令和時代。
クライアントの外見イメージを戦略的に変え、経済的、精神的な自立をした
「凛美人」の育成が使命と語る池上里恵さん。

外見にコンプレックスを抱いていた

外見の見せ方全般を戦略的にコーディネートする美容の総合コンサルティング業を立ち上げたのは今から20年以上前のこと。この仕事に従事するきっかけは、4歳頃から抱いている外見コンプレックスでした。天然パーマがきっかけで、次第に体型、顔立ちなど見た目全体が嫌いになり、自分のことも好きではなく写真を撮られるのが大嫌いでした。

自分に自信が持てなかった私は、やりたいこともなく高校、大学、さらには就職先も親に言われたとおりの人生を歩んできました。新卒で就職した銀行の総合職では、まったく仕事の内容に興味を持てず、常に「これは私の仕事ではない」という思いを抱きながら仕事に従事していました。それが影響したのか、体調を崩してしまい退職。この体験から本当にやりたいことを見つけて、自分らしく生きたいと思うようになりました。

ヘアメイクの道に進んだきっかけ

外見へのコンプレックスから抜け出すきっかけとなったのが、自分の結婚式でした。このとき私は27歳。ヘアメイクされた自分の姿を見て、「ほんの少しのコツと努力でこんなに印象って変わるのだ」ということに気づいたのです。昔から興味があった美容業を生涯の仕事にしようと決めました。そして結婚式の翌月にはヘアメイクの専門学校に通い始めました。

卒業後はフリーランスのヘアメイクアーティストとして働き始めました。ブライダルヘアメイクの他にもショーや舞台のヘアメイクなどに携わりましたが、どの仕事もお客さまとのご縁は1回限りです。「もっとお客さまと深く関われるような仕事にしたい」という思いが募ったことに加え、意外に重労働のヘアメイクの仕事を、40代以降も続けていくのは体力的に無理がある、と感じていました。

当時、まだやっている方が多くはなかったパーソナルカラー診断の技術を身につけ、似合う色やデザイン、違和感のない素材やテイストなど、その人を魅力的に輝かせるための技術と方法をトータルで学びました。

美容の総合コンサルティングサービスに

ヘアメイク単体の仕事に従事したのは3年弱。以降、ファッションへと幅を広げ、経済的かつ精神的な自立をするための「凛美人メソッド」を開発し、2012年には法人化。

個別のコンサルティングやパーソナ

RIE IKEGAMI

トータルファッションアカデミー凛　代表

学習院大学法学部卒業

銀行員総合職からヘアメイクに転身。

その後、似合う色を取り入れたファッションやヘア・メイクのコンサルティングの世界に活動の場を広げる。

現在はファッションライフコーディネーターとして、その方の本来の魅力を活かしながら、仕事でもプライベートでも成功する自立した女性「凛美人」を育成している。

ルカラー診断をはじめ、戦略的に外見を活用するための現状把握を目的に、リアルな第一印象を理解する「真実の鏡体験会」、外見で損をしないためのプログラムを提供するノーブル講座、ショッピング同行サービス、さらに8年前より年間契約でこれらすべての講座がパックになったアカデミーを用意するなど、さまざまなメニューを展開しています。

お客さまの多くは経営者や起業家、個人事業主の方々。

「良いモノや良いサービスを作っていれば外見なんて関係ないのでは」と思われるかもしれません。しかしそれは昔の話。今は誰が言っているのか、という情報源が重要視される時代です。

だからビジネスパーソンにとって外見は大事なのです。「人は見た目が9割」「第一印象は最初の3秒で決まる」と言われているように、せっかく良い仕事をしていても、外見で良い印象を与えることができないとお客さまに選ばれない可能性があります。

それだけではなく、私のように外見に自信を持つことができれば、内面も変わることができる。それは20年以上、どこかで自信を持てずに悩み続けてきた私だから伝えられることだと自負しています。

サービスのオンライン化

この仕事に従事して23年経ちますが、SNSが普及した今でも、集客はお客さまからのご紹介がメインとなっています。

だからコロナのときも、売り上げは落ちませんでしたが、グループでの講座の開催が難しくなることを考え、オンラインの通信講座を始めました。2021年2月より「オンラインでの見せ方講座」を動画配信しています。今は、実際に会う前にまずオンラインでという時代ですから、オンラインで自分が相手にどんな第一印象を与えているかがとても大切です。

ぶれない自分軸を持てるよう支援

総合美容のコンサルタントとしてこだわっていることは、お客さまに結果を出させること。つまり外見と内面を整えて稼げる外見力を身につけ、経済的にも精神的にも自立していただくこと。私がするのはそのお手伝いです。外見と内面は紙一重。外見の作り方や見せ方で迷っている人は、生き方や人生そのものにも迷っています。だから外見力をつけると同時に、自分軸と強いマインドを持つことが最終的には一番大事だと思っています。

他人軸の人生になっていると、自分に自信がなくなり、他の人に惑わされ、自分自身が輝く人生を送ることはできません。

人はいつからでも変われます。

「自分はどうなりたいのか、どんな一生にしたいのか」それを考えること。なりたい自分になることができれば、もっと女性が活躍する未来がくるはず。幸せな女性が増え社会が豊かになるはず。

それを私はトータルファッションアカデミー凛という場を通じて支援していきたい。

個人的な夢は、コロナが落ち着いたら大好きなスペインに拠点を持つこと。年のうち2～3ヶ月はスペインで過ごし、スペインの小物や洋服などを、日本のお客様向けに販売したり、お客様にスペインをご案内する。

これは半分趣味としての話になりますが、叶えたい夢の一つです。

素敵なオフィスでセミナーを開催する池上里恵さん

COMPANY DATA

会社名：大一産業株式会社（サロン名 トータルファッションアカデミー凛）
代表者名：池上里恵
所在地：東京都豊島区目白
業種：美容に関するコンサルティング
事業内容：ファッション・ヘアメイクのブランディングとアドバイス
メールアドレス：info@bc-rin.com

WEBSITE・SNS

CHIE IMAI グループ

代表取締役社長

今井千晶

CHIE IMAI ブランドを通して感動と喜び、高揚感をお届けする存在に

こだわりの素材をつかい、革新的でユニークなデザインで世界中に顧客を持つラグジュアリーブランド「CHIE IMAI」のリードデザイナー・今井千恵氏を母に持つ千晶氏。世界的デザイナーである母から事業を受け継ぎ、自分のスタイルを確立するまでには様々な葛藤や成長がありました。そんな彼女が今、思うことは。

世界的ラグジュアリーブランドを受け継ぐ覚悟

現在私が担っている事業は、私の母である今井千恵が立ち上げたCHIE IMAIブランドの運営、ならびにそのアイデンティティである「モザイク ドゥ チエ」を確立することです。CHIE IMAIグループの始まりは1977年に母が女性4人で輸入貿易業を開始し、レイナ貿易株式会社（現レイナ株式会社）を設立してからです。その後、仕入れに行ったヨーロッパにミンクのファーを着て行ったのですが、重くて捨てて帰りたいぐらいでした。当時のファーは重くて黒や茶の暗い色ばかり。もっときれいで軽いファーはないかしら？ アクティブに動く女性でも軽やかに着られて、おしゃれも楽しめるものを作りたいと思ったのがオリジナルファーの制作に乗り出すきっかけです。その後、ブランドのアイデンティティとなる「モザイク ドゥ チエ」が誕生します。ブランド名は最初はファー・レザーブランドである「ロイヤルファー（ROYAL FUR）」、1991年、昭和29年創業の宮内庁御用達フタバファーを引き継いだのを機に「ロイヤル チエ（ROYAL CHIE）」、2017年に歴史に残るブランドづくりを目指して「CHIE IMAI」と改称しました。こういうものがあったらいいな、でもないから作っちゃおうから始まった「モザイク ドゥ チエ」でしたが、道のりは容易ではなく、着想から完成まで10年を要しました。最高品質のホワイトミンクを染めて細かくカットしたものを、モザイク状に色合わせしながら丹念に繋ぎ合わせるという、非常に高度な技術と長時間の作業が要求されます。この芸術作品のように美しいアイテムが「モザイク ドゥ チエ」です。その創作活動と業績が評価され、イヴ・サンローランやヴァレンティノと肩を並べて母がアジア人初のデザイナーとしてニューヨークファーコレクションに招聘されました。それが大成功し、アメリカでのビジネスもスタート。2002年には世界女性起業家40人に選出され「世界女性起業家賞」、2014年にはフィンランド大統領より民間人に与えられる最高位の勲章「フィンランド獅子勲章コマンダー章」をいただきました。

母は家でも実業家であり、母親としての姿はあまり見せない人でした。いろいろな影響を受けましたが、実は昔、母の教育方針が理解出来ず、反抗的になることもしばしばあり、「絶対このビジネスを継ぐものか」と思っていました。私にとって嫌なことでも無理やりさせたり、きついこともいっぱい言われてきたので。でも、今ではその無理強いのおかげで苦手を克服し、強くなれた気がします。それまで苦手だった社交の場で無理なく自然に話せるようになりましたし、ビジネスにも確実に活きていると思います。

私も自分が親になって思うのが、好きなことを伸ばすことも大事ですが、嫌なこともある程度経験しておいた方がいいということ。社会に出たときに、自分の思い通りになることばかりじゃ

幸せ・成功のはじまりはたった1枚のファーから
～あなたの道にも通じる、今井千恵の「マイ・レガシー」
今井千恵
Chie Imai
主婦から女手ひとつでファービジネスを起業、数々の世界的な賞を受賞し、ソーシャライツの仲間入りを果たすまでの
"波乱万丈の一代記"
施政方針演説の中で、小泉純一郎氏（元内閣総理大臣）が絶賛した今井千恵の生涯、初の書籍化！

（左）CHIE IMAIグループ創業者・今井千恵の初めての著書はアマゾン 海外進出部門ベストセラー１位に。日経BPより出版
（右）直営店 CHIE IMAI 帝国ホテル店にて「モザイク ドゥ チエ」を手に

CHIAKI IMAI

1998年　成蹊大学法学部法律学科卒業　卒業後も法律の勉強を続ける
1999年　株式会社フタバファー入社　広報担当兼ショップ販売担当
2004年　社団法人ニュービジネス協議会（現、一般社団法人東京ニュービジネス協議会）
理事に就任　（当時最年少理事、当時の会長は、シダックス　志太勤会長）
2015年６月　株式会社フタバファー　代表取締役社長就任
2017年４月　レイナ株式会社　代表取締役社長就任　ブランド名「ロイヤル チエ」を８月から「CHIE IMAI」に改名することを発表

ないので。私も困難な経験の分だけ、嫌なことや苦手なことでも立ち向かう勇気が備わりました。

コロナ禍で学んだ人との関わりの大切さ

困難なことといえば、去年からのコロナ禍で「私たちのビジネスってなくてもいいんじゃないか?」と思ってしまった時期がありました。世の中には、服も安いものがいっぱいあるし、ファーの中でもトップクオリティで美しいものは、突き詰めてしまうと、なくても生きていけるじゃないですか。ですが、コロナ禍でご購入してくださったあるお客様から「今はお出かけは出来ないけれど、クローゼットに置いてあるこのコートを見るだけでいつも気持ちがワクワクして、終息したらこれを着てどこへ行こうかなと、楽しいことを考えてまたワクワクしているのよ、ありがとう」と。そのときに「私たちがやっていることはこれだ!」と再認識しました。なくてもいいかもしれないけれど、あることによって心が豊かになり、人生が何百倍も楽しくなることを。

またこのご時世になり、自社製のマスクを商品化したのですが、そのきっかけもお客様のお言葉でした。2020年の緊急事態宣言下でみんなの気持ちが沈んでいる時期に、ドレスをオーダーしてくださったお客様に「お元気でお過ごしください」とドレスと同じ生地のマスクをプレゼントさせていただいたんです。そうしたら、「こんなに綺麗なマスクは見たことがない! 家族や友人にもプレゼントしたいので買うからぜひ作って」と多くの反響をいただき、商品化したところ、今やビジネスの一本の柱となりました。その後は制作も追いつかないほど忙しくなり悩む暇もないぐらいで……本当にありがたかったですね。開発したマスクはひとつひとつ自社アトリエでの手作りでお作りしていますが、大変なときだからこそボランティア価格で喜んでいただけることを第一に考えています。

また当社では、ファッションブランドでは珍しいのですが「飲む香水」がコンセプトの「MORRIS(モーリス)」というブランドプロデュースの本格芋焼酎も発表しています。通常、ファッションブランドは香水を出しますが、母は日本発のブランドだから、海外の真似をせず日本らしさを出せないかと考え、香水と焼酎は「蒸留」という造り方が共通していることから、香り豊かな焼酎を造ることになったのです。また本人が鹿児島出身だったこともあり、地元への貢献という意味でも地元の老舗酒造メーカーと1年半、商品開発を続け"夢の焼酎"が完成しました。海外での評価も高く、2021年春にアメリカ・サンフランシスコで開催された世界三大酒類の大会では、ブラインドテイスティングの審査で、審査員全員がゴールド判定という「ダブルゴールドメダル」を受賞しました。

この焼酎にしてもブランドの作品にしても、いかにお客様に喜びや感動をお届けできたか=売上だと思うんです。そのためには本当にいいものを自信をもってお勧めしたいですし、売上という言葉を「喜び指数」に置き換えたい。その上で大切にしているのが、独りよがりにならないことです。

私が新しい代表になり、時代によって変えていくべきことはたくさんあると思いますが、変えてはいけない部分は「常に喜んでいただくこと」。初代は自分で何でもできましたが、私自身は1人の力では限りがあるので、一緒に人生を楽しみたい仲間を増やし、その力も借りながらやっていきたいです。

私は本質的に人に会って生き生きするタイプなんです。ネット社会は実際にお会いしないやりとりも多いですが、だからこそよりいろいろな方と繋がることを大切にしたいです。ネット情報は誰でも検索できるけれど、真の世に出ない情報は人と会って話すことで得られると思うので。スタッフにもよく、「私たちは"感動コンシェルジュ"なんですよ」と話しています。それはお客様の人生に寄り添って、家族のように思い、気持ちが高揚するお手伝いをすること。喜んでくださるお客様がお一人でもいらっしゃる限り、私は絶対このビジネスをなくしてはいけない責任があると感じています。

基本を大切にして、お客様との繋がりをより深めてお喜びいただく。それがアフターコロナにおける私たちの信条です。

CHIE IMAIブランドのアイデンティティ「モザイク ドゥ チエ」

本格芋焼酎「MORRIS(モーリス)」

COMPANY DATA

会社名：CHIE IMAIグループ
代表者名：今井千晶
業種：メーカー・卸・小売・輸出入
(グループ全体として)
事業内容：
ラグジュアリーブランドCHIE IMAI運営　他

WEBSITE・SNS

株式会社 RED BIKINI

代表取締役

竹村啓子

健康格差時代を見据え、正しい身体作りを提案

「一生使える現役ボディー」を目指し、回復力が高まるトレーニングを指導している竹村啓子さん。還暦を過ぎてなお現役サーファーとして活躍。パワフルにアクティブに過ごす彼女の原動力はどこにあるのでしょうか。

新しい健康の価値を築く。それが今の使命

風邪を引いたり、膝が痛くなったり、そうした具合の悪い時は、誰かに治してもらうのが通例ですよね。私が教えているのは、そうした不調を自分自身で治せる、回復力のある身体作りです。人生100年時代。高齢者であっても、100歳120歳まで自分の身体をもたせるように生きていくことが大切です。そこで必要になるのが、治癒力の高い身体。これは、日常の活動量を増やすことで作れることは、実はあまり知られていません。私がお伝えしている「A.R.M.」というメソッドは身体を整え直すプロフェッショナルである整体師時代の木村誠作(現A.R.M. TOKYO代表)が『肩こり腰痛に拘わらず、身体の不調や病気でも、すぐに回復する人は?の特徴を考えた時に、試行錯誤の中で筋トレのアプローチが最も有効なのでは?を考え編み出したものです。トレーニングは1週間にたったの15分間だけ。その15分の間に、100mダッシュを何本もするような激しい運動の刺激を入れることを目指しておりますが、A.R.M.は、体調不良や腰痛等の方々や高齢者の方運動習慣がない方もいますので、体力がない、痛みがある方々も全力を出し切るようなトレーニング法を独自に日々編み出しております。例えば、筋肉の限界は、こむらがえり(ふくらはぎがつる)のようなものを一つの筋肉の限界値として表現してもいいですが、これを高齢者や運動歴がない方々も数分の簡単な運動で重さを使わなくてもつるまで筋肉を追い込むことが可能です。もちろん刺激を入れた筋肉はつりますが、こむらがえりのように動けないようなことはなく、どの年齢の方にも安全に簡単に実行できるメニューです。また100mの全力疾走よりも筋肉への刺激は上であり安全ですから、A.R.M.メソッドが生まれた大きなきっかけとなりました。

体力の重要性を実感した瞬間

私は幼い頃から、身体が弱く病気がちだった母を見てきました。そのため、いかに健康が大切かを人一倍感じて生きてきました。これからの日本は、経済格差とともに「健康格差」が広がっていくと思っています。経済的な面はどうしようもない部分がありますが、健康であるかどうかは自分でどうにかできること。筋肉があれば、辛い老後を過ごさずに済みます。「身体が資本」とはよく言ったもので、健康であれば働くことができますから。日本は世界にも認められた長寿国。しかし、長生きはしているけれど、大半が寝たきりになってしまっています。みなさんには、そこに気づいて欲しいんです。生きているだけでいいんですか?より良く生きるべきではないのですか?と。ちなみに、動くために必要な筋肉は、使わなければ衰えてしまいます。子どもの頃を思い出してみてください。飛んだり、はねたり、自由自在に身体を動かすことができましたよね。あの頃の身体を取り戻すことが、A.R.M.の目指すもののひとつでもあります。若返るためにサプリメントを飲んだり注射を打ったりするのでは

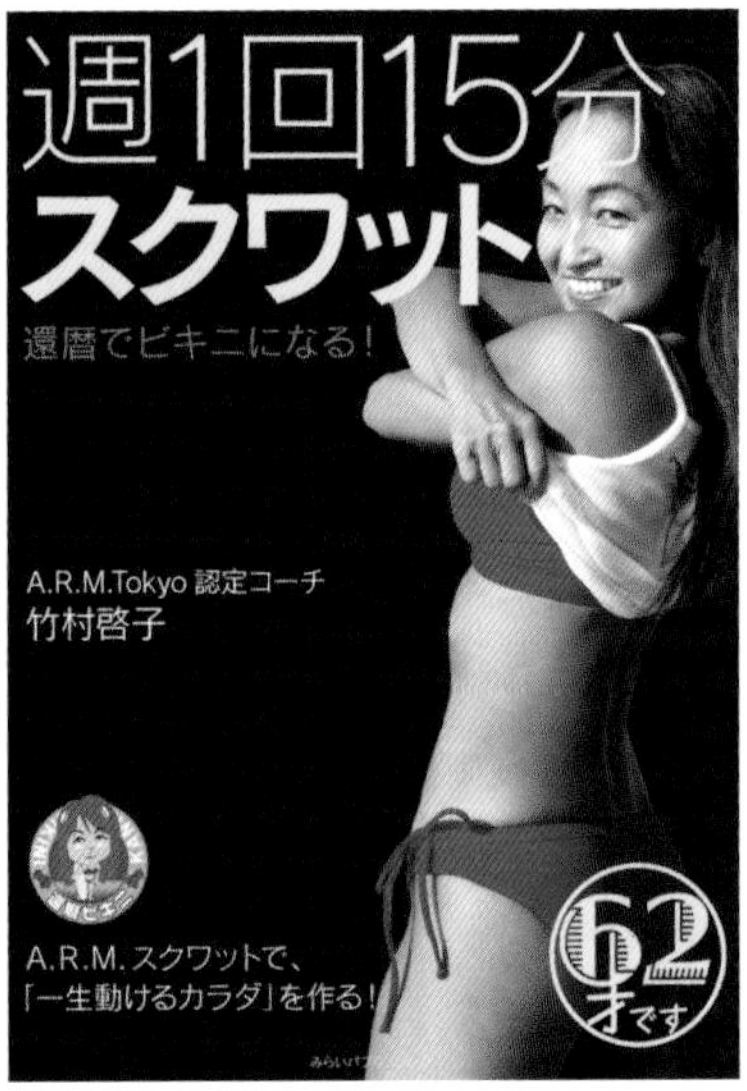
週1回15分
スクワット
還暦でビキニになる!
A.R.M.Tokyo 認定コーチ
竹村啓子
A.R.M.スクワットで、
「一生動けるカラダ」を作る!
62才です

KEIKO TAKEMURA

1956年東京生まれ。

51歳で勤めていた会社が倒産したことをきっかけに運動指導者の道を歩み始める。

同時に老化防止、アンチエイジング、再スタートしたサーフィンの為にトレーニングを受け、思った以上の体の変化を実感する。そのA.R.M.(積極的回復法)の効果を一人でも多くの人に伝えたく、現在ではスクワットの専門家として日本橋三越前でパーソナルのトレーニング指導をしています。肉体的、精神的に年間を通じて「常に美しく健康的である」ことを応援しています。(左上)著書:「週1回15分スクワット - 還暦でビキニになる!」

なく、自分自身の身体を中側から変えていく。未来のためのトレーニング、それがA.R.M. なのです。

負荷を上げていく筋トレにある日、疑問を抱いた

独立したコーチになるまで、他のスポーツジムで仕事をしていました。通常、20kgのバーベルを持ち上げられたら次は25kg。それが上げられたら30kg……というように、負荷をどんどん高めていきます。でもそれは、いつか負荷をかけすぎて身体を壊してしまうことにもつながるのです。20kgを上げたら、次は15kgというように、少ない負荷で正しく鍛えることが身体にとっては大事であると思います。今までのトレーニングは、筋力アップだったり、美容だったり、重たいものをあげるだったりするのですが、私がA.R.M. を受けて驚くほどに肌や髪の調子が良くなったんです。また、それまでは転んで整形外科に通うことが多かったのですが、そうした怪我をすることがなくなり、食べても太りにくくなりました。気づいたのが、今まで筋トレは一部の目的を持った方々のためのトレーニングメソッドだったが、A.R.M. は、実生活に密着したトレーニングだと理解しました。朝から爽快・怪我しなくなる・肌艶がいいなど実生活が豊かになるトレーニングそれが「A.R.M.」だと私にとっては大きな気づきを得てコーチになる決心をいたしました。トレーニングを重ねていくと、みなさんの治癒力が上がっていくのを肌で感じます。二日酔い状態で来てシャキッとして帰っていく方もいれば、夜、金縛りにあわなくなった、なんて方もいらっしゃいます。メンタルが強くなったと実感される方も多いんですよ。全身が震えるくらい疲れると、脳は身体の震えと心の震えの区別がつかず、心が震えるくらいの衝撃が起きたと思い込みます。そして、その衝撃を乗り越える強さを身体に与えてくれるんです。もしも今辛い思いをしている方がいらしたら、ぜひ、メソッドを受けに来てください。必ず、強くなれますから。

還暦を過ぎてからの起業。でも、不安は無かった

人生を一周回った還暦。あと残り少ないかも知れない人生でやり残したことはないかな?と思った時に、「青山にでっかいビルを建てておかしな連中を集めて……」や「宇宙人の友達を作る」など楽しい夢は沢山あったんですがその中でも実現可能なのは「社長になる」ことだったんです。そう思った時に不思議な事に「会社設立しないか?」の話って舞い込んでくるんですよね。不安というより自然にそうなった流れに乗った感じです。タイミングを待って石橋を叩いても結局は前に進めません。とりあえず渡ってみて橋が壊れかけたら泳いでもいいし……その時に考えれば良い事です。まだ会員数も余裕がありますが殆どの方が紹介で入会してくださり、そのままずっと続けてくださっています。中にはこのメソッドをご自身でも伝えていきたいと会員様からコーチになられた方もおります。これから一人でも多くの人がご自身の健康の価値に気づき、そのサポートをさせて頂けたら嬉しいですね。

週1回15分スクワット

同時にいくら私が「いつまでも元気でいける秘訣ってあるのよ!」とお伝えしてもそれは友人家族や限られたSNSのフォロワーさんだけです。もっと多くの人に知っていただくにはどうすれば良いのか?と考えていた時に不思議と筋肉大好き仲間から出版のお仕事をしている方を紹介していただきました。これなら日本全国の方が書店で手に取って見てくださるかも知れない。本の中にある回復力を上げる方法、アンチエイジングの秘訣、コンプレックスに打ち勝つ思考法、スクワット実践編、などでどんどん元気な肉体、思考法、を読み取って欲しいと思い出版する事となりました。私を見て元気でありたいと思う人が増えてほしい。事業拡張について聞かれますが店舗を増やすことは考えていません。自分自身が指導ができる範囲内の人数で指導が薄くならないように教えていきたいと思っています。私が心に抱いている熱い思いを伝えたいんです。だからいつまでも、マンツーマンでやっていきたいですね。そして、元気いっぱい、テンションMAXな私を見て、「ああ、あの人はあんなに元気なんだから、私もがんばらなくちゃ」そう思ってくださる方が増えたらいいなぁ、と。人間、結局のところ一番大切なのはお金じゃなくて健康です。クオリティ・オブ・ライフなんて言われますが、大切なことはただ生きることではなく、より良く生きること。人生の質を高めるためには健康な身体が基本なんです。一人ひとりの価値を高めるために。もちろん、自分自身の価値も高めるために。よりたくさんの方にメソッドを広めていきたいと思っています。

(右) 休息はハワイでのリラクゼーション
(左) クライアントとトレーニング

COMPANY DATA

会社名：株式会社 RED BIKINI
代表者名：竹村啓子
所在地：東京都
業種：運動指導
事業内容：A.R.M. (Active Recovery Method) 積極的な回復法を指導
メールアドレス：kanrekibikini@gmail.com

WEBSITE・SNS

株式会社コレット
代表取締役
田中よしこ

自分で自分を幸せにできる人を増やし、平等な世界づくりに貢献すること

心理学と脳科学を組み合わせたオリジナルの未来思考型カウンセリングで自分で自分を幸せにできる人を増やし、差別のない世界づくりに貢献することが田中よしこさんのミッション。

潜在意識＝マインドを理解することが大切

人間の脳の中は「顕在意識」と「潜在意識」に分かれています。「顕在意識」とは自分で考えて行動する、認識のできる意識のこと。一方、「潜在意識」は過去の経験などで育てられた価値観、習慣、思い込みから形成された、自覚されていない意識のことで、人間の意識はこの「潜在意識」が99％と言われています。この潜在意識を私たちの業界では〝マインド〟と呼んでいます。私はこのマインド部分を言語化して本当の自分に気づいてもらい、マインドを整えられる自分を作るセッションを行っています。この無意識領域を理解することは非常に重要です。未来を輝かせるには無意識的に自分が避けているものと向き合い見えない部分を常に見ようとしなければいけません。

私もかつては本当の自分をわかっていませんでした。家が貧乏で母親から虐待されていたので自己肯定感が低く、マイナス思考で心細い毎日を過ごしていました。それが社会へ出た後の仕事選びにも影響して「こんな私に何ができるのだろう……」とやりたいことを仕事にできていませんでした。

スリランカ人との出会いがターニングポイント

やりたいことではなく条件で仕事を探してしまうんです。社員寮がある、時間が不規則ではない、土日休み、給料が高い、勤務地が街中……といった感じですね。そうやって20年間会社員をやってきましたが、条件で仕事を選んで転々としていました。そんな状態なのですから、成果を出しても達成感はなく、日々の充実感はほとんど皆無だったんです。そんな私にもターニングポイントが訪れます。海外出張のイギリスで、スリランカ人と同僚となりました。彼は内戦で肉親を失っていましたが、「自分の人生に感謝している」と言うんです。私はなぜかと問いました。すると彼が当たり前のように言いました。「生きているから」。私はそれを聞いてハッとしました。それまで私は貧乏で虐待のある家に生まれたかわいそうな人間だと思っていたのですが、さらに過酷な人がそんなに前向きに生きてるんです。そう思ったら、私の考え方がおかしいんじゃないかと思えてきたんです。そうして、私も前向きにやりたいことをやる人生を送ろう思い、起業することを決めました。参加した起業家向けセミナーでライフコンサルタントに「自分が死ぬ前に何をしたいか」と聞かれ、私は「人助けがしたい」と答えました。人助けにもいろいろあるけど、そのなかでも人の心を元気にする手伝いがしたかった。調

YOSHIKO TANAKA

心理学・脳科学・コーチングなど一流の専門家から学び、自身が虐待や裕福でなかった経験からついた意識を本当の自分と向き合い改善し30年の経験をプラスし、自分では気づけない潜在意識を整え本心に沿った未来思考を引き出す独自のメソッドで、うつ症状の人や引きこもりの人から同業のカウンセラー等の起業家、企業経営者まで全国にクライアントを持つ。継続セッションでは90％以上が改善を実感。延べ約7,000人以上の人に本当の自分らしさを手に入れるお手伝いをしている。複数の企業顧問契約にて、組織力アップにも貢献をしている。理念「自分で自分を幸せにできる人を増やし、平等な世界づくりに貢献すること」。

べてみると心理カウンセラーは民間資格でも開業できることを知り、資格を取得して自分でサロンをスタートさせたのです。

自己流カウンセリングを生み出すことに

人脈、実績、経験ゼロでのスタートですべてが手探り。不安はありましたが、自分が通いたくなるサロンにしたい、という明確なテーマはありました。地元のカウンセリング系サロンを調べてみると「ひとりで悩まないで」「鬱ではありませんか?」といった暗いものが多いのですが、私は「ハッピーになる方法」と銘打って募集を掛けたりと、ポジティブな気持ちをアピールし続けました。そのおかげで、設立当初からセミナーが満席になるなど集客はまずまず。ですが、新米カウンセラーの私にヘビーな悩みを抱えて自殺未遂までしてしまうような相談者が重なる時期がありました。そういう人たちには通常のカウセリングのような傾聴型では埒があきません。これが転機となって具体的に行動を変化させる自分がやってきた方法を応用する自己流メソッドを生み出すことになりました。

未来思考型カウンセリングを確立

私のセッションは通常の傾聴型に加えて、「感情の分析と解説」をして「アドバイス」と「可能性を最大に引き出すコーチング」を行うことを特徴としています。また、私が自分で人生を立て直した経験もカウンセリングに活用しています。簡単に説明しますと、自己肯定感のない人に共通していることは、その瞬間の自分ではなく、もっと根本の部分で複合的にからみついて自分を否定しています。脳科学的にこの無意識領域下にある自分の本心を理解、整理し、考え方と行動を変え、理想の自分へと導く。それが私のセッションです。人によって千差万別なので具体的にどのような手法を取って自身の本心を理解させるのか説明が難しいですが、例えば「この相談者さんの心理状態は、私の人生におけるこの時期にあたる。それならこういうことをやってみてください」と私の経験からアドバイスをすることもあります。このメソッドが脳科学の分野と共通している部分もあったので、脳科学の先生に学び、心理学と脳科学を組み合わせたオリジナルの未来思考型カウンセリングを確立しました。私のカウンセリングは本当の自分を引き出しているだけ。あくまで自分で自分のことを幸せにできる人を増やす、という理念でやっています。いろいろなカウンセリングに何十年も通い続けて変わらなかった人が、私のサロンに来て人生を好転させています。もちろん、100％の確率で、幸せになれるとは限りません。でも物事を本質的に見られる人は、絶対に私のセッションで上手くいくでしょう。現状、そのような本質的な視点を持っている相談者がたくさんサロンに集まってきてくれているので、私としてもうれしいです。

現在は、通常セッションの「ダイヤモンドマインドレッスン」、マネタイズに特化した「お金にモテるマインドセッティング®」、私の手法を教えてカウンセラーを育成するプロ向け「マインドクロスオーバー」のメニューと講座を軸にサロンを運営していますが、今後は講座のシリーズ化やコンテンツ化、配信化に力を入れて世界に展開できればと考えています。昨年は『自分の気持ちがわからない沼から抜け出したい　仕事・恋愛・人間関係の悩みがなくなる自己肯定感の高め方』（KADOKAWA）という本も出版させていただきました。わかっているようでわかっていない、自分の心が引き起こす不安や否定、嫉妬などの感情を手放すために、どうすればいいのかというアドバイスがわかりやすく書かれています。私のメソッドの入口的な内容ですが、思い当たる人がいたらぜひ読んでほしいですね。本当の自分で楽しく生きてる人は圧倒的に少ないので、そういう人を増やさないと日本がよくなりません。これからも私は、本来の自分で輝く人を増やすお手伝いをしていきます。

（左）『自分の気持ちがわからない沼から抜け出したい　仕事・恋愛・人間関係の悩みがなくなる自己肯定感の高め方』
（右）『あなたに合った悩みの使い方　～心の扉を開く鍵はここにあった!!～』

COMPANY DATA

会社名：株式会社コレット
代表者名：田中よしこ
所在地：広島県広島市西区横川町 1-6-6　ロイヤルハウス横川５階
業種：その他サービス
事業内容：能力開発、メンタルケア、思考改善等のカウンセリング業務
メールアドレス：info@smilelabo-collet.com

WEBSITE・SNS

一般社団法人 日本胎内記憶教育協会 副代表理事
株式会社スコーレ 代表取締役

土橋優子

子どもも大人も〝幸せ〟でいられる未来を生み出す

欧米では1970年代から注目されている「胎内記憶」。世界的規模で研究が行われている胎内記憶を教育と結び付け、子どもたちはもちろん、すでに胎内記憶が薄れた大人たちも幸せにする——日本には、そんな素敵な事業がありました。

胎内記憶。それは、まぎれもない真実であり現実でもある

「日本胎内記憶教育協会」――私が所属する協会にはそんな小難しい名前がついていますが、簡単に説明をすると、子どもたちが持って生まれた胎内記憶の調査研究に基づき、子どもの視点からくみ上げたメソッドによる教育法を広めるお手伝いをしています。当協会代表理事の池川明（医学博士）が胎内記憶について調査を始めたのは1999年。当時、小児科医に「生まれる前のことを覚えている子どもがいるという話を聞いたことがありますか？」と問うと、「何をバカなことを……」と呆れられたといいます。しかし、欧米では1970年代にはすでに胎児や新生児の能力を認め、その記憶に関する研究が進められていました。日本でも1980年代後半からそうした欧米の研究書が翻訳出版されましたが、その多くが「スピリチュアル」の分野として誤った認識を持たれ、一般的にはほぼ知られることがありませんでした。そうした中、池川先生は様々な研究を行い、日本人でも欧米と同様に、多くの子どもに胎内記憶や誕生記憶があり、赤ちゃんにもはっきりとした意志があることが分かりました。これらの調査結果をまとめて2001年に全国保険医団体連合会で発表したところ、池川先生の元に「これまで誰にも信じてもらえませんでしたが……」「自分がおかしいのかと思っていましたが……」と、子どもが胎内記憶を語った経験を持つ親たちから、多くの声が寄せられたといいます。

子どもたちが「生まれてくる前に、お空の上からお母さんを選んだんだよ」と母親に語る。そんなエピソードを聞いたことがある方もいらっしゃるでしょう。こうした記憶を持つ子どもたちを「嘘をつくな」と否定するのではなく、持って生まれた記憶や気持ちに寄り添い、たとえどんなに小さな赤ちゃんであろうとも、ひとりの人間として尊重し、守り、育み、成長させていく。それにより、子どもたちは幸せを実感しながら成長し、大人になってなお、自分自身を認め、幸せな気持ちを継続することができる――これが私たち「胎内記憶教育協会」がお伝えしていきたいことなのです。

子どもたちのためのメソッドが大人の心を動かした

私たちが作り上げたメソッドは、当初、子育て世代のお父さんお母さんの育児に生かしてもらおうと思っていました。ところが講座や講演を重ねるにつれ、40代から70代と、子育てが終わった世代の方からの反響が大きくなっていったんです。これはどういうことだ

YUKO TSUCHIHASHI

3人の娘の母（一社）日本胎内記憶教育協会副理事。45年の歴史を持つ幼児教育（株）スコーレ代表取締役。企業主導型保育施設「スコーレ保育園」統括指導員。自身にも胎内記憶・胎内感覚があり、0～6歳までの子どもたちと子どもの視点で創った母子共に幸せな子育て「スコーレメソッド」の研究実践を行うと共に、「ベビー手話」という赤ちゃんと創った赤ちゃん目線の育児メソッドを体系化する。さらに自分が何のために生まれ、何のために生きるのかという、人生をより豊かにし、自分のこれまでの経験を含めて自分が大好きになる大人のための「胎内記憶教育」を産婦人科医池川明先生と共に確立し、協会を立ち上げる。

ろう？と考え、受講者に尋ねたところ、「自分が自分らしくある人生を送り直したい」「残りの人生を自分らしく生きたい」そうした思いを抱く転換点になったという答えが返ってきました。そうした人たちの間では、ひそかに「幸せになるための講座」なんて言われているようですが……本当にありがたいことですね。大人にももちろん、子どもだった頃があります。大人になるにつれてそうした記憶は薄れ、また、親や教師、友人といった周囲の環境により、本来生きる予定だった道を歩んで来れなかったこともあるかもしれません。でも、実は、そうした試練もすべて、ご自身が生まれる前に決めてきたことであるならば――？ そんな風にして、自分自身を振り返るきっかけになる講座を、どうやら私たちは作り上げてしまったようです。

起業を決意したのは、なんと4歳児の頃？

私が日本胎内記憶教育協会の立ち上げをお手伝いすることになったきっかけ。それは、私が4歳になるかならないかの頃のことでした。当時、我が家は近所のママたちが集まる井戸端会議の場であり、母親たちが育児に関する悩みを打ち明けていました。その話を聞いた父が、親子が集まれる場を作り、そこに幼児教育のプロを招き、幼児教室を運営していったらどうか？と持ちかけたのです。これが「幼児教室スコーレ」の原型になったのですが、はじめのうち母親たちはどのように運営すればいいのか、どんな内容を盛り込めばいいか、とても悩んでいました。それを見た私は、当時仲が良かった仲間たちと一緒に、「子どもが望む教育」をリサーチ。子どもの視点から見た、「してほしい教育」を母親たちに提案したんです。母親はとても驚いていたように思います。でも私には、こうしたすべての事柄は、私が選んで生まれてきた道であり、目標であることが分かっていました。子どもって面白いことに、親のためになりたいと常に考えているんです。父を、母を、笑顔にしたい。そう願っているのが子どもなんです。ですから、そこで私がラッキーだったのはこうした私たちからの提案を「何も知らない子どものクセに！」「大人のやることに口を出すな！」とスルーせず、きちんと話を聞いてもらえたことかもしれません。

約200名の講師を輩出。認知度は17％を達成

胎内記憶教育協会のことに話を戻しますが、当協会は基礎講座、講師養成講座、2本の柱で運営を行っています。基礎講座というのは子どもたちが語る胎内記憶の調査研究に基づき、赤ちゃんや子どもたちと一緒に作り上げた教育メソッド。胎内記憶研究についてや、いのちの始まりまでの期間を4つに分け、それぞれの期間に起きている事柄や意味を、胎内記憶に基づいた赤ちゃんの視点からお伝えしています。講師養成講座では、私たちのメソッドを正しくお伝えしてくださる方を育成。講師として活動するためのスキルや知識だけではなく、人間性、母性を高めていただく講座になっています。講師になると、日本胎内記憶教育協会の基礎講座の開講や、池川先生の研究調査資料の提供を受けることができます。定期的なスキルアップ研修も行っています。年内にはこうした活動が実を結び、協会立ち上げから3年間で基礎講座を受講された方は600名余り。200名を超える講師を輩出する予定です。また、「胎内記憶」という言葉の認知度も17％となり、日本でも少しずつ、理解を深めてもらえる結果になっています。コロナ禍で応援されている部分もあり、現在はオンラインにより世界中の方々とつながることが可能になりました。ご自宅で受講していただくことができるので、多くの方々の「学びたい」心に寄り添えるようになったこと。これは何よりもうれしいことだと思っています。人が幸せであり続けるためには、自分で、自由に、無限の可能性からすべてを選んで生きていることを忘れずに生きることだと思っています。このことを胎内記憶教育、そしてベビー手話、スコーレメソッド、この3つの柱に託し、家庭や幼児教育の現場に届けていきたいと考えております。

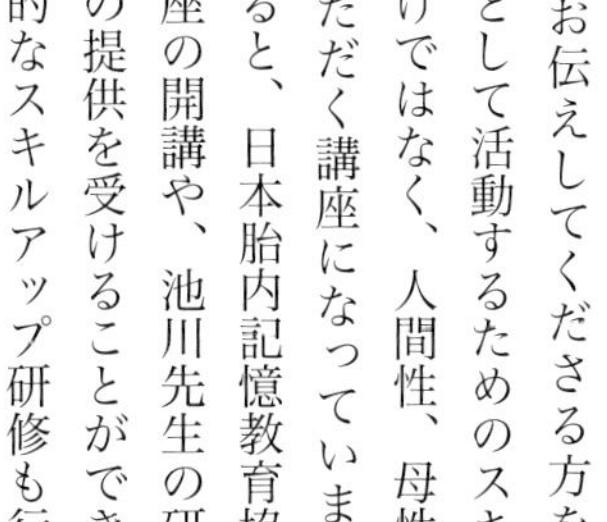

(左) 一般社団法人 日本胎内記憶教育協会ロゴ
(右) 協会理事メンバー

COMPANY DATA

会社名：一般社団法人 日本胎内記憶教育協会
代表者名：副代表理事　土橋優子
所在地：東京都大田区北千束 2-32-5-101
業種：セミナー、講座開催、講演会、教育、サプリメント販売など
事業内容：一人一人の内なる平和から愛と調和を共生し、模索し続ける社会創り
メールアドレス：info@premea.or.jp

WEBSITE・SNS

株式会社ラ・フォーエス・カンパニー

代表取締役

當山佐菜

施術と商品販売で10年後もお客様の美をサポート

まつエク（まつ毛エクステ）、まつ毛カール、アイケアなど、主に目元の美を追求するサロンを地元の沖縄県内で3店舗、エステティシャン養成校1校運営している當山氏。自社商品の小売や卸など事業を拡大し、コロナ禍でも業績を伸ばしている秘訣を尋ねました。

高校中退しエステで3年間修行を積み20歳で創業

高2のときにホームステイしたアメリカでたくさんのお金とモノと人が動いているのを見て、衝撃を受けたんです。「私はなんて狭い世界しか知らなかったんだろう！　遊んでる暇はない。早く社会人にならなきゃ！」と思い立ち、周囲の反対を押し切って、帰国した翌日に退学届を提出。それから3年間エステで経験を積み、20歳でアイラッシュサロン「ラフィーユ」を開業しました。

私はエステで全国1位の売り上げを立てていたので、「店を開きさえすればお客様は来る」「絶対に忙しくなる」という自信があり、いきなり2人のスタッフを雇いました。しかし、いざ開業してみると売り上げが0の日もあり、スタッフに給料を払ったら利益はわずかしか残りません。ダブルワークをして昼も夜も働き詰めの日々が何年か続きました。私の母は飲食店を経営していたのですが、店の看板である母に会いに来てくれるお客様のため、いつも休みなく働いていました。それを見て、「労働集約型ビジネスは大変だな」「私は自営業ではなく、経営者になるぞ」と思っていたのに、気づけば母と同じ状態になっていたのです。

3本の柱を立てて労働集約型から脱却

経営者や投資家になるためには、私という1人のスタープレイヤーだけに頼っているビジネスモデルではダメだと考え、「施術」「自社商品」「アカデミー」という3本の柱を立てることにしたのです。まず「施術」については、それまでは「こんな感じで」「やっていけば分かるよ」と感覚でスタッフにレクチャーしていたのを。言語化マニュアル化する事が大切だと感じました。感覚は人それぞれ違うので、私には赤に見えているものが、他の人には青に見えているかもしれない。だからマニュアルという形で、誰にでも同じく伝わるように可視化したのです。その結果、新人であってもベテランと同様なクオリティの高いサービスができるようになり、私がサロンに出なくてもスタッフが売り上げを立ててくれるようになりました。

メーカーでもありサロン運営している自社の強み

しかし、サロンはベッド数が決まっているので売り上げには限界がある。だから2つめの柱、「自社商品」が必要だと考えました。アイラッシュサロンやネイルサロン、ヘアサロンの物販比率は5％ほどです。一方、エステサロンは物販の売り上げが30～60％も占めているんです。前者は「技術を

SANA TOYAMA

ホテル内エステサロン勤務を経て、2009年にラフィーユ豊崎本店を開業。続いて宜野湾店、南風原店をオープン。アイラッシュを中心に、ヘアやネイル、エステなど複合的な美容サービスを提供している。また、自社ブランドコスメを手がける商品事業部、エステティシャン養成校、アカデミー事業部も展開中。

売っている」という職人マインドが強く、物を売ることに抵抗がある人が多いのですね。私たちは技術だけを売っているのでなく、お客様の美容ライフアドバイザーです。サロン直後に綺麗なのは当たり前で、それを自宅でもずっと保ってほしいと思っています。美しさを保ち続けるためにはサロンアドバイザーの助言だけではなく良質なケア商品も必要だと思っています。今の美しさのためのサロン、未来の美しさのための商品、2つの視点からお客様をサポートします。その気持ちを当社のお客様との約束（7つの行動指針）「今だけのキレイではなく、5年後も10年後もお客様の美をサポートする」というスローガンで表現しています。お客様に悩みをヒアリングしたところ、まつエクしたらまつ毛が抜ける、目がかゆい、ゴロゴロするなどの声がありました。それを解決できる技術＋商品があったらいいなと思い究極の目元エステ「アイパワーエステ」という施術を作りました。目やまつ毛の健康（まつ育）を保つだけではなく、目の下のクマやたるみ、眼精疲労、肩こりや頭痛の改善まで促すという優れた施術メニューです。そのプロセスの中で、クレンジングと洗顔とパックが1本で完結する自社コスメ「琉球モイスチャー洗顔パック」を使用し、技術と商品を連動することで多くのお客様に喜んでいただいています。「琉球モイスチャー洗顔パック」は〝0秒スキンケア〟、歯磨きしている時間でくすみが取れて美肌になれる商品です。沖縄の無農薬で育てた栄養豊富なアロエベラを使い、化粧品では珍しい水を一滴も使ってない日本初の自己発泡型化粧品です。沖縄県産の素材を使うことで、敏感肌の方でも安心して使える肌に優しい商品です。シンガポールの高級店、高島屋の催事では、2週間で約500万円ほどお買い上げ頂き、海外のセレブ層にも受け入れられることを実感しました。出展前に「1日に1本売れればいい方だよ」と現地の方から言われていましたので、とても嬉しいサプライズでした。当社の強みはサービス業としてのサロン経営だけではなく、メーカーでもあることです。世の中には良い商品は世の中たくさんあります。しかし、その良さがお客様に届かなければ意味がありません。私はこれからもお客様に、技術＋商品を連動した「美」の提案にこだわり、お客様に喜んで頂けるサロン経営と商品作りを続けていきます。そして、この1年間で販売代理店を200店舗に増やすことが今の目標です。

今後は人に投資して沖縄を活性化させたい

3本目の柱「アカデミー」についてですが、数年前からアイリストを養成するスクールを始めました。これは先ほども申し上げた「投資家になりたい」という目標のワンステップでもあります。私の言う投資とは、人への投資です。かつて20歳の時右も左もわからなかった私を家族、友人、経営者の先輩方が支えてくれて今の私があります。私自身は能力が高いわけでもなく普通の小さな島国出身の女の子です。たまたま運が良く周りの人がいろんな仕事をつなげてくれたり、いろいろな気づきを与えてくれました。沖縄県はバイタリティやポテンシャルが高い人が多いのに、平均年収は全国でも低く、貧困問題が深刻になっています。「美容で沖縄を活性化させる」大きな夢ですが、そうなれるよう日々私自身も成長していきたいなと思っています。

私の大好きな言葉が「千里の道も一歩から」。千里もある長い道のりを歩いていくには、少しずつのがんばりが全てのはじまりであるという意味があります。過去は変えられないけど、過去の認識は変えられます。未来はどうなるか誰にもわかりません。しかし今どうするかで未来は変わります。決断する。ゴールから逆算して物事を考え、経営を言語化し、再現性をだす。今やれることを一つ一つ丁寧に取り組んでこそ自分がいきたい未来になると確信し、常に改善進化し続けていきます。

（左）自社商品“琉球モイスチャー洗顔パック”
（右）沖縄で３店舗のサロンを経営する當山佐菜さん

COMPANY DATA

WEBSITE・SNS

会社名：株式会社ラ・フォーエス・カンパニー
代表者名：當山佐菜
所在地：沖縄県豊見城市豊崎 1-1160 1F
業種：美容
事業内容：サロン運営 / 商品開発販売 / 養成校
メールアドレス：la.for.s.company@lavidasana.jp

株式会社アンスリール
ハイパフォーマンス・クリエイター

曳野美華

心・身体の軸を整え、愛と豊かさにまみれた人で満たしたい

身体の芯が整うと、心の芯も整う——。それに気づいたことが、起業のきっかけです。心・身体・魂という3つの角度からアプローチして頑張らなくてもパフォーマンスを向上最大化させ、愛と豊かさにまみれた人で世界をいっぱいにしたいのです。

ハイパフォーマンス発揮の土台をつくる３つのセッション

２０１４年にピラティスのプライベートサロンとして起業しました。３年前に法人化し、現在は、経営者の今の仕事のパフォーマンスを３倍に引き上げる「ハイパフォーマンス・クリエイション」を主宰。「心やお金のブロック解放セッション」「骨格ラインを中心としたパーソナルトレーニング」「魂の過去世リーディング」という３つのセッションを使い、経営者のハイパフォーマンスを引き出す土台作りのサポートをしています。その他にも、様々な企業・組織に出向き、姿勢・メンタルを組み合わせたセミナーの講師も務めています。他社との違いは、パフォーマンスアップを目的に、「心・身体・魂」という３つの角度からアプローチしていくこと。心だけ、身体だけ、魂だけの専門家は沢山おられますが、この３分野をすべて専門的かつトータルに扱える専門家はなかなかいません。魂は身体（肉体）に宿り、身体は心の感覚器でもあります。身体を整えると、心は冴え、魂の声を聴くことができます。この声に従った選択をすることで、ハイパフォーマンスがより発揮しやすくなり、ビジネス、人生が更にステージアップします。実際にこの３つのバランスを整えたクライアントさんは、１/３の実働で３倍の収入を得たり、社員が一気に三名増えたり、自分も社員に心のサポートをできるようになったり、仕事の効率が上がったという人が増えています。15年以上にわたる学びを集大成してわかったことは、自分が常に「いい状態」でいることが、パフォーマンスUPには欠かせないということです。それは、〝頑張らないで〟ハイパフォーマンスを発揮できることに繋がります。すべての学びはこの「いい状態」作る土台を知る為だったんだなあと今は思います。

ボロボロになった心と身体を立て直せたきっかけは「ピラティス」

起業の原点は29歳の時、当時の夫から強度なモラルハラスメントに遭い、心も体もボロボロになってしまったこと。離婚後、自分の足で立って生きていくにはどうしたらいいのかを真剣に考えるようになり、自分を立て直すために、時間とお金を自分に投資する人生が始まりました。「とにかく興味のあるモノは全部やってみよう」と思い、最初に取り組んだのがピラティスでした。レッスン後の気持ちよさと、担当のインストラクターに憧れて通ううち、身体の芯が整うと同時に、心の芯も整ってきたことを実感できました。ブレブレだった私が、他人の意見に左右されにくくなったことに気づきました。ブレない身体は、ブレない心を作るんだ！これはすごい！とピラティスにはまり、２か月後にはインストラクターの資格を取得していました。その後、医科大学の秘書をしながら、学内で互助会を立ち上げ、秘書仲間に教え始めることに。その時、高校の時の夢だった体育の先生に近いことができていることに気づき、驚いたのを覚えています。ついには１階がスタジオ、２階が住居という物件を借り、細々とですが、ピラティスのインストラクターとして活動を始めるようになりま

MIKA HIKINO

経営者の今の仕事のパフォーマンスを３倍引き上げる、ハイパフォーマンス・クリエイター。

心・身体・魂の３つをオールインワンで整え、頑張らないでハイパフォーマンスを引き出す土台作りが得意。

結婚時に強度なモラハラに遭ったことで、「自己犠牲は美徳」「協調性が一番大事」という思い込みが、人生に多大なる影響を与えていたことに気づく。ピラティスをきっかけに、身体の軸が整うと心の軸も整うことを実感。その後、パーソナルトレーナー、NLP、脳科学、スピリチュアル等15年以上に及び学ぶうちに、ハイパフォーマンスを引き出す法則を発見。収入UP、直観力が冴える、身体が軽い、仕事の効率UP等多くの経営者に喜ばれている。

した。2013年、医科大学を退職。秘書は天職だと思っていましたが、「あれもこれもやって、超楽しかった！」と、納得して人生を終えたいと思った時、既にやり切った感のあった秘書の仕事を続けることは、惰性で仕事をしていくことになってしまうと思ったからです。定年を3年後に控えた教授からは慰留され、周りからも「辞めてどうするの」と言われましたが、ここは心の声に従い、辞めることを選びました。退職して1年間は学びの時間に充て、試行錯誤しながらサロン経営、そして会社経営へと移りました。

石井先生と出会いがパーソナルトレーナーとしての自信と確信に

これまで脳科学、コーチング、ヒプノセラピー、チャネリング、ブロック解放など、興味を持ったものは、貪欲に学んできました。今も学びは続いていますが、これまでの学びの中で重要な三人の師匠との出会いがありました。一人は先述したピラティスの入江かほる先生、そして二人目が美姿勢・美脚スペシャリストチーム『RRR』代表であり、ミス・ユニバースJAPANやミス・アースJAPAN等のミスコンのボディメイク講師としても活躍する石井完厚先生です。解剖学の知識がもっと欲しい、身体のことをもっと分かりやすくクライアントさんに伝えたいと思っていた時に、仲間の紹介で出会うことに。トレーナーとしての在り方も含め、骨格ラインから身体を整えることの大事さを学びました。今、私が心と身体で大切にしている、「骨格ラインを整えると、エネルギーラインも整う」ことも、ここで気づきました。RRR美姿勢・美脚スペシャリストを取得し、1度のレッスンで結果を出せるようになったことで、自信と確信を持ってレッスンを提供できる確固たる土台ができました。ミス・アースJAPAN日本大会のサポートトレーナーを経験することができたのも、石井先生のお陰です。

人の人生のお役に立てると実感し、法人化を決める

ピラティスで身体と心は繋がっていることを体感し、身体から心にアプローチできることは分かったのですが、心は心で解決できる方法も学びたい、正面から向き合おうと決め、NLPを学びに行きました。そこで「自分の気持ちを自分の言葉でちゃんと伝える」「周りに振り回されない芯のある自分」そんな自分になりたいと思うようになりました。そして3年前に出会ったメンタルの師匠、耀稀大晶さんによって、人生が更に動き出します。この方に、「自己愛」や「内観」の大切さや、ブロック・カルマ解放を学んだことで、まず自分自身が変わり、劇的に収入がUP。心の仕組みが分かるようになったお陰で、リピートの絶えない感動メンタルセッションができるようになり、「私はこのお仕事をするために、今までのつらい出来事を乗り越えてきたんだ」と確信。そして「ハイパフォーマンス・クリエイション」という、心・身体・魂の3つをトータルでサポートする事業を展開することで、「今までの私の人生がすべて報われる」「人の人生のお役に立てる、すごい人生が始まったんだ」と思えるようになり、経営者の役に立てるよう、法人化することにしました。

愛と豊かさにまみれた人で世の中をいっぱいにしたい

今、経済状況が不安定で多くの会社が大変な思いをしていることと思います。私の夢は「愛と豊かさにまみれた人で世の中をいっぱいにすること」です。愛と豊かさは、私が結婚生活で欲しかったものでもありますが（笑）、愛と豊かさの循環があれば、家庭も世の中も平和だと思うのです。その為にはまずは、日本の経済を支えている経営者を元気にしたいと思いました。組織のトップがハイパフォーマーになり、意識が変わると、社員もイキイキと仕事に取り組み、会社が元気になります。そうすれば、経営者様の家族だけでなく、社員様の家族もみんなが経済的にも潤い、心の余裕も出てきて「愛と豊かさ」の連鎖が起こってきます。

「愛と豊かさ」の連鎖が社会を世界を今よりも、もっと良くすると本気で信じています。そんな世の中を創るために、私にできることを模索しながら、毎日を楽しく過ごしています。青臭いかもしれませんが、こんな想いが人生をかけて、一人でも多くの方に届くとこの上なく嬉しいです。

いつも笑顔で爽やか且つ
ハイパフォーマンスな曳野美華さん

COMPANY DATA

会社名：株式会社アンスリール
代表者名：曳野美華
所在地：岡山県倉敷市祐安
業種：サービス業
事業内容：経営者の今の仕事のパフォーマンスを3倍引き上げるハイパフォーマンス・クリエイション
メールアドレス：unsourire.office@gmail.com

WEBSITE・SNS

株式会社マース
代表取締役
市川恭子
協会構築のスペシャリスト

あなたの事業で一番伝えたいことは何ですか？

「自分が得意なことを仕事にして、世の中のお役に立てることを増やそう」ということです。私のミッションは、「出会った人を圧倒的に幸せにすること」。とにかく経験を積み（大量行動）、得られたことをノウハウ化し、再現性を持たせて人に教えていくことを得意としています。それにより、私と出会った人たちがステージアップし、その方はもちろん周りの方も圧倒的に幸せになることを目指しています。

起業しようと思ったきっかけや事業を始めようとした原点を教えてくださいますか？

転機となったのは20代半ばで癌が見つかったこと。闘病中に友人がお見舞いにと贈ってくれたアクセサリーがあまりにも素敵で、自分でも作りたいと独学で習得しました。そのアクセサリーをお客様とお話ししながら作るスタイルで販売したところ、「悩みを聞きながら作ってくれる」と評判になり、1日で30～40人から製作依頼のお申込みが入るように。みなさんのお悩みに自分なりにアドバイスをしているうちにカウンセリングが仕事になり、起

KYOKO ICHIKAWA

“あなたの夢をかなえる”株式会社マース代表。2年間で約3万5000人のカウンセリングとコンサルティングを行い、約1000人の起業に携わる。「顧客の未来を見て、長所を進展させるアドバイス」により、自身の協会の会員数は5年で1000人に。女性起業家支援、コミュニティリーダー育成など数々の実績をあげると同時に、経験から得たノウハウを独自メソッドにまとめ、ビジネスプランやメニューの構築、組織・人財育成サポートなどを行う。ミッションは「出逢った人を圧倒的に幸せにする」。著書に「ひとり起業の教科書」（WAVE出版）

業を決心。当時勤めていた会社を退職しました。10年間でカウンセリングをしたのは、3万5000人になりました。

起業から今まで一番苦労したことは？それをどう乗り越えましたか？

自分の影響力を大きくすること。そのために必要だと考えた人脈構築のために、当時住んでいた長野県から都内で開催されるセミナーに週に2〜3回通いました。交流会に参加しても、そもそも経験が足りず自信がないので、人とうまく話せず、自己肯定感がどんどん低くなっていったのを覚えています。それでも努力の甲斐あって、人脈も広がり、自分で交流会を開催できるようになった頃には、毎回50人ほどの起業家が集まってくれるようになりました。克服できたのは、人が真似できない「大量行動」があったからです。

初めて事業を始めたとき、集客はどうされましたか？

自分で集客するのではなく、人に集客してもらうための仕組みをまず考えました。私のクライアントになる方をご紹介いただいたら手数料をお支払いする販売代理の仕組みです。もちろん私も協力してくださるみなさんのために努力を惜しみません。お互いに応援し合うというやり方ですね。

一番の収益を支えている事業内容を教えてください。

コンサルティング、プロデュース業。ウェブマーケティング、HP作成や事務局業務の代行など、協会運営に必要な全サポートを行っています。

貴方にとってプロフェッショナルとは？

「数稽古」の先にあるもの。失敗を含め、人よりも多く経験したことがプロフェッショナルな仕事につながると思っています。

女性として起業するうえで一番困ったことは？またどのように解決しましたか？

対等なビジネスの相手として認めてもらえなかったこと。なめられないためには実績が必要だと思い、話を聞いてもらえるまでとにかく数稽古に励みました。

今後新たな事業展開していきたい事は何ですか？

ノーリスクで起業できる「アンバサダー制度」の展開です。自分のサービスや商品の販売で利益を得ることはもちろん、他の人の商品を販売して手数料が得られる仕組みを作ります。そのための大規模なプラットフォームを構築中です。さらに起業初期の方が集客やPRの方法などについて無料で学べる起業家育成コミュニティを作り、起業を考えたら「まずはアンバサダーから始める」という流れを常識化していきます。

協会運営に必要なリソースをオールインワンでサポートできるのがマースの強み

COMPANY DATA

会社名：株式会社マース

代表者名：市川恭子

所在地：東京都中央区銀座4-11-2 丸正ビルB1階

業種：コンサルティング

事業内容：協会構築のためのコンサルティング、協会設立後の全ての業務サポート。ビジネスモデル等仕組みの構築、ウェブ制作を含むPR、販売戦略、マーケティング、事務局に関する業務全般。

メールアドレス：kyoko@mars-bp.com

WEBSITE・SNS

La - Luce

代表
内山由依子

日本初！指紋プロファイリングスタイルで個性を表現！

あなたの事業で一番伝えたいことは何ですか？

人はみなそれぞれ独自の強みや魅力を持っています。それを知り、活かすことさえできれば、自己肯定感も上がり、行動力が増し、誰もが納得できる人生を歩むことができると思うんです。周りからの誤解を生み、人間関係もスムーズにいかないのは、その魅せ方を知らないだけ。指紋プロファイリングでは「本来の気質」「生まれながらに持っている能力」を知ることができます。その強みを自己認識し、そして、その強みや魅力を活かす「魅せ方」を取り入れることにより、〝自然体だけど、魅力的な人〟として、周りから認識してもらえ、コミュニケーションが円滑に進み、人生が豊かになります。自分への自信が行動力の源、ぜひご自身の豊かな人生のため、「秘める能力」そして、それを分かりやすく外見への「魅せ方」を知っていただきたいです。

起業しようと思ったきっかけや事業を始めようとした原点を教えてくださいますか？

自分自身が外見を整えることにより、自信力が向上、周りからの評価が変わっていくことを体感したからです。仕事がら、お客様の装いやメイク

YUIKO UCHIYAMA

大学を卒業後、衣料卸会社でバイヤーとして海外買付経験、南アフリカ皮革会社で日本代理店代表としての営業、東京の化粧品会社での広報・海外マーケットの拡充経験と、ファッション・メイク・外見力の知識のみならず、グローバルな営業感覚も身につける。個性を活かし、ＴＰＯに応じたファッションを極めることにより、業績向上、ヘッドハンティングを受けるようになり、『外見力の重要性』を痛感。クライアントの人生をステージアップさせることをモットーに経営者や士業、議員などのコンサルに従事する傍ら、セミナー講師として活動中。

のご提案をすることが多い中、外見が整うと、みな一様に笑顔になっていくのを見ることにより、外見で自分自身を表現することの素晴らしさを感じたことが、原点となっています。

起業から今まで一番苦労したことは？それをどう乗り越えましたか？

外見だけのコンサルタントとしては、たくさんの同業者がいる中、いかに差別化を図るか、その点を常に苦労していました。ターゲットを絞りきるのか、SNSでの魅せ方を工夫するのか……それでは不十分なため、お客様のお悩みを徹底的に分析し、自分は何を解決できる人なのか、改めて振り返りました。その中で、「周りから誤解される」というお悩みの多さに気づき、では、この「誤解」をどのように解くか、その解決策を見出すために、あらゆる心理の勉強をしました。そこで出会ったのが〝指紋プロファイリング〟です。内面性を外見に引き出すことを提案し、それが「周りからの誤解」という悩みの解決に至り、オリジナルメソッド考案をきっかけに、同業者との差別化もできるようになりました。

初めて事業を始めたとき、集客はどうされましたか？

積極的にビジネス交流会などに顔を出し、サービス内容を直接お伝えし少し体験を含め知っていただくことに注力し、認知を上げていきました。

一番の収益を支えている事業内容を教えてください。

私と同じような仕事をして、自分への自信を増し、笑顔になる人を増やしていきたいという方への「コンサルタント養成講座」になります。

貴方にとってプロフェッショナルとは？

常にお客様の要望は何かを探り、応えられるよう、学び続けられる人。常にwin-winを考えられる人。

女性として起業するうえで一番困ったことは？またどのように解決しましたか？

母親業があるので、夕方以降の対応が難しいのが難点、周りに徹底的に事情を伝え、認識してもらいました。

今後新たな事業展開していきたい事は何ですか？

内面を外見で表し、外見力と魅せ方のスキルを上げることは、コミュニケーション力の向上、チームビルディングの礎にもつながります。今後はコンサルタントを増やし、企業での人材育成の一環として、このサービスを導入していただく企業を増やしていくことに力を入れていきたいと思っております。

お客様のご要望を丁寧にお伺い致します

お客様が笑顔になる瞬間がこの上ない喜び

COMPANY DATA

会社名：La-Luce
代表者名：内山由依子
所在地：東京都港区北青山 3-8-3-202
業種：コンサルティング
事業内容：起業家・士業・会社経営者などへの外見ブランディングのコンサルティング
（外見力向上のためのメイクレッスン・ファッションレッスン）社員研修セミナー講師
コンサルタント育成
メールアドレス：info@laluce-salon.jp

WEBSITE・SNS

Dr.りえの美腸・美肌サロン

代表

奥　理恵

細胞から綺麗が溢れる貴方をプロデュースする腸活プロ

あなたの事業で一番伝えたいことは何ですか？

正しい知識に基づき、細胞からの健康作りに取り組むことで、内側からあふれ出てくるエネルギーを手にすることができます。

「今、特に病気ではないから大丈夫」と思っている方も、まだ自分自身が知らないエネルギーレベルの高い自分に気が付いていない可能性があるのです。

可能性無限の貴方を引き出す健康科学の実践方法をお伝えしています。

起業しようと思ったきっかけや事業を始めようとした原点を教えてくださいますか？

十数年医療に携わる中、ずっと心を痛めてきたことがあります。「病気になって、初めて健康について取り組み始める方が多い」ということです。病院勤務では、治療をすることはできますが、病気にならないための日常生活の具体的な指導は、限られた診療時間内でお伝えするのは困難です。何とか病気になる前の段階の方にアプローチしたい……と考えていたところ、優れたサプリメントと出会い、販売するというチャンスに恵まれ事業を始める

RIE OKU

国立大学医学部卒業後、災害拠点病院で研修を行う。慢性疾患管理・終末期医療・緩和ケアに主に従事。自身の闘病や子どものアレルギー疾患を乗り越える中で本物の腸活と栄養学に出会う。健康であるための日常生活の実践方法や、最先端の健康科学を多くの方に伝えるため2020年、オンラインサロン「Dr.りえの美腸・美肌サロン」を設立。体質改善に悩む方の相談や適切なサプリメントの提案、オンライン健康セミナーを行っている。家族は夫・中学生の息子・小学生の息子の４人家族。趣味はフラメンコ、かぎ針編み、登山。

きっかけとなりました。

起業から今まで一番苦労したことは？それをどう乗り越えましたか？

医師がサプリメント販売をするということが理解されにくい場面がありました。医師の中には、サプリメントに対して懐疑的な意見を持つ方もいらっしゃいます。しかし、その反面、免疫療法・統合医療・ホリスティック医療といった西洋医学だけに頼らないという考え方に基づき尽力されている医師も多数いらっしゃいます。西洋医学には不足している要素を補い、健康の土台作りを医療の形として提案する医師の方々のご活躍の姿から力をいただき、自分の方向性が間違っていないことを確認し、今日まで乗り越えてきました。

初めて事業を始めたとき、集客はどうされましたか？

SNSを通じて健康情報を発信し、積極的な健康作りに興味のある方とコミュニケーションをとることから始めました。その後、公式LINEを作り、現在は公式LINEでの個別チャットを通じて健康相談、お悩みを分析した上でサプリメントのご提案などをさせていただいています。

一番の収益を支えている事業内容を教えてください。

最新のサイエンスに基づいた「次世代サプリメント」の販売がとてもご好評いただいております。

貴方にとってプロフェッショナルとは？

「自分の知識を、一人でも多くの方に届けること」。病院の中では医薬品を駆使して、病気の治療・症状緩和を行い、病院の外ではサプリメント・栄養学の知識をお伝えして、ベストコンディションの状態で人生を楽しむお手伝いをする。この二役を楽しみ、皆さまへ最大限の良いものを提供できるように、常に最先端の科学を取り入れて自身をバージョンアップさせています。

女性として起業するうえで一番困ったことは？またどのように解決しましたか？

仕事と家庭の両立です。中学生と小学生の子どもがいます。家族の時間と仕事のバランスが上手にとれず、主人と衝突する場面もありました。家族が支えてくれるから、仕事ができることにいつも感謝の気持ちを持ち、急ぎの仕事でない時は家族の時間を優先するように心がけています。

今後新たな事業展開していきたい事は何ですか？

現在はオンラインサロンでの運営ですが、エステサロンや整体医院などとの連携を更に広げメニュー開発をし、より沢山の方のニーズに応えていけるようにしたいです。また、自身も実店舗を持ち水素浴・水素吸入・ヒト幹細胞培養液ケアなどのお手入れも可能にしていく予定です。

（左）リフィーラス　　（右）水素アイテムと公式LINE

COMPANY DATA

会社名：Dr. りえの美腸・美肌サロン
代表者名：奥　理恵
所在地：福岡県北九州市
業種：医療・小売・サービス
事業内容：オンラインサロン（健康・ダイエット・腸活・ファスティング相談）/ サプリメント販売 / 水素風呂・水素吸入器の販売・レンタル / ヒト幹細胞培養液美容液販売
メールアドレス：358riok358@gmail.com

WEBSITE・SNS

KS人事労務

代表

小島かつら

女性という個性を活かす仕事 社会保険労務士

あなたの事業で一番伝えたいことは何ですか？

「あなたの会社をさらに良くするために、私にできることは何ですか？」ということです。

社会保険労務士（以下、社労士）という仕事は、その会社の安定成長をサポートしている仕事です。企業経営において大切な「ヒト」。どんなに素晴らしい事業でも、会社を成長させるためには人材の定着が必要です。だからこそ働く方々が「この会社で働けてよかった」と思えるお手伝いをしたいですし、クライアントが目指す「なりたい未来」への伴走者でありたい。

起業しようと思ったきっかけや事業を始めようとした原点を教えてくださいますか？

「人はどうしたら楽しく働けるのか」と思った事です。ハラスメントで体調不良になる同僚がいたり、私自身も仕事に対してモチベーションを持てない時期があり、働くことが自分にとって何なのかを見つめなおすきっかけとなりました。そこで、働くことで得られるもの、それは、金銭だけでなく、自らの成長を感じ、自分が貢献できている、自分の居場所だと感じられる、それがあるから仕事をしているのではな

KATSURA KOJIMA

電機メーカーでの営業職から転身、社会保険労務士として独立開業。ファイナンシャルプランナー、キャリアコンサルタント、産業カウンセラー等の知識を活用し、会社と社員の幸せを支援するため、人材育成研修や、キャリアコンサルティング、コーチングにも力を入れている。

いかと思いました。これらを実感しながら働けるなら、楽しいし、幸せではないでしょうか。そこで、このように楽しく働ける人を増やすには、なにが自分にできるかと調べたときに、会社の人事労務面でのサポートができる社労士や、キャリアコンサルティングやコーチング、と学びがつながっていきました。

起業から今まで一番苦労したことは？それをどう乗り越えましたか？

自社従業員の育成と定着です。一緒に働く従業員にいかに働きやすく、成長できる環境を提供できるか、彼らが自身でベストと思えるワークライフバランスの実現に、今でも一番苦労しています。従業員自身の最適なワークライフバランスと、チームにとって最適な状態。それを日々模索しています。

初めて事業を始めたとき、集客はどうされましたか？

まずは知り合いの税理士事務所に挨拶に行きました。「何かお困りごとありませんか？」と、お話を伺い提案をすることで、まずはその税理士事務所からお仕事を頂きました。そこからは、その税理士事務所のつながりでご紹介を頂き、その後はクライアントからのご紹介で今に至っています。

一番の収益を支えている事業内容を教えてください。

社労士事務所としては、顧問契約がメインです。企業様の社会保険の手続き、給与計算、人事労務のアドバイス、就業規則の作成、社員研修、人事評価制度のコンサルティングなどを行っています。

貴方にとってプロフェッショナルとは？

クライアントの真の想いに気づいて寄り添うこと。クライアントのご相談には、その裏に「本当はこうしたい」という真の想いが隠れていることがよくあります。クライアントご本人も気づいていない未来像があります。それを感じ取り、考えうる選択肢を提示し、クライアントがベストな選択ができるよう寄り添えることがプロフェッショナルと考え、心がけています。

女性として起業するうえで一番困ったことは？またどのように解決しましたか？

女性だからということで困ったことは正直ありません。社労士、という仕事は性別に関係なく、むしろ「女性の方がきめ細やかに対応してくれる」とお客様に言われることも多く、女性に向いている仕事ではないでしょうか。

今後新たな事業展開していきたい事は何ですか？

社労士事務所としては、顧問契約がメインです。企業様の社会保険の手続き、給与計算、人事労務のアドバイス、就業規則の作成、社員研修、人事評価制度のコンサルティングなどを行っています。

丁寧にクライアントのヒアリングを行う小島かつらさん

COMPANY DATA

会社名：KS 人事労務

代表者名：小島かつら

所在地：東京都千代田区神田須田町 1-1-1 4F

業種：社会保険労務士事務所

事業内容：中小企業の人事労務相談、社会保険等の手続き、給与計算、就業規則作成、人材育成研修、人事評価制度コンサルティング、キャリアコンサルティング、助成金申請、労働者派遣事業、有料職業紹介事業許認可申請、介護事業許認可申請 等

メールアドレス：sr-info@ksjr.jp

WEBSITE・SNS

Friend Village Communications

代表

小室友里

セックスコミュニケーションで離婚しない夫婦へ

あなたの事業で一番伝えたいことは何ですか？

セックスコミュニケーションとはセックスすることではなく、自身のセックスの価値観を相手と話し合い、共有することです。セックスはしてもいいし、しなくてもいい。それを夫婦間で共有できたらすごく楽になって、他のコミュニケーションも取りやすくなりました！とのご感想が多いです。

起業しようと思ったきっかけや事業を始めようとした原点を教えてくださいますか？

起業前から「夫とセックスしたくない・してくれない」。「妻とセックスできない」と、様々な相談を受けました。男女問わず婚外恋愛の相談も。元セクシー女優ゆえ、他の人に言えないことが言いやすかったんだと。この問題解決には、アメリカのようにセックスカウンセリングが文化にならないとダメだと思い、タブー視されるセックスをあえて事業にしました。

起業から今まで一番苦労したことは？それをどう乗り越えましたか？

タブー視されるセックスを事業にしたので、事業として取り扱ってもらえ

YURI KOMURO

1975年生まれ。神奈川県綾瀬市出身。一般社団法人恋愛スキル協会Licomo理事。日本性科学会正会員。90年代を代表する元セクシー女優。当時の経済効果は60億円とも言われている。現在は全国の商工会議所やロータリークラブ、経営者会で「女性を味方につけるセクハラ予防法」「経営者が知っておくべき男女コミュニケーションスキルアップ講座」など、男女間に特化したコミュニケーションマインドとスキルを講演。聴衆はのべ5,000人以上。自身初のクラウドファンディング「女性も男性も『大切な人を傷つけない性の知識』を得て、真に性に向き合える社会へ！」では、1ヶ月で197名から350万円の支援金を募り、700％の達成率を記録した。

なかったことです。まずは相手にビジネスで貢献して、私というパーソナリティを信頼してもらいました。起業したてのお金も時間もない中での他者貢献は、成功への最短距離だと思います。

初めて事業を始めたとき、集客はどうされましたか？

口コミマーケティングが欲しくて、経営者会のメンバーになりました。とはいえ1年目は「セックスコミュニケーション？　大事なことよね。でもねぇ……（私には関係ないわ）」と言われる日々でしたが。入会して7年経ち、今ではご紹介も増えました。

一番の収益を支えている事業内容を教えてください。

セミナーと講演会です。日本全国から大小問わずご依頼いただきます。経営者向け講演会でも「私たちが知らない性の知識を講演内容に入れて欲しい」とご依頼いただくことも増え、時代が変わったんだなぁと実感します。

貴方にとってプロフェッショナルとは？

自分で自分を諦めないこと。私の一番近くで一番大きな声で応援してくれて、辛い時は一番にかけつけて、誰よりも寄り添ってくれるのは自分自身です。その自分に「できっこない」「誰も見てくれない」と諦めの言葉をかけたら、他の人の応援も聞こえなくなってしまいます。「この事業は私だからできること。私にしかできないことだと信じています」と普段から周囲に話しています。すると「あなただからできることだよね！」と支援者が増えていきます。ぜひ試してみてください。

女性として起業するうえで一番困ったことは？また どのように解決しましたか？

元セクシー女優の肩書きゆえ風当たりも強く、「セクシー女優のくせに」と言われたり、「セクシー女優って言わない方がいいんじゃない？」と、個人的価値観で助言されたり。一番困ったのは経営者会で事業として取り扱われなかったことです。セックスコミュニケーションは受容できる方とできない方がいます。同じ価値観を持った経営者の仲間をたくさん作ることで問題解決しました。

今後新たな事業展開していきたい事は何ですか？

一般社団法人セカンドキャリア支援協会の代表理事に就任予定です。社団では、社会的信用が得にくい女性の元性産業従事者を、性の悩みに対応できるカウンセラーとして育成します。元性産業従事者をカウンセラーに置き、「この人になら変な悩みだと思われない」安心感を相談者に渡したいです。元性産業従事者の雇用促進、セックスの問題解決が出生率低下、離婚率増加、性暴力、青少年への性教育、セクシャルハラスメントなどの社会的問題解決に繋がることを提起できると考えています。

大人になる前に知っておいてもらいたい“性”のお話　セミナー開催

経営者・後継者の為のコミュニケーションスキルアップセミナー登壇

COMPANY DATA

会社名：Friend Village Communications
代表者名：小室友里
所在地：港区北青山2-7-20　猪瀬ビル2F
業種：タレント・講演家・ラジオパーソナリティ
事業内容：男女間に特化させたセックスコミュニケーションの心構えや男女のセックス行動心理の違いを、講演やセミナーを通してお伝えしています。日本人がタブー視してきた性の情報を、医学的知識とエンターテイメント性を掛け合わせて、受講者と一緒に楽しみながらお渡ししています。
メールアドレス：info@friendvillage-c.com

WEBSITE・SNS

株式会社ジャスミンルージュ

代表取締役

近藤珠茉美

美容と量子力学マインドセットで女性を輝かせる

あなたの事業で一番伝えたいことは何ですか？

「どんな女性も輝けるし、思い通りの人生を生きる事ができる」

「女性は常に綺麗になり続けられるし、輝ける」

自信をもって人生を切り拓いていくことができるということを伝えていきたい。

起業しようと思ったきっかけや事業を始めようとした原点を教えてくださいますか？

元々、小学生の頃からいつかは社長になりたいと思っていたんです。

亡くなった父の影響が大きいのですが、当時父が会社経営をしており、その会社を手放した時期がありました。その時の辛そうな父の姿を見て、子供ながらに父のためにも、私が社長になり、絶対に会社を作ると当時から決意していました。

起業から今まで一番苦労したことは？それをどう乗り越えましたか？

起業してから5年程経った頃、経営していたサロンを閉店しないといけないという局面に立たされました。今まで積み重ねてきた全てを失った瞬間でした。

TAMAMI KONDOU

「ビューティフルライフスタイリスト」として11年間、美容サロン経営を通して、女性の人生を数々見てきました。女性は「考え方次第で今よりもっと綺麗になれる」。私自身、どん底だった時期に考え方を改めるところから始めました。後に、自分の芯となるマインドセットを行う事によって1人の女性として、シングルマザーとしての人生を切り拓いていきました。その後、量子力学と出会いました。この経験を活かし、女性が輝きながら思い通りの人生を切り拓いていけるサポートを行っています。

空っぽになったサロンに1人残り、虚無感に打ちのめされていました。

そんな時も、「考え方次第で人生は変えられる」と何度も自分に言い聞かせとにかく前を向くという気持ちで乗り越えました。

初めて事業を始めたとき、集客はどうされましたか？

起業当初、お客様が何人かいました。そのお客様も一緒に盛り上げてくださり、ご紹介を頂きました。後は、コツコツとひたすらチラシ配りです。

サロンの前の交差点でひたすら配り続ける。

続けていくことで、少しずつお客様が増えました。

一番の収益を支えている事業内容を教えてください。

皮膚科医が推奨するMTメタトロン化粧品と超音波洗浄の融合で、肌本来の力を最大限に引き出す肌質改善のサロンです。

そして、MTサロンのもう一つの使命は女性の自立支援。

お客様自身がサロンオーナーになるという夢の創造も応援し、人生をより充実したものに導きます。

貴方にとってプロフェッショナルとは？

「どんな時も笑顔と前向きな姿勢を忘れずに、自らの能力を存分に発揮して求められる以上の結果を出せる事」。私も女性を輝かせるプロフェッショナルとして、お客様に感動を与え続け私自身も常に輝き続けていきたいです。

女性として起業するうえで一番困ったことは？またどのように解決しましたか？

起業した当時、シングルマザーで幼い子供を抱えていて、もし失敗したら？など不安材料は山ほどありました。以前に勤めていた会社は、安定した会社だったので、「何でそんな無謀な事を！　子供達どうするの？」と周囲から、かなり反対されたのを覚えています。それでも、「今やらないと一生できないかもしれない！」

「失敗する事よりやらないで後悔する事の方が怖い！」そう自分を奮い立たせて一歩を踏み出しました。

解決する時も、考え方やマインドセットが大きく影響していますね。

今後新たな事業展開していきたい事は何ですか？

女性を輝かせるという理念のもと、これからはマインドセット、内面美容にも力を入れていきたいです。

量子力学と出会い、私が今まで実践してきた考え方、マインドセットから導かれた引き寄せのパワーや、宇宙の法則を科学的に解明する事ができました。女性が輝きながら夢を叶え思い通りの人生を生きられるような事業を展開していきたいです。

女性を輝かせるプロフェッショナルとして
お客様に感動を与え続け私自身も常に輝き続けていきたいです

COMPANY DATA

会社名：株式会社ジャスミンルージュ
代表者名：近藤珠茉美
所在地：福岡県福岡市中央区大名 2-10-4　シャンボール大名 D1402
業種：美容・サービス
事業内容：美容サロン経営・量子力学マインドセットプログラム普及
メールアドレス：tamami@jasmine-rouge.jp

WEBSITE・SNS

株式会社フォーチュンダイレクト

アーティスト

住吉香南

融合から革新へ　新時代の芸術を創造するアーティスト

あなたの事業で一番伝えたいことは何ですか？

本物を極めつつ新たな挑戦を続け、他が真似できない世界で唯一の価値を創造し、人々に愛と癒しを与えたい。

起業しようと思ったきっかけや事業を始めようとした原点を教えてくださいますか？

９歳の頃、更に書の道を極めたいと思い、奇跡的なご縁があり師と出会いました。五書体のみならず、龍や自然のモチーフを取り入れた特別な書体、石に判子を彫る篆刻など、歴史ある文化と精神性を学びました。

一方で現代は学校で書道を習い、文化というアイデンティティを学ぶ機会が削られている現状にとても危機感を持ちました。

文化は育ち、つねに枝葉を伸ばしていくものです。

時代に合った新しい表現にもチャレンジしていかねばならないと感じ、書道や篆刻をアートに取り入れる唯一の存在になろうと決心しました。

起業から今まで一番苦労したことは？それをどう乗り越えましたか？

中学二年の時師匠が亡くなり心の支えを無くし、また書は芸術ではないと

KANAN SUMIYOSHI

書とアート、マンガ、デザインを融合させた世界初の創造作家。1993年生まれ、慶應義塾大学卒。９歳より皇室献上作家に弟子入り書の世界に入り、11歳で皇帝のみに許された伝統文字含む全書体正統奥義を継承、師より百年に一人の逸材と言わしめる。その後、伝統と現代文化を融合した新ジャンルを世界各国で発表し、新世代アーティストとして活躍。2021年には上野の森美術館で27歳最年少で政府後援国内初個展を開催。書とアートの両輪、古美術やアニメフィギュアとのコラボという新しい試みを披露。個展後は神田明神へ作品奉納される。

いう海外の一部の意見を聞き、書を辞めようかと悩みました。

一時期筆を持てない時期がありましたが、私に何ができるか考え抜いた時、人に負けないアイデンティティは師匠から受け継いだ最高峰の書の技術だと立ち返り、海外で認められる書と絵画と日本のお家芸マンガを融合したアートを創造しました。すると世界三大美術館からも新ジャンルの世界の架け橋という評価を頂き、今に至ります。

初めて事業を始めたとき、集客はどうされましたか？

芸術界は特殊で、まず作品が評価されなければならないので、パリ、ニューヨーク、ドバイ等で個展やアートフェアに出展、海外の一流ギャラリストによる集客をしました。

一番の収益を支えている事業内容を教えてください。

アート作品の他、アバターアートの商標権も獲得し、独自のキャラクタービジネスも始動しました。

『殺数』（母著作）という本のカバー絵を手掛け、徳間書店より出版。非常に好評を得て、出版関係にも進出。

また、上野の森美術館個展の作品が神田明神に奉納となり、その後も神田明神企画の文化事業をさせていただくことに決まり、光栄の限りです。

日本の精神性を広めるべく、独自のアートが様々なジャンルに拡大しています。

貴方にとってプロフェッショナルとは？

常に高みを目指し、オンリーワンのブレない自分軸を持ちつつ、未来を創り上げていく可能性無限大な存在。ワクワク感とパッション（情念）で突き抜けて、人々にエネルギーと影響を与える存在だと思います。

女性として起業するうえで一番困ったことは？また どのように解決しましたか？

アート界はまだまだ男性社会といえます。

アーティストもギャラリストもコレクターも男性の方が多いです。

「かわいい」だけではない鋭さを感じられるように、作品制作でも心掛けています。

今後新たな事業展開していきたい事は何ですか？

4月に上野の森美術館での個展を成功させ、神田明神様、またニューヨーク・パリなど海外での政府後援での個展活動も決定しております。

デジタルとアニミズムが自然な形で融合した稀有な国・日本から、デジタル・アニメ・書道篆刻をミックスした新たなアートをこれからも展開していきます。まずは今話題のNFTアートを予定しております。そして作品を通し、文化で世界をつなげる架け橋として、融合の精神・あたたかな和の精神を広めていきたいと考えています。

徳間書店『殺数』表紙

《Hi,Human!》

COMPANY DATA

会社名：株式会社フォーチュンダイレクト
代表者名：住吉香南
所在地：東京都中央区銀座 7-13-6 サガミビル２階
業種：企画運営会社
事業内容：アート企画運営・事業コンサルタント
メールアドレス：info@kanan-art.com

WEBSITE・SNS

株式会社アットミクスト

代表取締役

戸叶勢子

情報を視覚にうったえるインフォグラフィックの開拓

あなたの事業で一番伝えたいことは何ですか？

目で見る情報！　それは直接脳に飛び込んできます。

イメージを形にする。そして、伝えたい人にわかりやすいデザインを目指しています。

起業しようと思ったきっかけや事業を始めようとした原点を教えてくださいますか？

きっかけは、子育てがひと段落して、自分を見つめ始めたことです。

何がしたいだろう。何ができるだろう。という思いが高まりました。

自分のアイデンティティの確立はもちろんのこと、社会に、そして周囲の人に役立つことがしたい。ということからのスタートです。

起業から今まで一番苦労したことは？　それをどう乗り越えましたか？

仕事のクライアントは、雑誌や、ドライブ関連の雑誌・書籍などが主だったので、インターネットの普及により、紙媒体がウェブへと移行を始め、仕事量が減ってきたことが一番の打撃でした。どう生き残るか。顧客の層を、個人へと広げることにより、徐々に仕事の幅が広がっていきました。

SEIKO TOKANOU

三鷹市出身、結婚後練馬区石神井公園に居を構え、一年半ほど、主人の企業留学にてボストンで暮らす。現在、日暮里在住20年。
家族は主人・息子・娘・猫４匹
中学から短大まで女子校。テニス部、英語研究部、アナウンス部、高校３年からバンド活動を始める。卒業後メーカーの宇宙航空事業部に配属。打ち上げロケットや軍需産業に携わる。

初めて事業を始めたとき、集客はどうされましたか？

知人からの紹介でスタート。そして、資料を出版社などへ持ち込み、徐々に仕事が定着していきました。

一番の収益を支えている事業内容を教えてください。

地図やチラシの製作。お店紹介や、ドライブルートなどのマップ。そして、自己アピールや、セミナーなどのチラシの製作になります。

貴方にとってプロフェッショナルとは？

ごく当たり前なことになりますが、クライアントのニーズに応える。ということです。

顧客のニーズが、どこにあるか、それを見極めるのもポイントになります。意外と、頭で考えている希望と、形になった時のポイントが違ってしまっていることも多いのです。

女性として起業するうえで一番困ったことは？また どのように解決しましたか？

会社として、社屋を持たず、それぞれの家を事務所として作業を進めていました。女性が社会で目一杯働くということに、まだ抵抗がある時代でしたので、「家族と仕事の両立」に一番気を使いました。

「子育てと仕事の両立」にまだまだ抵抗のある世の中、印刷に回す時間が朝6時までなど、仕事する時間が不規則なため、家族の負担、自分自身の心の葛藤が大きかったです。

家族の協力なしには、続けていくのは難しかったと思っています。

今後新たな事業展開していきたい事は何ですか？

子育てがひと段落し、自分の価値を作っていきたい女性のために役立つお手伝いをしたい。今まで培ってきたインフォグラフィックスのテクニックを用いて、見やすくわかりやすいフライヤーや名刺の作成、スライドの作成からアプリケーションの使い方、ホームページや動画の作成講座など。

＊起業したいけど、どうしていいのかわからない
＊何ができるのか、わからない
＊家庭との両立が難しい
＊やりたい事があるけど、どう始めたら良いのかわからない

こんな想いを抱えてる女性のかた、一人の個人として社会復帰をしたい女性に向けて、「夢を形にする」応援の方向にシフトチェンジします。

そのために
＊心の中にあるイメージを明確にする
＊目標に向かっていくプロセスを作成する
＊個人事業主として活動できる場所を提供する
＊自分自身の表現のお手伝い

私の持てる、全ての技術・情報・人脈を駆使して一緒に夢を形にするまで寄り添っていきたいです。

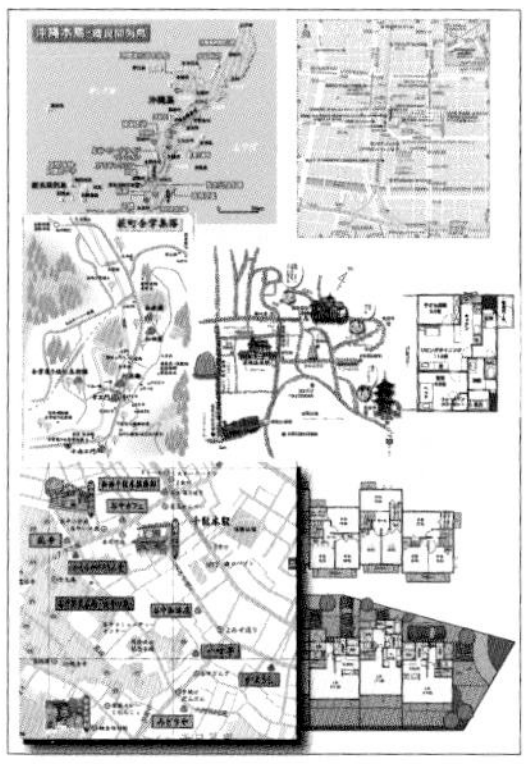

情報をクリエイティブに集約したインフォグラフィック

COMPANY DATA

会社名：株式会社アットミクスト
代表者名：戸叶勢子
所在地：東京都荒川区西日暮里 3-15-10
業種：グラフィックデザイン
事業内容：地図・イラストなどの作成・名刺やフライヤーなど、見せたい！　理解してもらいたい内容などを、一目で見てわかりやすいインフォグラフィックで提供しています。
メールアドレス：tokanou@atmixt.co.jp

WEBSITE・SNS

SunMoon

代表

土居祥子

オリジナル甘酒ファスティング＋DNAに合わせた食指導

オリジナルヨガメソッドで無理なくダイエット・体質改善

あなたの事業で一番伝えたいことは何ですか？

体が健康になれば、人生の中でなにかあってもブレない心で突き進んでいくことができる。健康な身体を持つことで心も健康になれて自分のやりたいこと、使命をはたすことができるということ。

起業しようと思ったきっかけや事業を始めようとした原点を教えてくださいますか？

自分自身と自分の子供たちが体が弱かったのを克服できたので、その方法を一人でも多くの方に伝えて、健康な人を増やしていきたいと思いました。

起業から今まで一番苦労したことは？それをどう乗り越えましたか？

大学を出て社会経験をしないまま、主婦になってからの起業だったので右も左もビジネスの基本も全く知らずに始めました。

ママ友仲間や家族、周りからは起業したことをよく思っておらず冷たい目で見られましたが、目の前のお客様や生徒さんが変わっていくのを見てもっと伝えていきたいと思いました。

SACHIKO DOI

関西出身、甲南女子大学人間関係学科卒。19歳、17歳の子供を持つ。自身が20歳の時に自律神経失調症になり、ヨガで克服したことがきっかけでヨガインストラクターになる。その後クライアントの悩みを解決するために料理、タイ古式、アロマセラピー、加圧トレーニング、パーソナルトレーニング、レイキを学び、DNA検査インストラクターになる。4000人の指導経験をもとに2019年、苦しい思いをせずに健康に痩せるSunMoon独自メソッド『甘酒ファスティング』を提唱し食指導、運動指導。

初めて事業を始めたとき、集客はどうされましたか？

自分で作ったフライヤーをこっそり周辺に自分でまきに行ったり、知り合いの店舗でフライヤーを置いてもらったりしました。お友達の口コミや、アメブロを書いたりしていました。私自身が変わったことを見て、お声かけいただいたこともありました。

一番の収益を支えている事業内容を教えてください。

『甘酒ファスティング サポート』で一定期間、体質にあった運動、食事指導、独自のファスティングをしてダイエットや体質改善、美容のサポートをしています。同時に全国、海外へ指導者養成を行っています。

貴方にとってプロフェッショナルとは？

プロとして自分自身がコントロールできていること。

お客様にこんな風になりたいと思ってもらえる自分を常に目指し続けること。そしてお客様に結果をしっかり出すこと。

女性として起業するうえで一番困ったことは？また どのように解決しましたか？

子供が受験の時に家事にも追われながら資格を取り、4時半起きで1日も休まず仕事をしていた時。

私が仕事をしていることがお遊びでしているように思われ、協力を得られず大変でした。子供の受験も思うようにうまくいかず一人で悩みまくりましたが、どうしても自分の事業を伝えていきたくて、ヨガで自分の心を整えることを短い時間でもとることでなんとか切り抜けました。

今後新たな事業展開していきたい事は何ですか？

健康でその人らしい美しさをもつ人を増やし、日本全国、海外にトータルで指導できる女性を増やすべくスクール化、トータルで健康、美容をサポートする施設『ウェルネスビレッジ』の事業を展開していきたいと思っています。

（左）SunMoon 独自メソッド『甘酒ファスティング』　（右）「ファスティングと食事で体内が変わればしなやかな体作りができる」という祥子先生

COMPANY DATA

会社名：SunMoon
代表者名：土居祥子
所在地：東京都三鷹市
業種：パーソナル美活トレーナー
事業内容：4000 人の指導経験から独自の苦しくない甘酒ファスティングを提唱し体質にあった食指導、運動指導で健康になるダイエット、体質改善をサポート。
メールアドレス：sunmoonshanti@gmail.com

WEBSITE・SNS

オフィスブループラネット

代表

居村仙紅

1回のお風呂で2kg痩せる！ 美痩せ入浴法を世界へ！

あなたの事業で、一番伝えたいことは何ですか？

今こそ、体の深部から体温を上げる自宅での免疫力アップ法を多くの方々にお伝えし、世界中の方々に湯船に浸かるという日本の文化を広めたいです。

起業時から今までで一番苦労したことは？それをどう乗り越えましたか？

「お風呂指導トレーナーなんて聞いたことない！」と、10年前は事業として認めてもらえず、SNSで宣伝すればするほど、好奇な目で見られていました。それでも、私がありとあらゆるダイエットを経験し、失敗してきた末、「お風呂の入り方順番で一生太らない魔法のような体」を手に入れた実体験のダイエット法は「どんなダイエット法でも痩せられなかった方」「食べることをガマンできない方」「つらい運動が苦手な方」を救える自信がありました。受講してくださった生徒さんがお風呂での健康、美容法の素晴らしさを実感してくださることが私の励みとなりました。

初めて事業を始めたとき集客はどうされましたか？

会社員の副業で、区民講座の講師として採用となったのですが、80名以上もの応募が殺到！ 講師デビューだった私はこの反響に驚きましたが、多くの方にお集まりいただいたことで起業の勇気や自信がついたのだと思います。いい勉強になりました。その後も集客できる講師として各区民講座に呼ばれるようになり、小学校からの講演依頼まで繋がりました。

一番の収益を支えている事業内容を教えてください。

お風呂指導トレーナーとして美痩せ入浴法の温浴施設でのマンツーマン指導、温泉での「ビューティー合宿」は受講者様の口コミのお陰でSNSで広がり、10年目を迎えました。著書も順調に売り上げが伸びています。

貴方にとってプロフェッショナルとは？

信念を持ち、諦めない精神を持つこと。

誰になんと言われようと使命感を持ち、貫くこと。

Senko Imura

『1回のお風呂で2kg痩せる！食べても太らない美痩せ入浴法』著者。健康医療コーディネーター他、数々の美と健康美容関連資格習得後、ダイエット＆ビューティーコンサルタントとしてテレビ、ラジオなど各メディアで活躍中。太らない甘味料監修、美と健康商品販売。アンチエイジング指導講師、食育講師（食育DVD小中高校発売）テレビショッピング出演。ラジオパーソナリティ。MS ASIA GOLDEN 女性起業家コンテスト☆日本代表50代グランプリ受賞後、世界大会へ、アジアコンテスト「美健大使」受賞。

COMPANY DATA

会社名：オフィスブループラネット　代表者名：居村仙紅

所在地：神奈川県

業種：講師業、世界初のお風呂で痩せる入浴指導トレーナー。

事業内容：『1回のお風呂で2kg痩せる！食べても太らない美痩せ入浴法』著者として美痩せ入浴法ＳＥＮＫＯメソッドを温浴施設にて指導。

メールアドレス：dr.senko0830@gmail.com

WEBSITE・SNS

幸せになるダイエット

ダイエットコーチ

SaYuRi（紫垣佐悠里）

痩せる前からしあわせになるダイエット

あなたの事業で一番伝えたいことは何ですか？

あなた自身が、本当はどうなりたいのか？に、気づいていただくことですね。ただ痩せるだけなら、世の中にダイエット本はいくらでもあります。知識をお伝えするだけでも良いのかも知れませんが、知っているのと、できているのとは大きく違います。知識だけでは行動できません。マイナスの我慢するダイエットではなく、付け足しと食べ方と食べ合わせによる、限りなくストレスフリーなダイエット。目標は痩せることであっても、実はその先の目的は人それぞれ。コーチングによって望ましい未来を創造し、なりたい本当の姿を引き出し、健康的に美しく痩せる方法を伝えたい。だから、しあわせになるダイエットなのです。

起業時から今までで一番苦労したことは？それをどう乗り越えましたか？

歯科衛生士時代にNLPやビジネスコーチの資格を取得しましたが、周囲はすでにコンサルタント事業をされている方や経験豊富なコーチの方々ばかり。その中でどうやったら差別化できるのか？と考えるのが一番大変でした。結局、自分の強みである美容の知識や経験を生かして、他にはない独自のメソッドでダイエットのコーチングをするという発想が生まれ、そのために2年間かけてアンチエイジングダイエットのメソッドを学びました。

初めて事業を始めたとき集客はどうされましたか？

以前からのお知り合いや、口コミ、ご紹介からスタートしました。お陰さまでビジネスコーチ、ヴォーカリストとしての繋がり、美容家としての発信、私の生き方や在り方そのものに興味を持ってくださる方が、ご相談に来られます。

一番の収益を支えている事業内容を教えてください。

アンチエイジングに関する、すべてオーダーメイドのダイエットコーチングです。

貴方にとってプロフェッショナルとは？

心を尽くした仕事をし、満足を超えた感動を生み出すことです。

Sayuri Shigaki

ダイエットコーチ / 日本アンチエイジングダイエット協会マスター講師 /PHP 研究所認定ビジネスコーチ・チームコーチ

1959 年 11 月 6 日岐阜県大垣市生まれ。短大卒業後、約 10 年間歯科衛生士として勤務。30 歳を機に、中学生時代に学校側の都合で断念したアメリカへ 1 年留学。帰国後はフリーランスの歯科衛生士の傍ら、新たな可能性やキャリアアップの一環で、NLP やコーチング、ダイエットトレーナーの資格を取得。現在、美容にコーチングのスキルを用いたダイエットコーチとして活躍中。ダイエットが成功したお客様からは喜びの声をいただいています。

☆アーティスト活動紹介：Jazz Vocalist / 女優 . タレント . モデル

COMPANY DATA

会社名：幸せになるダイエット　代表者名：紫垣佐悠里

所在地：大阪市中央区瓦町 1-6-1

業種：サービス業

事業内容：コーチングによるダイエット。

メースアドレス：chateau.latour.sayuri@gmail.com

一般社団法人リアフールコレクション

代表理事

髙橋智子

ファッションショーと育成したモデルを世界へ発信!

あなたの事業で一番伝えたいことは何ですか?

アパレル生産業もファッションショーも新規事業のプロモデル育成も業態は違いますがすべてカテゴリは同じ。いわゆるものづくりであり、人材をつくり上げることだと思います。なぜなら0から1またそれ以上を求められる事業と考えます。生産物やイベントの内容にはスキルも求められますし当然できて当たり前の完璧を常に求められている終わりのない世界でもあります。その中でクライアントや生徒に喜ばれた時に初めて達成感を持てるのです。それが自身の原動力になる。素晴らしい仕事と思っております。人は常に努力をしつづけ、その先のそれぞれの夢に向かい、必ず実現できると信じております。

起業時から今までで一番苦労したことは?それをどう乗り越えましたか?

ファッションショーイベントは沢山の人を動かさなければならないので、人間力を問われたこと、また試されたこと。平身低頭。感謝すること。常に課題に向き合い、柔軟に対応し、人を動かす。

初めて事業を始めたとき集客はどうされましたか?

広告・メディア・FB・インスタなどSNS・口コミなど。

一番の収益を支えている事業内容を教えてください。

アパレル生産業いわゆる洋服を生産する事業です。これも長年継続中であり、パターン製作（型紙）からサンプル製作、資材・副資材の調達、量産まで付帯業務一切を請け負った一貫した生産体制でのサービスです。OEM・ODM（企画プロデュース）になります。アパレル業そのものが初めてという方のためにもコンサルを並行し、学びを通じてブランドの立ち上げまでもサポートいたします。

貴方にとってプロフェッショナルとは?

わたくしにとってプロフェッショナルとは仕事に対する意欲、そして拘り、そして日々の努力と精進だと考えます。

Tomoko Takahashi

大学時代にはモデルとしてプロダクションに所属。大学卒業後、大手アパレルメーカー勤務を経て夢の一つであったセレクトショップを立ち上げる。その後現在の礎であるアパレル生産業へ移行。自身のブランド、アンジェリク（商標ブランド）や新規ブランドや新進デザイナーの衣料生産に携わるうちに販路・販促のツールとしてファッションショーイベントの運営・主催事業を行う。そこで沢山のモデルたちや関係者と関わる中で2021年6月に新規事業として始動しているプロモデル育成カレッジを開校する。

COMPANY DATA

会社名：一般社団法人リアフールコレクション　代表者名：髙橋智子
所在地：東京都板橋区栄町8-3　業種：ファッション・アパレル業
事業内容：弊社の事業内容はアパレルに特化したファッションショーイベントの制作から企画・プロデユースを一環してとり行うイベントの主催者であり運営会社です。特に新規ブランドまた新進デザイナーの販路・販促及びＰＲの場としてファッションショーを開催。ショーを通じて販促や人脈拡大に卓越したメゾットを生み出す。また２０２１年６月からは新規事業として世界に羽ばたくプロモデル育成カレッジ、カレージュドゥリアフールを開校。
メールアドレス：takahashi@anjaricu.info

WEBSITE・SNS

凛音

代表取締役

玉井郁子

新しい時代にマッチしたバストメイクのスペシャリスト

初めて事業を始めたとき集客はどうされましたか？

広告媒体での集客が中心でした。

一番の収益を支えている事業内容を教えてください。

バストサロン事業です。

貴方にとってプロフェッショナルとは？

常にニュートラルな自分でいることです。どんなに良い技術や製品があっても、自分の心がブレていては、ご提供する内容にムラができます。特にこの仕事は、ダイレクトにお客様の肌に触り、心に寄り添う仕事です。エネルギー交換なので、より良いエネルギーを循環させる事を大切にしています。

あなたの事業で一番伝えたいことは何ですか？

「見た目が変化すると心も変わり、人生も変わる」。人は「身体」「精神」「エネルギー」の3つのバランスが取れて、豊かで充実した人生が送れます。私はエステ業の傍ら、心理学、ヒプノセラピーなどといった精神面の勉強もしてきました。身体と精神の両方からお客様と関わらせて頂き確信していることは、身体の変化を実感すると自信が付きポジティブになれ、人生がよりスピーディーに好転していくということです。これは私自身も経験しています。女性の象徴でもあるバストを育てることは、毎日、身体に触れ、食事に向き合い、マインドを変えていく作業が不可欠です。必然的に自分を大切に扱うことにつながります。女性はバストを通して、何歳からでも心も身体も健康で美しく、自分らしく輝けます。

起業時から今までで一番苦労したことは？それをどう乗り越えましたか？

安定した集客です。サロンを立上げた当初は、バスト、フェイシャル、よもぎ蒸しと、どこにでもある普通のサロンでした。当然、他社と差別化できる状況になく苦しいスタートでした。どうにかこの状況を打開したい思いで、中小企業診断士の先生にご相談し、思い切って現在のバストに特化したサロン展開に切り替えたところ、安定しました。

Ikuko Tamai

大手ドラッグストア「医薬・美容部門」で16年間、健康と美容の仕事に携わる。その後、子育てがひと段落ついたのをきっかけに、長年思い描いていた独立の夢を実現するため、エステ業界へ転職。2019年に念願の独立を果たし、バストサロンをスタートさせ現在に至る。

COMPANY DATA

会社名：凛音　代表者名：玉井郁子

所在地：東京都練馬区田柄 2-32-2

業種：エステ

事業内容：バスト専門サロン。「施術＋セルフケア＋食事アドバイス」で美しくバスト育てるサポートを行う。

メールアドレス：rinne.no.oto@gmail.com

WEBSITE・SNS

來乎舎モダン
代表
樋口由香

障がい者と取り組む和文化&循環型事業

あなたの事業で、一番伝えたいことは何ですか？

古物商というツールを通じて、サスティナブルな取り組みを意図しています。ご依頼者様の元へ出向き、査定・買取・販売する事が中心ですが、眠っていた宝物を蘇らせるWORKとも思っています。その中でも大量の着物が処分されていく中、着物が本来持つ美しさ、魅力を他のカタチにし、身に着けて楽しむとしたら取り入れ易い！　そう強く感じ着物・帯をリメイク製作しています。その商品製作において共に取り組んでくださっているのが障がい者支援団体や仲間です。新たなカタチを生み、雇用を生みだし商品製作を通じ喜びの循環が起きています。古いモノが持つエネルギーと製作側の思いを込めて〝Made in JAPAN〟〝Made in KURASHIKI〟を中心に今後は海外、特にヨーロッパ、中東への販路開拓・発信をしていきたいと思っています。

起業時から今までで、一番苦労したことは？それをどう乗り越えましたか？

今思えば起業時、資金は無いけど借金はあり、シングルマザーというかなりハードな状況でしたが、正直、苦労と感じませんでした。古物商としてやりたい事とやる必要のある行動が見えていましたので、内なる感覚を信頼し、行動してきた先に自然と人と仕事の広がりが起きました。どう乗り越えてきたかというより、前を向いて取り組んできた先に素晴らしい仲間や仕事がやってきたという感じです。

初めて事業を始めたとき集客はどうされましたか？

ネット・イベント販売を活用し、告知・集客に繋げてきました。

一番の収益を支えている事業内容を教えてください。

骨董品などの買取した品々の販売。

貴方にとってプロフェッショナルとは？

人生において自分軸を持ち、真心で100%向き合い取り組むこと。そして愛が中心であること。

Yuka Higuchi

10代の時に祖父の遺品で譲り受けた古い時計を手にした時から古いモノへの興味と古いモノが語る文化やストーリーに魅了されてきた。30年近く古物商として買取・販売などメインワークとし、現在は古いモノを扱う様々なイベントなど幅広く企画運営・プロデュース。特に今、進めている事業はアップサイクリング（創造的再利用）で、着物や帯を使用したブランド "kyadis" を仲間と立ち上げ、スタイリッシュで美しく、和・洋どちらもマッチングするバッグ・小物・雑貨などオリジナリティー溢れる商品を創り出している。

COMPANY DATA

会社名：來乎舎モダン　代表者名：樋口由香
所在地：岡山県倉敷市西坂 1662-6
業種：古物商
事業内容：古物買取り・販売・商品製作・販売
メールアドレス：info@kiyasha-modern.net

WEBSITE・SNS

株式会社二丸居（にいまるい）

広瀬志帆

代表取締役

「レジリエンスを育てる」予防医学としての鍼灸

あなたの事業で一番伝えたいことは何ですか？

中国大陸を起源とする「東洋医学」は数千年にわたる膨大な経験的医学。この理論は、医療だけでなく、政治、社会、天文、兵法とあらゆる学問に用いられてきました。クライアント様には多少の無理をしても、叶えたい夢を持っている人も。自らが一番パフォーマンスを発揮できる心身の状態を知ること。現代でも通用するメソッドです。

起業時から今までで一番苦労したことは？それをどう乗り越えましたか？

治療家は技術職。ホスピタリティも強いため、売上に対する意識が不足することも。ビジネス仲間の経営者、士業の先生に、率直な意見や評価をいただくことで、ビジネスの視点や意識を養いました。

初めて事業を始めたとき集客はどうされましたか？

鍼灸の養成学校へ入学する前に、前職時代のお世話になった方、友人へご挨拶しました。学んだことを、SNSで発信することで、関心を持っていただき、来院につながりました。皆さんの口コミで多くの方をご紹介いただき、このご縁で満室となり、心の支えとなりました。

一番の収益を支えている事業内容を教えてください。

表参道の鍼灸院こきゅう南青山です。同じ志を持った優秀なスタッフに支えられています。感染症の流行下においても、免疫力向上を目的に、多くのクライアント様がご来院くださいました。音声SNSクラブハウスの活動で、各業界のトップランナーとのコラボレーション、セミナーやコンサルティングの依頼が増えています。予防医学、セルフケアへの意識が高まった今こそ、業界全体でチャレンジを重ねていきたい。これからの活動がより楽しみです。

貴方にとってプロフェッショナルとは？

「笑顔を引き出せる治療家」であること。恩師の王醫仙の言葉です。知識と技術だけでなく、クライアント様の「その先の笑顔」を意識し、必要とされる存在でありたい。

Shiho Hirose

清朝太醫家元十代目 王醫仙の道教医学に出会い、銀行員から鍼灸の世界へ転身。5年連続「東京で人気の美容鍼サロン」に選出され、93%以上が1年以上リピート来院する人気の鍼灸院へ。クライアントには経営者、士業、また医師など医療関係者からの信頼も厚い。現代医学・東洋医学の両面からの説明のわかりやすさから、セミナーやイベントなどの講演依頼、ヘルスケア関連事業へのコンサルティング、テレビ番組やコラムなどの監修依頼など、日々活動の幅を広げている。日本董氏奇穴針灸学会 事務局長として後進の育成にも力を注ぐ。

COMPANY DATA

会社名：株式会社二丸居　代表者名：広瀬志帆
所在地：東京都港区南青山3-16-14 プラサーダ青山401
業種：医療サービス業
事業内容：鍼灸院こきゅう南青山 運営・ヘルスケア事業コンサルティング
メースアドレス：shiho@kokyu-m.com

WEBSITE・SNS

STANDARD

SDGs

SUSTAINABLE
DEVELOPMENT
GOALS

［SDGs特集］

“想い”が
持続可能な社会へと導く

GLOBAL

ビジネスを展開する上で
標準化されつつあるSDGs

株式会社ユニバーサルバンク
桜井潤一

医療法人社団ピュアスマイル
ピュアリオ歯科・矯正歯科
湊　寛明

株式会社メディカル ケア
池尾深雪

株式会社 liu
水野陽子

株式会社彩 Re
岸　光男

有限会社クラスレーベルデザイン
平田敏彦

恵豊商会有限会社
佐藤一雄

SDGsをビジネスモデルに取り入れ
更なる進化・成長を目指す経営者に話を伺います

SUSTAINABLE　DEVELOPMENT　GOALS

SDGs
SUSTAINABLE DEVELOPMENT GOALS

株式会社 liu

代表取締役

水野陽子

予防医学を通し、すべての人と愛犬に健康と福祉を

持続可能な開発目標として掲げられたSDGsの17の目標。これからご紹介する株式会社liuの代表・水野陽子さんは、人間だけではなくペットと共にSDGsのゴールを目指す「優しい社会づくり」に貢献しています。

「愛犬との永年の共生」がビジネステーマ

持続可能な世界をつくるために生まれた、国際社会共通の17の目標「SDGs」。そこに一石を投じる活動を行っているのが、株式会社liuを率いる水野陽子さんです。

「SDGsはとても素晴らしい理念。企業として目標を達成するために協力を惜しむつもりはありません。しかし私はそこにプラスし『愛犬との永年の共生』をテーマに盛り込んでいます。犬は古くから、人間の生活においてかけがえのない存在として活躍してきました。日本において平安時代には犬を飼うことがあたりまえであったと考えられています。つまり、犬は人間の社会に、生活に、深く入り込んでいるということ。人間だけにとってより良い社会を構築するのではなく、犬や猫といったすべてのペットにとっても、持続可能な社会であるべきだと信じています」

SDGsの目標のひとつである「あらゆる年齢のすべての人々の健康的な生活を確保し、福祉を促進する」という目標に、ペットとの共生は欠かせません。コロナ禍でペットを飼う人が急増したように、人間はペットを飼い愛情を授受することで癒されたり、精神を給ったり、認知障害を回避したり、

日本最大のペットイベント
INTER PETS 2022（2022.3.31 〜 4.3）参加決定！

YOKO MIZUNO

株式会社 liu 代表取締役 水野陽子

Liuが目指すテーマは、「愛犬と永年の共生」です。そのテーマに基づき人の美容と健康に良い医療技術を使った製品で犬にも効果がありそうなものは、製品化しています。例えば美容/医療クリニックにおいて1500以上の実績がある近赤外光装置を犬の施術に活用して、大きな成果を上げています。また、究極の若返りサプリとして話題のNMNを、老犬に与えたところ、本当に元気になりました。そこで、医師で構成される次世代吸収研究会と連携して、高配合（1000mg）高吸収（腸管吸収約4倍）で愛犬が直接摂取できるNMNサプリメント「イキールZ」を開発。人に良いものは、犬にも良い……動物実験とは逆転の発想で、社会が少しでも豊かになればと思っています。

さまざまな恩恵を受けることができます。

「つまり、犬が、ペットが、共に健康であることが、人間の健康にも影響するということ。であれば、ペットが健康でいられるよう技術を磨くこともまた、ＳＤＧｓにつながるのです」

ペット用ＮＭＮで愛犬の健康を増進

残念ながら人間と会話ができないペットたち。彼らの健康を守るためにできることは少なく、正しい食生活を守らせ、適度な運動を行い、日々、責任をもって彼らを見つめ、守ることが必要です。ペットの食や医療は進化を遂げ、30年ほど前まで犬の寿命は８〜10歳程度とされていましたが、現在では14〜15年生きるのが当たり前となりました。１日でも長く生きてほしい。少しでも健康でいてほしい。飼い主のそうした願いをかなえるため、水野さんは愛犬用のＮＭＮを開発しました。「人と同様に、犬も最後まで自分の足で歩き、寿命をまっとうしたいと願っているもの。それをサポートするため、ペット用ＮＭＮサプリ『イキールＺ』を企画・開発いたしました。若返り遺伝子を活性化させるＮＭＮをｎａｎｏＰＤＳ化し１０００ｍｇ配合することで、長官→腸管吸収の良いサプリメントを実現。愛犬が食事とともに直接摂取できるよう形状にも工夫を加えています。医師で構成される『次世代吸収研究会』との共同研究・共同開発により誕生したサプリメントですので、安全にお使いいただけます。また、愛犬のアンチエイジング、加齢由来の疾病の予防、肥満、骨密度の改善など様々な症状に効果があるというエビデンスが確立されています。獣医大学の名誉教授の方にも、弊社のペット用ＮＭＮは画期的だと太鼓判を押していただきました」

最先端のバイオテクノロジーを利用して、犬も人も元気になれる

ペット用ＮＭＮのほか、近赤外線装置「Ｂｅａｍ Ｏｎ Ｏｎｅ」の販売も手掛ける水野さん。愛犬を思う気持ちが、そのままビジネスに反映されています。近赤外線装置に注目をしたきっかけは、高齢となり歩けなくなった愛犬を、なんとかして元気付けたいという思いからでした。「17歳を超えて歩けなくなり、食事も摂れなくなった愛犬の姿を見ているのが辛く、3日の間、時間をつくっては愛犬に近赤外線を当て続けました。すると驚くことに、自分の足で歩くことができるようになったのです。ＮＭＮも同時に与えて愛犬の代謝を高めました。現在18歳になった愛犬は、今でも自身の足で歩き、しっぽをちぎれんばかりに振って私を迎え

てくれます。その姿がうれしくて、私自身も元気になれました。人も犬も限りある命。そうであれば、最期の瞬間に『良かったね』と思って死んでいくことも、環境づくりに役立つものと信じています。なお、近赤外線を選んだ理由は、愛犬を驚かせないため。音が出ず、近赤外線の光で治療をするので愛犬への負担がありません。他社の同様な商品は低温火傷など様々なクレームが入ることがあるようですが、弊社で販売する近赤外線装置は透過性のある光を利用する治療器ですので、これまでに１度もクレームを受けたことがありません。自慢をするわけではありませんが、それだけ、品質に自信があるものを販売しているのです。さらに、世界的権威の吉村浩太郎教授（自治医科大学）が技術顧問である自治医科大学発ベンチャー・テレバイオ社に出資し、美容治療や再生医療に用いられる高品質、高濃度の幹細胞培養上清を愛犬の皮膚病、被毛脱毛症、炎症による痛み軽減に対応する製品を準備中です。近赤外光の照射と、音響振動の同時作動により、注射器を使わず、成分を浸透させる経皮吸収を実現できることは論文で発表されています。近赤外線装置を使って、幹細胞培養上清を体内に導入させることで、愛犬と永年の共生を目指していきます。

持続可能な「ペットとの共生」を目指して

そんな、水野さんのビジョンに賛同する獣医師たちがいます。犬・猫専門、３人の獣医師が立ち上げた国内初のカフェの中にある動物病院・トリミングサロン、ｈｉｆｆ ｃａｆｅ ｔａｍａｇａｗａ ヒフカフェたまがわ。皮膚科・耳科を専門とし、獣医師と連携したスキンケアを得意としています。水野さんがプロデュースしている最先端の近赤外線装置や、抗老化効果が期待されるＮＭＮ、そしてバイオテクノロジーの粋を集めた幹細胞培養上清をカフェというリラックスできる空間で利用いただき、ペットのアンチエージングを目指します。彼女は今、新たな目標として「愛犬と共生する複合施設」の開業を目指しています。

「北九州で姉がトリミングやトレーニングを行う施設を経営しているのですが、そこにプラスして、愛犬と飼い主さんが共に生涯を全うできる施設を作ることを近未来的な目標としています。現在の日本では、高齢者に介護が必要となった際、犬と入居できる老人福祉施設はごくわずか。最後まで面倒を見ることができず、泣く泣くペットを手放す方が増えていることも問題になっています。動物を飼う方が増えているのに、そうした施設が少ないということは、ＳＤＧｓの目標である『つくる責任 つかう責任』を満たしていないということ。こうした状況にメスを入れ、人だけではなくペットもまた平和に公正に暮らせるようにすること。これが私にとって最大の目標です」

こちらのプロジェクトは２０２４年の実現に向けてすでにスタート。東京ビッグサイトで行われるペットフェアでの発表を控えているといいます。

「身内が難病のＡＬＳを思い、幼い頃から介護の経験を積み、その死を通してメンタルが大切であることを身をもって知った私だからこそできることがある。そうした思いが今の仕事につながりました。犬との生活を予防医療につなげ、持続的な犬との共生を進めることで、ＳＤＧｓの目標達成の一端を担えたら光栄です」「すべてはこれからです。ぜひ、楽しみにしていてください」――愛犬を膝に抱え、笑顔でお話くださった水野さん。すべての人に健康と福祉を。すべてのペットにも健康と福祉を。ＳＤＧｓの目標のさらに上を目指し、水野さんの挑戦は続きます。

近赤外線装置 Beam On One

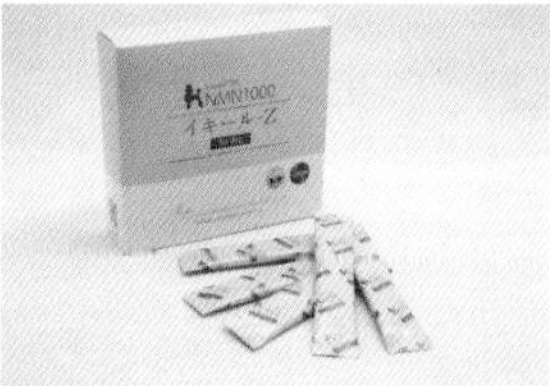

NMN サプリメント イキール Z

COMPANY DATA

株式会社 liu
〒108-0071　東京都港区白金台 5-18-18
TEL：03-6450-4067
設立：2020 年 3 月 16 日
資本金：1000 万円
事業内容：人の美容と健康に良い医療技術を使った製品で犬にも効果がありそうなものは企画、製品化、販売　・近赤外光装置の企画、提案、販売
・NMN サプリメント「イキールZ」を開発、販売
メールアドレス：info@liu-tokyo.jp

WEBSITE

SDGs
SUSTAINABLE DEVELOPMENT GOALS

株式会社 メディカル ケア

代表取締役

池尾深雪

質の高い介護サービスで住みやすい町づくりを

持続可能な開発目標として掲げられたSDGsの17の目標。株式会社メディカル ケアの代表取締役・池尾深雪さんは一歩上を行く介護や看護サービスの提供でSDGsの掲げる「誰一人取り残されない世界」を目指しています。

目標は住み慣れた地域で暮らし続けられる社会の実現

Sustainable Development Goals（持続可能な開発目標）の略称である「SDGs」。2015年の国連総会で採択され、世界をよりよく変えるため、17の目標が掲げられました。介護サービスを通じてSDGsの目標にアプローチし、住み慣れた地域で生活できる社会の実現を目指しているのが、株式会社メディカル ケアの代表取締役を務める池尾深雪さんです。

「私どもは、2006年の会社設立時より、良質の介護サービスを提供することで、地域のみなさんが安心して暮らせる社会づくりに貢献してきました。今回の『SDGs』企画のお話をいただいたときに、『私たちがやっていることだ！』と親和性を感じずにはいられませんでした。年を取ったから、病気になったからという理由で、住み慣れた場所をなぜ離れなければいけないのだろう……と疑問を感じ、私どもは、その方たちが一生懸命に生きてきた地域にずっと暮らせるよう、最期までケアをさせていただける場所を作ろうと力を入れてきました。たとえ、同じ県内でも言葉の違いなどがあり、寂しい思いをされる方も多かったと思います」

介護サービスの現状とこれからについてビジョンを語る池尾深雪さん

MIYUKI IKEO
株式会社メディカル ケア 代表取締役 池尾深雪
富山県新湊市（現射水市）出身。
病院にて看護師として医療に従事。
その後、警備会社にて介護事業部署の立ち上げに携わる。
看護師としてのキャリアを生かし、医療に特化した介護サービスを提供したいと感じ、企業を設立。
現在は、複数の事業所を運営し、看護師としての経験を生かし、先進的なサービスを提供している。

思い描いた看護や介護をするため、36歳で起業

現在、訪問介護や訪問看護、有料老人ホームの運営などを展開している同社。事業をスタートするきっかけは、池尾さんが看護師だったことに起因しているといいます。

「私はもともと看護師でした。困っている人のそばにいて、お世話をしたいという思いから目指したのですが、いざ看護師になってみるとドクターのアシスタントのような仕事が多く、『あー、思い描いていたものとは違うな』と思ったんです。そのころ、ちょうど介護保険制度が始まり、アルソックという会社に入って、介護事業部を立ち上げました。新規参入できるということでしたが、やはり会社にはカラーというものがありまして……。サラリーマンでありますし、自分が思うことを自由にはできない環境でした。このまま仕事をするのも自分らしくないと思い、『じゃ、何をするの？』と自問したときに、『自分で会社を起こすしかない』という結論に至りました。それが36歳のときですね。目の前の人をその人らしく最期まで支えるために、私が起業するしかないなと思いました。

お金もなく、看護師が脱サラをして始めた会社でしたので、まず信頼を得るのに非常に苦労しました。起業して5～6年は同業者からのプレッシャーを受けたりもして……。でも、私は決して間違ったことはしていないし、必ず光が見えてくるだろうという一心で戦いました。必死にもがいて、この業界では富山県のなかで5本の指に入るほどの利益を出せるところまで持ってきました。『あんたじゃないとダメ。ほかには行きたくない』という利用者さんの支えも大きかったです。その方たちの後押しとエネルギーを今もいただいています」

看護師の経験を生かした良質な介護サービス

同社のサービスが同業他社と一線を画す一番の違いは、彼女の看護師としての知識とキャリアを生かした取り組みをかかりつけ医と共に考えていることです。「弊社では利用者さんに満足していただけるよう常に質の高い介護を目指しています。三大介護と呼ばれている入浴、食事、排せつをお手伝いすればＯＫというわけでなく、そのひとつひとつのきめ細かさに重きを置いています。たとえばおむつ交換でしたら、決まった時間に交換するのではなく、おひとりおひとりの排せつパターンによってこまめに対応する。また、お食事はすべて手作りし、なるべく化学調味料を使わず、手作りの塩麹

などを使ったりもしています。提供のタイミングも朝昼晩と杓子定規にお出しするのではなく、その方の生活パターンに応じて変えるなど、一歩上をいくサービスを心がけています。それから、弊社を利用される前に飲んでいた安定剤や下剤を断っていくというケアもしています。先ほど申したように、手作りの塩麹で味付けしたものや手作りのヨーグルトで腸内環境を整えたり、眠剤は水素吸引をしてゆっくり眠れるようにしたり、それらを無料で提供しています。必然的に飲まなくてはいけない薬ももちろんありますが、必要以上に薬を摂取しないような取り組みを考えています。看護師をやっていたため、チューブや管をつけて、本来の姿ではない状態で亡くなる方も多く見てきました。それをなんとか防ぎたく、看取りも大切に考えており、『その方らしく最期まで』という考えのもと取り組んでいます。おそらく富山県の中では弊社だけだと思います。

　自分だったらどうしてほしいかを考え、当たり前から視点を変え、ほかのところではできないサービスに目を向けていきたいと思っています」

人と会うことの大切さを実感。1か月に3冊以上の読書も

　今では積極的に人と会い、見識を広げているという池尾さんですが、数年前までは懇親会やセミナーなどに一切興味がなかったというから驚きです。

「4〜5年前までは、本も読んでいなかったし、啓発セミナーにも行ったことがありませんでした。お酒は飲めますが、そういった席や懇親会もパスしていたんです。そんな私でしたが、元ザ・リッツ・カールトン・ホテル日本支社長の高野登さんという素晴らしい方にお会いして、人生が一変しました。人に心を動かされるという衝撃を初めて体験し、世の中にはこんな方がいるなら、もっと自分から人に会うようにすれば、もっと彼のような人たちと出会えるのかと思い、自分自身の考え方が変わり、積極的に人と会うようになりました。本に関しても今は1か月に3冊以上は読むようにしています。ジャンルを狭めると自分の可能性も狭くなるので、実用書からマンガまで幅広く読んでいます」

大切なのは質の高いサービスを提供し続けること

　同社の今後の展望においても欠かせないキーワードが「継続」です。

「私は、どんな状況下でも質のよいサービスを安定的に提供し続けることが『プロフェッショナル』だと考えています。何か大きなことをしたから続くというものではなく、心に届くあいさつをしっかりする、ごみ拾いをする、地域に還元できるような寄付をするなど、コツコツとした小さな積み重ねが大切だと思っています。今後もみなさんから愛され、200年、250年続くような企業を目指していきたいです。これからも多様化しているニーズにお応えできる、質の高いサービスの提供に取り組んでまいります」

みなさん楽しそうに生き生きと過ごしています

COMPANY DATA

株式会社メディカル ケア
〒933-0236　富山県射水市東明七軒５－１３
TEL：0766-86-8857
設立：2006年9月16日
資本金：800万円
事業内容：介護福祉事業及びそれに付帯する事業
メールアドレス：contact@medicalcare.toyama.jp

WEBSITE・SNS

一生涯、歯を一本も失うことのない未来を創りたい

SDGs SUSTAINABLE DEVELOPMENT GOALS

医療法人社団ピュアスマイル
ピュアリオ歯科・矯正歯科
理事長・院長
湊　寛明

人生100年時代を健康に過ごしたい――。そう願っているものの、多くの人は年を重ねると歯周病で歯を失い、QOLを著しく下げてしまいます。一本も歯を失わない、それが常識になるよう歯科の常識を変えたいですね。

歯ブラシだけでは歯周病は防げない

健康先進国であるはずの日本において、歯に関する教育は、実は十分なレベルではありません。保育所や幼稚園、小学校などで習うのは主に歯ブラシの使い方です。確かにフッ素入りの歯みがき粉の普及や、歯ブラシ指導により虫歯の本数は劇的に減りつつありますが、一生涯、一本も歯を失うことなく過ごす人はそう多くありません。実は毎日の歯ブラシだけでは、歯と歯の間からできる虫歯と、特に、歯周病を防ぐ観点から十分ではないからです。人類が歯を失う最大の原因は実は歯周病です。そしてこの歯周病が歯の寿命だけでなく、健康寿命を縮めている可能性が高いと言われています。歯ブラシだけでなく、フロスや歯間ブラシ、マウスウォッシュなども使用すべきなのです。

歯周病とは、歯の周りの歯茎や歯を支える骨など、歯周組織が破壊されてしまう慢性の炎症性疾患で、ほとんどの場合自覚症状が少ないまま進行し歯が失われるため、人生100年時代、そのQOL（クオリティ・オブ・ライフ）を著しく下げてしまいます。歯ブラシだけでは、歯と歯の間、歯と歯茎の境目のプラーク（配水管のヌメリと全く同じ原理で作られる細菌の塊）の除去は困難です。プラーク1mg中には500種類、1億ほどの細菌が潜んでいると言われています。この細菌が歯周病を引き起こし、30代以降では8割以上の人が罹患していると言われています。実は、全世界で最も人類の罹患率の高い病気は歯周病です。自覚症状がないまま、20代後半ぐ

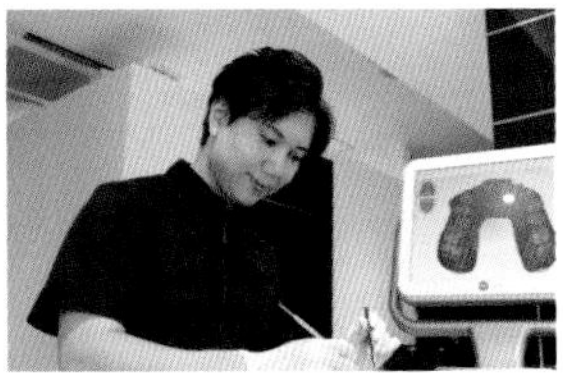

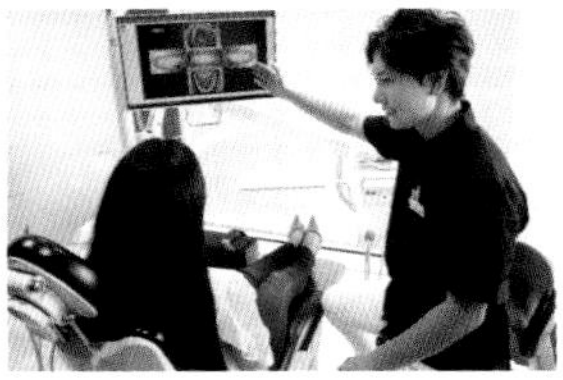

（上）
自ら3DCT→3D画像をもとにマウスピースを制作
（中・下）
患者様と常に丁寧なコミュニケーションを取る、湊院長

HIROAKI MINATO

私立 広島学院高等学校卒業
国立 九州大学歯学部卒業・歯学学位取得
九州大学病院研修医 終了
埼玉県 オレンジ歯科クリニック
栃木県 丹野歯科医院
山口県 みなと歯科医院 副院長
大手矯正歯科グループ 院長
ピュアリオ歯科・矯正歯科 田町三田院設立
医療法人社団ピュアスマイル設立・理事長就任
日本矯正歯科学会日本成人矯正歯科学会／日本舌側矯正歯科学会／世界舌側矯正歯科学会／ヨーロッパ舌側矯正歯科学会／国際インプラント学会／日本口腔インプラント学会／日本歯科審美学会／日本歯周病学会／日本臨床歯周病学会／日本補綴歯科学会／日本口腔外科学会／日本アンチエイジング歯科学会

らいから長い年月気付かぬうちに進行し続けて、60代ぐらいになってほとんど骨が無くなり歯がガタついてくるまで進行して、初めて自分は歯周病だったのだと気付くのです。そして残念ながら失った歯を支える骨はもう元には戻りません。テレビCMのように「歯がグラグラ」までなってしまった歯周病に薬用歯みがき粉を使用しても、末期癌の患者さんに健康食品を勧めているようなものです。虫歯も歯周病も進行してしまうと不可逆的な病気です。歯を失うのは老化現象などでは決してありません。歯科へ通うのは、悪くなってからでは遅いのです。

歯周病は癌や糖尿病、心筋梗塞などの罹患率を上げる？

歯周病が恐ろしいのは、歯を失うことで栄養摂取の問題や見た目に起因する老化を促すだけではありません。歯周病により慢性の炎症が起こり続けると、炎症性物質や歯周病細菌に起因するエンドトキシンが血流に乗って全身に悪さを起こすようになるのです。癌や脳梗塞、心筋梗塞、糖尿病など、誰もが生涯罹患したくない病気の発症率が、数倍も高くなると言われており、また認知症の発病リスクにも大きく関わると言われています。つまり健康寿命を縮めてしまうのです。これはSDGsの開発目標の一つ、「全ての人に健康と福祉を」を達成するためにも、解決しなければならない問題なのです。日本人は海外先進国の方に比べ、虫歯や歯周病で歯を失う割合が多いことが実情です。その大きな理由の一つに大多数の日本人が歯並びの悪さを生涯放置してしまうことが挙げられます。アメリカでは歯並びの悪い方の２人に１人が矯正治療を受けていますが、日本人は80％近くの方が歯並びが悪いと言われている中、そのうち５人に１人しか矯正治療を受けていないと言われています。歯並びが悪いと虫歯も歯周病も発病リスクが生涯にわたり増してしまいます。

従来のワイヤー矯正は非常にハードルが高い

歯並びを従来のワイヤー矯正で治療をしようとすると、見た目の問題は勿論ですが、２年〜５年と長い年月がかかり、更にワイヤーや器具を取り替えるために月に１〜２回の通院が必要となります。つまりスムーズに２年で終わったとしても30〜40回以上の通院が必要です。暇で生きている方はいません。食事もままならないような強い痛みを伴うことも覚悟が必要でした。骨に矯正用スクリューを埋め込んだり、自分でゴムかけをしたりするのも日常生活の中で非常に高いハードルとなります。ワイヤーが入ることでフロスも通せず細菌のコントロールも悪化しやすくなり、日々の口腔ケアをよほど入念に行わなければ、矯正が終わった頃には虫歯も歯周病も悪化しているということでは本末転倒です。費用も含め、様々な高いハードル故に、ほとんどの日本人が矯正をすることなく生涯を過ごしてしまうのは非常に勿体無いことです。

ハードルの高さを払拭するマウスピース矯正

そんなハードルの高さを払拭する技術が登場しています。それは当院が得意とするマウスピース矯正です。海外先進国では70％近くの方がワイヤー矯正からマウスピース矯正、その中でも『インビザライン』を選ぶようになっています。見た目の問題、痛みの問題、通院期間や通院頻度の問題、口腔衛生の問題など、マウスピース矯正により従来のデメリットは大幅に改善されました。ただし、全く新しい治療になるため、最新の設備とマウスピース矯正の経験をしっかり持った先生が検査分析し、治療計画を十二分に立てて行わないと思いもよらぬ失敗が多い現実もあります。YouTubeなどでもたくさんの失敗された方の動画が上げられているのは非常に悲しいことです。人気の治療なので始める先生も急増していますが、どこで受けても結果は同じにはならないため患者様側の知識武装も必要です。当院では治療計画を立てる際は、歯根や歯を支える骨の厚みまで分析するために、歯科用CTや最新の3Dデジタル技術を用いて、コンピュータでシミュレーションし、マウスピースで可能な歯の最善の動きを綿密に設計します。当院で矯正治療を受けられている方は、通院は2〜3か月に1度、難易度にも依りますが、ほとんどの方は6か月〜1年程度で、これまでには考えられなかった負担の少なさで矯正治療を完了しています。これまでのワイヤーによる歯列矯正が適切な治療として患者様の様々な歯並びを治せるようになるまでには、長い年月をかけ莫大な経験や知識の修得が求められました。この新しいマウスピース矯正も同様です。歯にかかる力学的機構がワイヤーとは全く違う治療であるため、これまでの矯正の知識や経験だけでは当然不十分です。マウスピース矯正「インビザライン」において、私は年間151症例以上の実績を持つ歯科医師に贈られる「ダイヤモンドドクター」認定を受けています。当院でのマウスピース矯正の治療計画は全て私が立てております。幸いにも、インビザラインは世界100カ国以上で用いられていますが、これまで私一人で年間350症例以上という世界で見ても稀な豊富な経験を積まさせていただてここまで来ました。この経験が今後も皆様のお役に立てられるようさらなる研鑽を積んでいきたいと考えております。

マウスピース矯正はサスティナブルな社会に貢献

歯列矯正をすることは、SDGsの「全ての人に健康と福祉を」という開発目標の達成に大きな貢献ができると考えます。キレイな歯列であるならば、歯科疾患は大幅に減少し、特に歯周病の抑制は健康寿命を縮める数多くの疾患の発病を減少させる可能性があるからです。せっかく人生100年時代を生きるのであれば、皆で健康寿命100年で生きられる世の中に近付いていくことが歯科医療の本当の役目だと、私は考えます。また、歯科疾患が減ることで、沢山の金属を含む歯科材料を使わずに済みます。矯正治療に金属などの歯科材料を使わないマウスピース矯正を利用することも同様で、サスティナブルな社会への貢献にも期待できるのです。

歯周病など慢性疾患の抑制に期待が持てるCBDとは

もう一つ、歯周病の抑制が期待できる方法として、近年注目しているものがカンナビジオール（CBD）の活用です。CBDは成熟した大麻草に含まれるカンナビノイド成分の一つです。大麻＝麻薬と思われるかもしれませんが、CBDは気分がハイになるような麻薬成分ではありません。神経伝達系の調整や慢性炎症を抑える薬理効果を持ち、世界中で研究が進められているのです。2020年12月に国連も、2021年5月には日本の厚労省でも、大麻原料の医薬品への応用を期待する方向性を示しています。世界的にも難治性のてんかんに対しては既に有効な薬ができています。歯周病は慢性の炎症性疾患の一つです。効果的に機能するCBDを含んだ歯磨き粉やマウスウォッシュを開発すれば、歯周病の抑制がこれまで以上に期待できる研究データが出てきています。CBDにはリラックス効果、安眠効果もあり、近年、健康食品や電子タバコなどの分野で用いられていますが、歯科領域での応用はこれからです。誰もが安心して使えるよう、日本におけるCBD研究の最前線、第一人者である昭和大学薬学部教授佐藤均先生と共に、歯科領域でのCBDの製品化を目指しています。

「一生涯、歯を一本も失うことなく過ごす」を当たり前に

当院が目指すのは「一生涯、歯を一本も失うことなく、見た目もキレイな歯列で、せっかく人生100年時代を生きるのであれば、健康寿命も100年に」です。そのためにはこれまで以上に医科と歯科が連携し、情報共有を行なって行くことが必要だと考えており、医科も歯科も垣根の無い学会の立ち上げにより、それを可能にしたいと考えています。そしてもう一つ、義務教育に歯の健康に関する十分な教育を取り入れてもらえるよう働きかけ、歯列矯正の高いハードルも下げることで、誰もが見た目もキレイで生涯歯を失うことのない口腔環境を整えることが当たり前という流れを作っていくことであり、そうすることで、現在の日本の「悪くなった歯を治療する」ために歯科通いするという考えから脱却させると共に、日本の新しい歯科の常識より、人生100年時代にふさわしい健康の常識を創っていけると思うのです。

COMPANY DATA

医療法人社団ピュアスマイル　ピュアリオ歯科・矯正歯科
〒108-0014　東京都港区芝5丁目14-14 ビジデンス三慶3F
TEL：03-6435-0285
設立：2017年3月17日
資本金：907万4140円
事業内容：矯正歯科、審美歯科
メールアドレス：info@purerio.tokyo

WEBSITE

ピュアリオ歯科・矯正歯科の高級感あふれる待合室

株式会社ユニバーサルバンク

代表取締役

桜井潤一

1万人の人材育成から「持続的社会」構築に貢献

「心の豊かさと経済力を持ち、社会に貢献できる人材を育成する」SDGsが掲げる「全ての人が働き甲斐を感じ、経済成長し続けられる社会」にスクール事業を通じて「人材育成」で貢献する

10年間2000万円の自己投資から見えた既存の「人材育成」の課題

僕たちユニバーサルバンクが提供しているのは「ミリオネア マインド アカデミー」というスクール事業、「人材育成」です。大きな特徴は『能力開発×潜在意識×投資』の3つの分野を扱うことで、心と経済の豊かさを手にする為に必要なすべてをフォロー出来るところです。「心と経済の豊かさを手にするためには、どうしたらいいのか？」――そんな疑問をもとに約10年間、2000万円ほどの資金を使い、様々なセミナーやスクールで学びました。最初は能力開発や人材教育スクールで、身に付いたのは知識、人間力、時間管理、目標達成能力でした。7年間1000万円をかけることである程度の結果は出ましたが、今一つ突き抜けられない……大事なのは潜在意識を変えること……と言われていましたが、能力開発だけでは潜在意識を変えるのは難しい……と伸び悩んでいました。そんなときに出会ったのが、心理学・ヒーリングでした。人は誰もが豊かになりたい、幸せになりたい、という気持ちを持っていますが、「自分には難しい」「大変そうだから」と意識的にストップをかけてしまうもの。そうした潜在意識やマインドの変え方、自分自身を見つめなおす方法を学

JUNICHI SAKURAI
株式会社ユニバーサルバンク　代表取締役　桜井潤一

早稲田大学卒業後、大手銀行に入行。富裕層の資産運用から数十億の法人融資まで、金融業界で幅広く活躍、無遅刻無欠勤で24年務めて2020年3月独立。10年前から能力開発、心理学、ビジネスセミナーに2,000万円以上の自己投資をして、ビジネス、投資で大きな成果を上げている。①能力開発・人材教育×②心理学・ヒーリング×③投資・ビジネス　3分野の弱みを補い、強みを掛け合わせ、融合した『ミリオネア　マインド　アカデミー』を創設。数百人の経営者とのビジネスで身に付けた知識やノウハウを公開するセミナーは口コミだけにもかかわらず、これまで5,000人以上が受講、アカデミーも僅か1年で年間受講生150名在籍。

ぶうち、「ああ、あのとき言われたのはこういうことだったのか！」と、すべてが腑に落ちたのです。潜在意識にかけられているブロックを外してからは、すべてが大きく変わり始めました。自分自身の潜在意識の変化を確信、心の豊かさを手にした僕は、今度は経済的な豊かさを手にするために、投資、ビジネススクールに通いました。学んだことを実践したところ、自分でも驚く程の早さで、投資、ビジネス共に突き抜けた成果が出たのです。この時、今まで学んできたこと、努力してきたことの全てが繋がりました。『全ては必然・必要・ベスト』僕はこれを「魔法の言葉」と思っています。「過去に一ミリも無駄はなく、全てに意味があり、ベストなタイミングで訪れる」。

僕が能力開発で7年間1000万円かけて学び、実践していた時期は修行のように辛かったけど、身に付いた能力は揺るぎない自信、圧倒的な土台に。心理学・ヒーリングで「自分は出来る」と潜在意識の変化を確信したから……必要な知識と能力、マインドが整った状態で正しい投資、ビジネスのやり方で取り組んだから、これほど短期間で圧倒的な成果が出たのだと。

自身の投資、ビジネスは勿論、人間関係も全てうまくいくようになりました。でも、こうした心理学、ヒーリングにもデメリットがあります。それは、「心が豊かだったら、お金はどうでもいい」という達観した意識を持ってしまうこと。でも僕はそれに疑問があります。経済が伴わない暮らしは、たとえどんなに心が豊かでも「自分さえ良ければいい」という自己中心的な考え方ではないのか？　また、投資・ビジネススクールにもデメリットがあります。それは「やり方」しか教えないこと。難しい……自分に出来るかな？と思っている人のマインドはケアしないし、なぜ稼ぐのか？という志や人間力まで教えない。世の中には、能力開発や心理学、投資、ビジネスなど各分野で素晴らしいスクールがありますが、いずれもどれかに特化したものばかり……単体では限界があります。そのため、「知識・人間力は付いたけど……」「潜在意識は変わったけど……」「投資のやり方は学べたけど……」といったことが起こります。「既存のスクールだけでは限界がある。各分野の弱点を補い、強みを融合した新しいスクールが必要だ！」と立ち上がったのです。

3つの分野を融合して開発したメソッド『ミリオネアマインドフロー』

お金も心も豊かになる為には、「能力開発×潜在意識×投資」3つの要素が必要で、その3つを融合した新たなメソッドを「ミリオネアマインドフロー」と命名しました。それぞれを単純に覚えて実践するのではなく、正しい順番で学んで実践すれば誰でも成果を出せる。アカデミーではまず「IQ編」として、「能力開発」の分野から知識・人間力を高めていただきます。続いて「EQ編」として「潜在意識」の分野から「難しい、出来ない」という思い込み、マインドブロックを変えることを学びます。「出来る！」と思えるようになることで、思い描いた結果を出せるようになる。それが人間の素晴らしいところです。そして最後に教えるのが「実践編」で、24年の銀行員のキャリア、更に今も学び続けているので、生きた投資・ビジネスを教えられる。知識・人間力を高め、潜在意識・マインドを整えて、正しい投資・ビジネスを行えば、どんな人でも間違いなく成果が出るのです。おかげ様で、これまで広告を一切打たずに、口コミ紹介だけで5000人以上の方に受講頂いています。新しく「ミリオネア マインド アカデミー」として立ち上げてからも、コロナ禍にもかかわらず、オンライン化という追い風を得て、全国から受講頂いて拡大しております。

豊かな心が、豊かな経済を生み、豊かな世界を創る

僕のアカデミーの目的は一つで、それは「心の豊かさ」と「経済の豊かさ」を両立させること。江戸時代の農政家、二宮尊徳の「道徳なき経済は犯罪であり、経済なき道徳は譫言（寝言）である」という名言があります。儲かればなんでもいい。自分だけ良ければ他人はどうでもいいというのは間違っていますし、志やモラルが必要です。

逆に、どんなに志や理念が立派でも、経済が伴わなければそれはただの〝きれいごと〟です。お金が無ければ、守りたい人も守れず、本当にやりたいこともできない。人間力があるだけでも、心が豊かなだけでもダメ。お金を稼ぐだけでもいけない。SDGsの目標もしかりで、豊かな世界を創る、持続可能な社会を構築するためには、志高く、経済力も備えた人、心も経済も豊かな人材の育成が必要です。

3年後に1万人の受講生を輩出。近江商人「三方よし」とSDGsの理念

アカデミーを立ち上げて1年。今後は1年後に500名、2年後に3000名、3年後に1万名へと拡大することを目指しています。1万人が精神的にも経済的にも豊かになり、本当にやりたい仕事を、自分らしいスタイルで、自分しか出来ない貢献を行えば、世界は必ず豊かになります。近江商人の経営哲学に「三方よし」というものがあります。これは「売り手よし、買い手よし、世間よし」という、すべての人が満足してこそ「商売」であるという理念で「売り手と買い手だけではなく、社会に貢献できてこそよい商売と言える」という考え方になります。だからこそ日本だけが、数百年以上も続く老舗企業の数が断トツであり、まさにSDGsの理念と相通じると思っています。もしも僕たちが1万人の受講生に心と経済の豊かさを提供出来たら？　その1万人は志高く経済力も備えて、日本は勿論、世界にも貢献していきます。それだけの価値を提供できた僕たちも恩恵を得られる、「三方よし」が確実に成り立ちます。心の豊かさと経済力を持ち、社会に貢献できる人材を育成し、輩出する――これもひとつのSDGsの形。2030年の達成ゴールに向け、「人材育成」で貢献していきます。

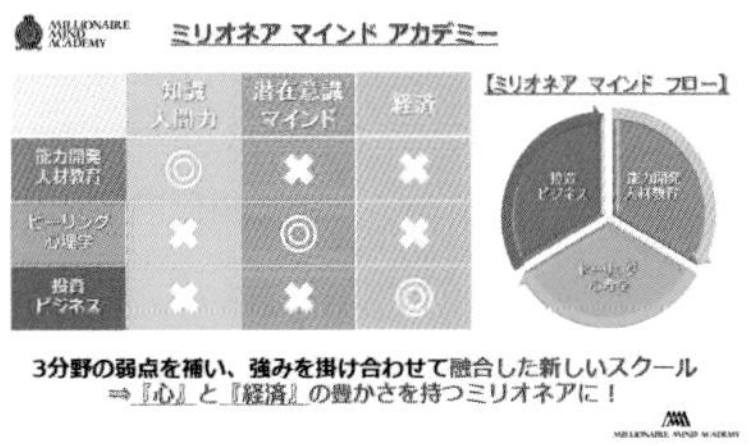

（左上）アカデミーロゴとミッション（右上）創設メンバー
（左下）2020年11月大阪セミナー（右下）ミリオネアマインドフロー概念図

COMPANY DATA

株式会社ユニバーサルバンク
設立：2020年11月27日
資本金：500万円
事業内容：教育事業
メールアドレス：jun19730528@gmail.com

WEBSITE・SNS

「資源を大切にする」。その一心で事業を成長

SDGs
SUSTAINABLE DEVELOPMENT GOALS

恵豊商会有限会社
代表取締役社長
佐藤一雄

まだまだ使えるのに、日本ではゴミとして捨てられている家電や家具。一方で開発途上国の人たちにとってそれらは宝物。だから回収して海外に輸出し再利用してもらう。みんなを笑顔にするビジネスなんです。

事業立ち上げのきっかけは、海外の友人の声

恵豊商会を設立したのは２００２年。その10年前１９９２年に、私は母の祖国である日本に来ました。来日当初は日本で普通の会社員として働いていた私に、海外の友達から「テレビや冷蔵庫がお土産として欲しい」と言われました。ですが、普通の会社員の私には、そんな高価なモノをお土産として持って帰ることはできません。

そんなとき、町のあちこちに使えそうな家電や家具が捨てられていることに気づきました。「これらをリユースやリサイクルすれば、資源の無駄遣いが防げ、町もキレイにできる」——。そこで私はゴミとして捨てられる鉄やプラスチック、中古家電、中古家具鉄非鉄金属、プラスチックなどを回収し、リユース、リサイクルすることがビジネスになると考えました。これが25年ぐらい前の話です。

リユース、リサイクル事業はＳＤＧｓの目標12にマッチ

今では日本にもさまざまリサイクルやリユース業者がいますが、私が始めた当初は、そういうビジネスを営んでいる人はほとんどみかけませんでした。当然、ＳＤＧｓという言葉もなかった時代です。「資源を大切にする」

KAZUO SATOH

恵豊商会有限会社 代表取締役社長 佐藤一雄

1960年中国黒竜江省に生まれ、1999年に来日。10年間普通の日本の会社員を経て、日本でゴミとして捨てられていた中古家電、スクラップなどにビジネスチャンスを見出し、2002年に恵豊商会有限会社を設立する。資源の無駄遣いを減らし、リサイクル、リユースをして、海外に輸出しみんなを笑顔にするようなビジネスを心掛けている。中日友好さらなる発展のため、両国の架け橋になるようなビジネスや交流を率先して行っている。今では新型コロナウイルスが猛威を振るっている中、自ら社員たちにコロナ対策を徹底的に教え、社員の健康第一を考え、社員一同でこのコロナショックを乗り越える。

ことをテーマに、真面目にゴミをコツコツ拾って、使えるモノはリユースやリサイクルするというビジネスが回り出したことで、どんどん回収業者も増え、私たちの工場にもより多くのモノが集まるようになり、さらに会社も成長していったのです。現在は本社機能も兼ねている埼玉県越谷市にある大間野工場に加え、さいたま市岩槻区にも岩槻工場を構えています。この2つの拠点で、鉄・非鉄金属の買取及び販売、廃プラスチックの輸出および販売、家電製品・廃家電製品の配送などの事業を展開しています。

リユース品の開発途上国への輸出もSDGsの目標に通じる

当社の事業そのものがSDGsの目標12「つくる責任　つかう責任」にマッチしているだけではありません。当社の重機を含め、すべての車両は約10年前からハイブリッド車など環境にやさしい車を採用。従業員の車も環境にやさしい車を推奨しています。そのほか、工場内には排水を浄化する装置を設置したり、照明もすべてLEDに替えるなど、従業員の健康を守り、環境に配慮した設計となっています。

そしてもう一つ、当社の事業の特徴は回収した中古家電や中古家具の多くを、中国や東南アジア、アフリカなどの開発途上国に輸出していること。これらの国ではまだまだ貧乏な人が多いので、日本製の家電や家具が欲しくても新品は手が出ません。ですが、リユース品であれば、新品よりも安価に、手に入れることができますからね。

リユース品の活用は「貧困層をなくそう」に通じるコンセプト

訪れたことのない人は知らないかもしれませんが、フィリピンではドアと窓のない一軒家がたくさんあります。もちろんエアコンなどは付いていないため、暑さで食べ物がすぐ傷んでしまいます。だから日本製の中古の冷蔵庫が非常に重宝されるんです。日本で中古の冷蔵庫を処分するとなると、2000円～3000円かかります。ですが、それをフィリピンに持って行けば、欲しい人が購入し、日本人では当たり前となっている生活を手に入れることができるのです。このようなリユース品を海外に輸出する事業も、SDGsの目標1「貧困をなくそう」や目標3「すべての人に健康と福祉を」、目標10「人や国の不平等をなくそう」に多少は貢献できているのではと思っています。

今後も「資源を大切にする」「環境にやさしく」をキーワー

このように当社ではSDGs経営

が必要と言われるようになる以前から、自然にＳＤＧｓ経営を実践してきました。思い返すと、最初に就職した中国の会社で環境保護の担当になったことが、環境への意識を高めるきっかけになったのだと思います。今後も現在の事業を継続しつつ、さらに「資源を大切にする」「環境にやさしく」をキーワードにした取り組みをしていきたいと考えています。例えば現在、当社のトラックの中には、屋根のないフラット型の平ボディトラックがありますが、それをすべてバンボディ（箱車）トラックへと変えていきたいと思います。そうした方が架台に積んでいるモノが見えなくなり、見た目にも美しいですからね。

現業は社員に任せ、国際交流に注力したい

私自身の将来展望としては、社員たちも育ってきているので、恵豊商会の業務を社員たちに任せ、国際交流、特に日中交流に注力していきたいと考えています。日本人の中には、中国に対して良い感情を持っていない人がいます。一方、中国も同様で、日本に対して良い感情を持っていない人がいる。ニュースを見ているだけだと、そういう感情になるのも否めません。そこで２０１８年に日本人の大学生20人を私の出身地でもある中国黒竜江省の都市であるハルビンとジャムスに連れて行き、現地の大学生たちと文化交流させるという取り組みをお手伝いしました。日中関係を良くしていくのは、地道な民間活動だと考えています。このような海外での交流活動を通じて、新しい取引先も増やしていければ、会社にとっても大きな利益をもたらす可能性もあります。

コロナ禍は事業にとってプラスに影響

コロナ禍によって大きなダメージを受けた企業が多い中、当社にはプラスに働きました。オフィスの縮小化や休業などにより、什器が不要になったり、一般家庭ではおうち時間が増えたことで、家具や家電などを断捨離する人がたくさん出たからです。事業が順調に推移する中、新たに取り組んだことがあります。当社にはまだ利用が決まっていない敷地があったので、畑にしたのです。昨年はトマトやキュウリ、ニンニクなどを植えて収穫。出来上がった作物は社員に配りました。今年は２年目で、昨年より良い作物が取れることを期待しています。

これまで通りの事業を継続していくことが、ＳＤＧｓにつながる

畑仕事は事業ではなく趣味としての活動。私が主に畑仕事に従事していますが、社員も手が空いているときは手伝ってくれます。当社では大野間工場に20人、岩槻工場に10人の社員が働いていますが、当社の門を叩いた人は皆正規社員として採用しています。ＳＤＧｓの目標８「働きがいも経済成長も」という目標に合致しているかもしれません。これからもことさらにＳＤＧｓを意識することなく、これまで同様の経営を続けていく。そうすることが当社のＳＤＧｓ経営です。

SDGs コンセプトはもとよりお客様のために全力を尽くす恵豊商会有限会社の社員のみなさん

COMPANY DATA

恵豊商会有限会社
〒343-0844　埼玉県越谷市大間野町 4-148-1
TEL：048-961-6566
設立：2002 年
資本金：300 万円
事業内容：鉄、非鉄金属買取及び販売・廃プラスチックの輸出及び販売・家電製品
廃家電製品の配送
メールアドレス：keihoshokai2000@yahoo.co.jp

WEBSITE

有限会社クラスレーベルデザイン

代表取締役

平田敏彦

クライアント以上にクライアントの顧客を想い クライアントの実績に貢献する

デザイン事務所クラスレーベルデザイン代表の平田敏彦さんは
デザインの創造力から生まれる経済活動の向上によりSDGsに貢献することを
目標に、クラスレーベルデザインに関わるすべての人たちの利益を追求しています。

デザインの力によって社会貢献を目指す

企業ロゴから、玩具のパッケージ、CDジャケット、WEBデザインや ソフトウエアのUIデザインなど、多岐に渡るデザイン事業をおこなうクラスレーベルデザインでは、SDGsの持続可能な世界を作るための17の目標に賛同しています。

「クラスレーベルのできることはデザインです。その創造力から生まれる経済活動の向上によりクラスレーベルと関わる人たちに貢献することが我々にできるミッション。SDGsの17の目標の中、『8・働きがいも経済成長も』は、かなり弊社の方針とリンクすると思っています」

スタッフの個性を大切にした次世代につなげる環境づくり

創立当初から、積極的に若手スタッフの雇用をおこなってきたという平田さん。スタッフの多様性を重視し、チームワークを機能させることで多岐に渡る業務を円滑に進めています。「スタッフはそれぞれ一人前のグラフィックデザイナーになることを目指して入社してきます。20年近くこの会社をやってきて、最初の頃は自分のコピーを作ろうとしていました。でも、それはうまくいかなかった。当然スタッフ自身が考

TOSHIHIKO HIRATA

有限会社クラスレーベルデザイン　代表取締役 社長　平田敏彦

1968年生まれ、石川県白山市出身。普通高校卒業後、デザイナーを目指し美術大学進学をチャレンジするもドロップアウト。一般職に従事しつつもデザイナーの夢を諦めきれず退職。ダメ元で就職活動を始め28歳で奇跡的にデザイン事務所に採用される。デザイナーとして充実した日々を送るも、もっと幅広いデザインの仕事をしたい気持ちが大きくなり、6年の実務経験を持って会社を立ち上げる事を決意し独立開業。常に広告代理店を介さないB to Bスタイルで19年間で250社以上のクライアントとの信頼関係を作りながら現在に至る。今後は新しく企業家になるオーナーに特化したデザインメニューを充実させ、サービス提供に注力していきます。

えていることや望んでいることは、私とは違いますからね。それに気付いてからは、スタッフの個性を大切にし、スタッフのやりたいことができる環境を作るようにしています。例えば、弊社はグラフィックデザインの会社ですが、たまたまドローンを飛ばすのが好きだったスタッフがいたんです。その映像があまりも綺麗だったので、動画の部門を作って会社でもドローンを導入しました。弊社はアルバイトを含めても11人という少人数の会社ですが、一芸特化した業務はおこなっていません。グラフィックデザイン製作、イラスト製作、WEB製作、プログラム製作、DTP編集、パッケージ製造から印刷手配、ソフトウェア開発まで少数精鋭で対応しています。それぞれのスタッフがアート&クリエイティブディレクターでありプランナー、コーディネート、コンサルをおこないます。これは他社にはない特色ですね。少人数であるがゆえ、横の繋がりと情報共有の密さも秀でていると思います」

スタッフが連携することで個の能力を最大限発揮できる

「会社はスタッフが協力し、組織力を最大限に活用してサービスを提供するシステムだと思っています。その力が最も大きく効率よく発揮されるのは、個の能力が最大限に発揮されて連動したとき。ありきたりな表現ですが、1+1が3になり、1+1+1が5になるような感じです。私はスタッフに『やるべき仕事っていうのは、自分ができる仕事じゃない、自分がチャレンジしないといけない仕事だ。自分ができる仕事は、後輩に教えるべき仕事だ』とよく言っています。それにより、本当に1+1が3になるんです」

デザイン事務所なのに残業はなし

泊まり込みや徹夜が多いイメージがあるデザイン事務所ですが、クラスレーベルデザインでは、数年前から残業がなくなったそう。「もちろん学びやスキルアップの部分では、頑張ってもらわないといけない部分もありますけど、強制的に会社からやってもらわないといけない任務に関しては、絶対に残業が起こらないようなタイムテーブルにしています。もちろん私もいちばんバリバリ働いていた30代前半の頃は、家の布団で寝たのが一か月のうち4日だけとか、そんな仕事のやり方をしていました。しかし、今の時代はプライベートも大切にしたいと考えるスタッフも多い。忙しいときは、アルバイトさんに1日多く出てもらうなど調整しながら、システマチックに業務をこなすことで、急ぎの案件が来ても残業なしで対応できるようにしています」

デザイナーとしての使命は クライアントの利益創造

もともと経営者になりたくて起業したわけではないという平田さんは、クライアントに対して独特の考え方を持っています。「私達のミッションは、『クライアント以上にクライアントの顧客を想い、クライアントの実績に貢献する』です。つまりクライアントよりも、その商品を売ろうとするのが私の発想です。私はクラスレーベルデザインの代表ではあるのですが、私自身がいちばん居心地が良いと感じるのは、ナンバー2や3のポジション。なので、クライアントの右腕になる感覚で仕事をしています。考え方はすごく簡単で、クライアントが売りたいものがあるときに、それをいちばん売ろうとする人間なだけなんです。クライアント、カスタマー、デザイナーすべての観点を持って、仕事に取り組んでいます」

クライアントとの対話を通して経験を積んでいくことで、スタッフも成長できる。「クライアントが望んでいるのは結果です。その結果に対して、どういうアプローチで作るかが我々の仕事です。そこを考えるのはやっぱり教科書通りではできないので、お客さんと直接会話して経験していくことがいちばん大きいですね。変な話ですけど、スタッフに制作物を作るときに内容を聞くなと言っているんです。例えば、ポスターを作ってくださいって言われたときに、『何を載せましょう?』と聞くなと。もちろん、クライアントが発信したい商品やワードなどは伺いますけど、それをどう表現するかはこちらの仕事です。また、本当に間違いないと自信が持てるものならクライアントと喧嘩してでも通していいとも伝えています。そうやってクライアントとディスカッションしながらデザインを進めることで、より良いものができますし、クライアントとの信頼関係も強くなり、スタッフのスキルも磨かれます」

個人としての使命は 地元の伝統工芸を広めること

平田さんの次なる展望は、デザインによって地元の伝統工芸を世に広めること。SDGsの目標にもある持続可能な産業を応援することにも繋がります。「SDGsの17の目標全ては他人事ではなく我々が企業活動を通して常に貢献を目指していくべき目標と考えています。また私個人としては日本の伝統文化、特に私の地元である石川県の伝統文化を広めいくことが使命だと思っています。これも必ず実現します!」――クラスレーベルデザインに関わる人すべてが利益を得ることを目標に掲げる平田さんの活躍から、これからも目が離せません。

クラスレーベルデザインのスタイリッシュなデザイン

美しいだけでなくマーケティング戦略ともリンクしている

COMPANY DATA

有限会社クラスレーベルデザイン
〒150-0013
東京都渋谷区恵比寿4-7-15 恵比寿コラージュ104
TEL：03-6277-4320
設立：2002年9月3日
資本金：340万円
事業内容：グラフィックデザイン、Webデザイン／プログラム、DTP編集、ソフトウェア開発等
メールアドレス：contact@classlabel.co.jp

CLASSLABEL

WEBSITE・SNS

空間プロデュースから考える持続可能な社会の構築

SDGs
SUSTAINABLE DEVELOPMENT GOALS

株式会社 彩Ｒｅ
代表取締役
岸 光男

店舗、住宅、オフィスといった居住空間のデザインを通し、社会貢献を果たす彩 Re（いろどり）。代表取締役を務める岸さんが 2030 年に向けた「SDGs」目標達成のために思慮しているポイントについてお聞きしました。

作り直す瞬間に生まれる「無駄」に着目

　空間デザインとは、もともとの部屋の形や居住形態にとらわれることなく、自由自在で独自性が高いデザインを創造し、細部にまでこだわったコーディネートを行うことを言います。単純に室内のインテリアを整えれば済むものではなく、住む人、使う人の生活や生き方にまで影響を及ぼす。それが、空間デザインがもたらすパワーです。

　この空間デザインを手掛ける会社「彩Ｒｅ」を率いる岸さんは、建築の現場監督として経験を積み、キャリアコンサルタントを経て２０１７年に独立しました。それまでの経験を活かし、賃貸であっても気軽に内装を変えることができる「リドレス」というオリジナルサービスを提供。原状回復が可能な状態で空間デザインを行うことで、自分らしく生きたいと願う人のサポートを始めました。しかし、空間デザインをする上で、少なからず違和感を覚えることもありました。

　「空間デザインを手掛ける際、どうしても不満な点があったんです。それは、内装をきちんと作っても退去時には壊す必要があるということ。壊す際には騒音や廃棄物が出る。廃棄物を捨てるために運搬するトラックからCO_2が出る。廃棄物を焼却する際にも

株式会社 彩Reがプロデュースした“リドレス”物件。トータルプロデュースを事業の柱とし、SDGsの思考を用いて、様々な角度から社会貢献を目指す

MITSUO KISHI

誰もが自分らしく生きられる世の中を作ることを目的として、空間デザインやホログラム事業を通じて、モノ本来の価値を呼び起こし、人やモノ、街を輝かせることを展開。最初の社会人２年間は建築会社に就職し、現場監督を経験。その後、独立して仲間と共に個人の育成に注力した人材会社を設立。同時進行で、日本初の見た目のトータルプロデュースサロン事業の運営も展開。2017年には、独学でインテリアデザインの知識を修得し、日本初の賃貸入居者向けの空間デザインを行う賃貸リドレスを立ち上げ、同時に会社も設立。誰もやっていない唯一無二のビジネスを生み出すのが一番のワクワクを感じる。平成元年生まれ。東京都出身。

ＣＯ２が出る――つまり、解体はそのまま環境問題に直結しているということ。そこに違和感を覚えていたんです」店舗や室内を改装するために多大なコストと手間、そして時間がかかります。どんなに丁寧に作っても壊す際にはただのゴミとなり、持続可能な社会づくりとは相反するものでした。そこで岸さんが考えたのが「ホログラム」による空間デザインです。ホログラムというのは、３ＤめがねやＶＲ／ＭＲゴーグルを掛けなくても、肉眼で立体映像を体験することができるデジタル技術のことを言います。何かと話題のプロジェクションマッピングもホログラムの手法のひとつ。彩Ｒｅでは、これまで平面に投影していた映像を、３６０度の空間演出に落とし込み、まるで本当にそこにあるような再現性を持たせることで、多様なデザインを実現させたのです。

デジタル技術を用い、持続可能な空間づくりへ

「弊社では、令和２年からホログラムの技術を取り入れました。新しく内装を整えたいというクライアントに対し、柱や壁紙といった材料を使って整えるのではなく、映像を使って空間を整えることを提案しています」例えば純和風の住宅から一転してロココ調へ。ホログラムの技術を使って映像を切り替えるだけで、一瞬にして内装が完成します。「技術の進歩により、かなりリアルな表現ができるようになったんですよ」と岸さん。壁紙を変えることなく木目の壁やコンクリートの壁を再現したり、森や海といった美しい自然を映し出したり。これにより、家具を取り換えたり、壁や床を張り替えたりといった無駄を省くことができるようになりました。岸さんがホログラムのヒントを得たのは、海外のインスタグラムを見ていたときのこと。海外の先端技術に驚き「なぜこれが日本にないのだろう？」そう思ったことがきっかけでした。「ホログラムについて研究し、日本に広めたいと強く思いました。欧米諸国の多くは古い物を尊び大切にすることが当たり前に浸透しているのですが、日本は家も内装も新しいものが好まれる文化を持っている。人が使っていたものを嫌がるんですよ。だから、『環境のために古い内装をそのまま使いましょう』と訴えてもなかなか難しく、まったくサステイナブルじゃない。でも、ホログラムがあればそれを大きく変えることができるのでは？と。そう考えたんです」

古い物にも再び価値を与え活躍の場を与えたい

彩Ｒｅが行っている「リドレス」もまた、ＳＤＧｓに沿った、持続可

能な社会を作るための試行錯誤が組み込まれています。「リドレスという名前は、古いものにふたたび価値を与えたい、そんな願いを込めて名付けました。本来持っている価値を呼び起こしたい。付加価値を付けて、より価値の高いものにしてあげたい。そう思っています。建て直したり、リノベーションをしたりして見た目を新しくすることは簡単です。でも、物件が持つ良さや味わいを引き出してあげたい。そういう想いをリドレスに込めました」

日本には伝統工芸品や茶道・華道といった古くから伝わる素晴らしい文化があります。しかし、「意味がないから」と床の間が削られ、「掃除が面倒だから」と畳が減り、古き良き文化がどんどん生活から排除されています。せっかく受け継がれてきた価値のあるものが、捨てられていく。そのことを岸さんは憂いていました。「浮世絵をお洒落な額縁に入れてモダンな部屋に合うよう仕立てたり、古いタンスをリメイクして現代の部屋に合うよう整えたり、最近ではそうしたリドレスも行っています。和の文化は使い方次第で現代社会に柔軟に対応するので、その魅力を広めないわけにはいきません。今は、日本の伝統技術を映像で可視化させたいと思っています。古い物、新しい物、そのすべてを実現に導くことができる。これがデジタルの強さですね」

日本の課題を解決するには、中小企業の連携が必須

２０３０年という期限まで残り10年を切った「ＳＤＧｓ」。日本では達成出来ているとされる項目はわずかで、目標達成度は２０17年をピークに減り続けています。この現状を打破するために、日本の起業家たちに求められるのは何なのでしょうか。

「会社として一社だけでどうこう出来る問題は少ないと思いますので、会社間でパートナーを組み、横のつながりを大切にし、新しい団体を立ち上げるなりして、適応したサービスを訴えかけていくしかないと思います。

また、私たちのように小さい会社は他人のことまで考える余裕はあまりないかもしれませんが、意外と、ＳＤＧｓの目標に沿う事業内容を行っていることもあります。そうした部分を世界にＰＲすることも大切では？と思っています。良いサービスを持っている会社は日本にもたくさんあります。でも、発信されていないために認知されず、精神面で後進国のように思われてしまっているだけ。発信力の強い企業にする。それだけで大きく変わっていくと思います」日本がまるで解決できていない目標のひとつに「ジェンダー平等の実現」があります。戸建ての家をリドレスし「１階を託児所にし、２階を働く女性のためのワークスペースにする」という提案も、彩Ｒｅではスタートしました。

「一企業がたったひと部屋を提供したからといって、世界が大きく変わるものではないでしょう。でも、僕たちが投げた一石から全国に波紋が広がっていけば、女性の待遇改善に役立つ日が来るものと信じています。空き家問題の解決にもつながりますしね。そのためには国が補助金を出すなど動いてくれないとダメかな」

ＳＤＧｓというミッションだけを掲げるだけじゃどうしようもないですからね。きちんとマネタイズできるよう、サポート体制を国が整えるべきだと思います。ＩＴなど科学技術だけでなく、感覚の面でも後進国の日本。小さい会社が束になり意識を変えていくことで、国を揺るがすパワーになるかもしれない。その可能性を「彩Ｒｅ」に見ることができました。

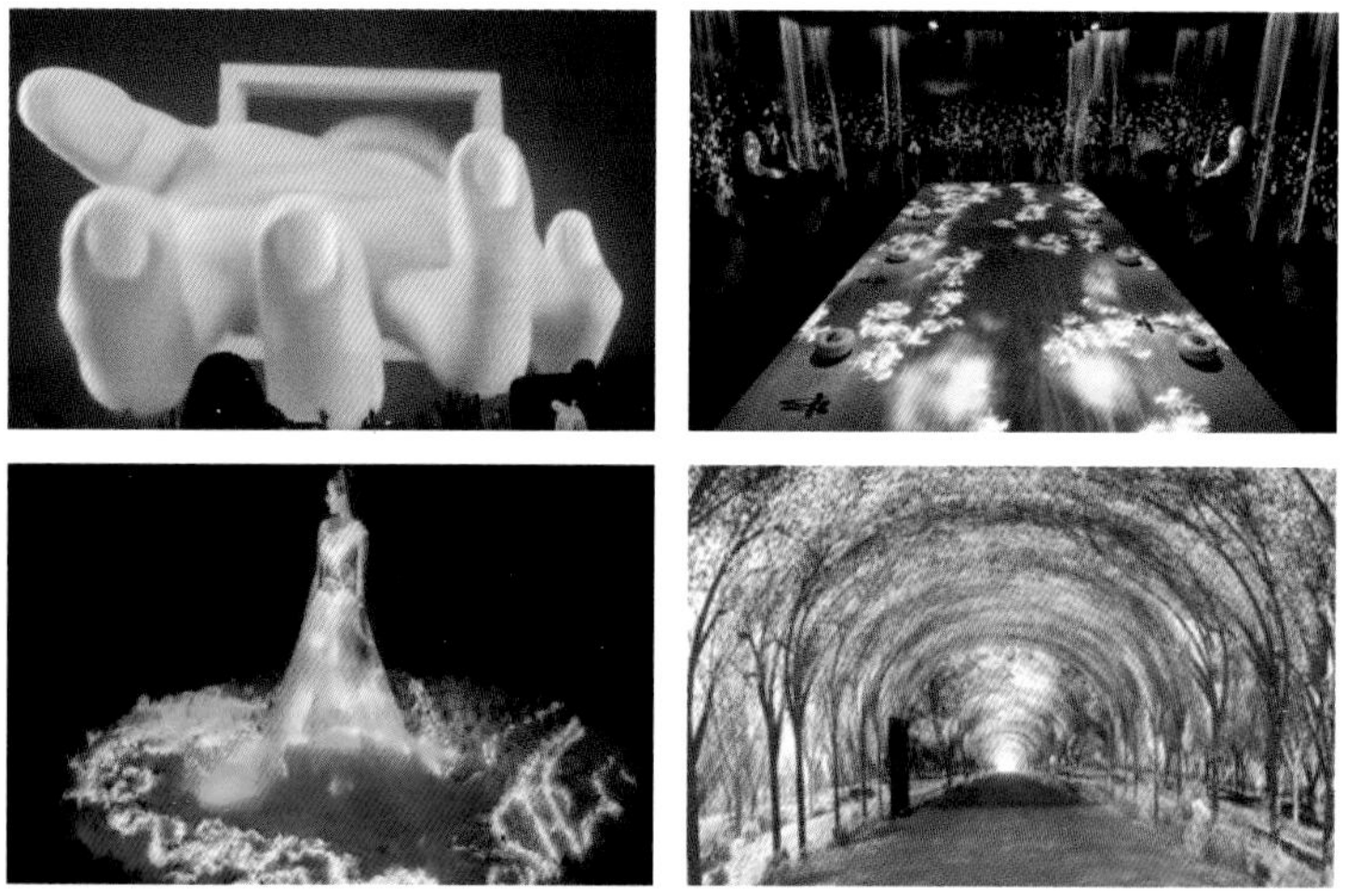

先進的でおしゃれな 彩 Re ホログラムイメージ画像

COMPANY DATA

株式会社 彩 Re
〒 108-0023
東京都港区芝浦４丁目２０－２
芝浦アイランドブルームタワー 4608
TEL：080-6509-3266
設立：2017 年４月１日
資本金：100 万円
事業内容：空間デザイン、ホログラム
メールアドレス：re-birth@irodori-trappings-of-life.com

ホログラム動画

WEBSITE

WOMAN *Serendipity*

CREATORS TEAM

EXECUTIVE PRODUCER
道端泰代

SUB PRODUCER
馬　思琦
杉本倫美

WRITER
和栗　恵
中村仁美
橘川麻美
田代祐子
石井真奈美
石井佐代子
上村絵美
石井亮子

PHOTOGRAPHER
浅野誠司
山口幸治

HAIR&MAKE
一般社団法人リアフールコレクション
髙橋智子
菊池あずみ
百瀬桃花
伊是名芙美
沼澤恵美

STUDIO
A-PULSE AZABU STUDIO

ARRANGE&MANAGEMENT
太田深美

TOTAL DIRECTION
BOND COLORS

WOMAN Serendipity Season II
THE PROFESSIONAL

2021年11月11日　第1刷発行

著　者　　道端泰代
発行人　　久保田貴幸

発行元　　株式会社 幻冬舎メディアコンサルティング
〒151-0051　東京都渋谷区千駄ヶ谷4-9-7
電話　03-5411-6440（編集）
発売元　　株式会社 幻冬舎
〒151-0051　東京都渋谷区千駄ヶ谷4-9-7
電話　03-5411-6222（営業）

印刷・製本　中央精版印刷株式会社
装　丁　　江草英貴

検印廃止

Printed in Japan
ISBN 978-4-344-93735-2 C0034
幻冬舎メディアコンサルティングHP
http://www.gentosha-mc.com/